张伯苓与南开

——天津历史名校个案研究

王彦力 著

南开大学出版社
天 津

图书在版编目(CIP)数据

张伯苓与南开 ：天津历史名校个案研究 / 王彦力著.
—天津：南开大学出版社，2015.10(2019.4 重印)
ISBN 978-7-310-04984-4

Ⅰ.①张… Ⅱ.①王… Ⅲ.①张伯苓(1876～1951)
—人物研究②南开大学—校史—研究 Ⅳ.①K825.46
②G649.282.1

中国版本图书馆 CIP 数据核字(2015)第 218470 号

南开大学出版社出版发行
出版人:刘运峰
地址:天津市南开区卫津路 94 号 邮政编码:300071
营销部电话:(022)23508339 23500755
营销部传真:(022)23508542 邮购部电话:(022)23502200
*
北京建宏印刷有限公司印刷
全国各地新华书店经销
*
2015 年 10 月第 1 版 2019 年 4 月第 2 次印刷
210×148 毫米 32 开本 8.75 印张 240 千字
定价:30.00 元

如遇图书印装质量问题,请与本社营销部联系调换,电话:(022)23507125

我们怀念那个身体魁梧、声音洪亮、谈笑风生、豪爽豁达的人。

这个人，

急躁又慈祥，倔强又克己，不文而雄辩，机警而天真，

能从辛苦中学得快乐，能从失败中找到成功……

我们怀念，

国士，

教育家，

新教育的启蒙者，

一代人师——

张伯苓

——黄钰生

目　录

导言：教育史研究的人学探索

21世纪以来我国教育史研究出现了可喜的局面，全球化教育史、教育口述史、整体教育史、微观教育史、教育活动史、后现代多元化教育史……在借鉴中西方历史学研究成果的基础上对以往教育史研究有了新的突破。然而，让我们回到最根本的问题，究竟什么是教育史学？从分类学的角度来说，“分类的内核在于某种尺度，或是说一定标准，这标准将保证分类的顺利进行，并达到条理化、清晰化的目的……就教育理论来说，由于它涉及对人的活动的解释，从而需要运用许多有关‘人’的学科的概念和解释”[①]。由此可以引申出，教育史作为教育学的分支学科就是以“历史”为尺度，运用历史研究的视角与方法来解释教育，以使得人们对教育的认识更加明确、更加清晰。教育史研究的重心是“教育”，并不止于研究发生于此时此刻之前“过去”的教育，从某种意义上说，现在的教育、未来的教育更需要用“历史”的眼光、方法与智慧来解读和思考。教育从本质上说是培养人的活动，人既是教育的出发点又是教育的目的归宿，离开了人，教育就不复存在，犹如说“历史学所要掌握的正是人类，做不到这一点，充其量只是博学的把戏而已。优秀的史学家犹如神话中的巨人，他善于捕捉人类的踪迹。人，才是他追寻的目标”[②]，教育史研究的对象是人、研究的主体是人、研究的目的是人。人——只有人，才是教育史学追寻的最终目标。只要现实教育中的人还不能摆脱种种压迫，获至全身心的解放，教育史研究就不容乐观，难以言及走出了困境。

---

① 瞿葆奎、唐莹. 教育科学分类：问题与框架[A]. 唐莹. 元教育学[M]. 北京：人民教育出版社，2002. 1-2. 9.

② M. 布洛赫. 历史学家的技艺[M]. 张和声、程郁译. 上海：上海科学研究院出版社，1992. 23.

（一）

教育史研究的是什么？可以说是一个包罗万象的范畴，可以是教育制度，可以是教育思想，可以是教育文献史料，可以是教育文物遗迹，可以是关于教育的访谈记忆、考察调研……然而从根本上说，教育史研究的是人，教育制度是由人来制定的、教育思想是人提出来的、教育文献史料是人书写流传下来的，教育文物遗迹是人制造保留的，教育访谈记忆是由人来述说表达的，教育考察调研的对象更是离不开人……然而"'人'对于作为人的人也许永远会是个谜……直到今天也许还只能像卢梭所说的：我觉得人类的各种知识中最有用而又最不完备的就是关于'人'的知识"[①]，正是人的复杂性、对人的理解的无限性决定了教育史研究范畴的包罗万象，研究过程本身的永无止境，这也从理论上解释了当前教育史研究范畴不断拓宽的一个国际趋势。比如美国从20世纪60年代起，以贝林和克雷明为代表的文化修正派就提出"将教育史研究范围扩大至文化意义上的一切教育形式。虽然教育史研究的边界问题迄今仍有争议，但是开阔的研究视野已经成为美国教育史学界的一项原则性共识"[②]。在英国"正如罗伊·劳所指出的，将'学校教育'（'schooling'）等同于'教育'（'education'）的日子已经过去很久了，教育史研究的领域也因此得以延伸。自20世纪中期以来，一些此前被忽视的主题已经成为英国教育史学科的研究重点。这方面以性别与教育的问题最为突出和明显。此外，儿童、劳工、教师、残障人士等群体的教育问题也都进入英国教育史探讨的范围"[③]。

由此可以推见，教育史研究所涉及的"人"并不只是某一特定时期特定教育制度的创建者，对这一教育制度的创建有过杰出贡献的少

① 鲁洁. 教育人学——当代教育学的人学路向（序）[A]. 王啸. 教育人学——当代教育学的人学路向[M]. 南京：江苏教育出版社，2003.

② 孙益、林伟、杨春艳、李振蕊. 21世纪以来美国教育史学科新进展[J]. 华东师范大学学报（教育科学版）. 2011（4）. 87-94.

③ 孙益、林伟、罗小连、孙碧. 2000年以来英国教育史学科发展研究[J]. 教育学报. 2010（5）. 120-128.

数“代表人物”以及他们的思想主张。教育中的一切，并不是单纯以少数有特权的人、精英人士的存在为标志，为了他们的利益而存在。教育中的一切都是属于大多普普通通的人，为了这些普通人的利益而存在的。教室里的绝大多数教师很可能并不十分聪明，他们的课堂教学也可能不会妙趣横生，他们也许一辈子就是一个普通教师，不会因具有高度“代表性”的教育思想成为流芳百年的“万世师表”，不会因“杰出”的教育贡献官至教育部长、局长甚至学校校长。在他们置身其中的教育制度与其身后的教育制度中难以找到记载他们影响的只言片语，看不到他们影响的蛛丝马迹。坐在教室里和从教室里走出来的学生也多是普普通通的人，他们头脑里满是乱七八糟令人厌烦的想法，他们可能厌恶所受的教育，对学习功课提不起兴趣，坐在教室里只为混得一张文凭，他们甚至计划接受国家规定的义务教育之后即结束自己在学校受教育的生涯，他们的一生可能不会受到更高的系统教育，他们可能一辈子平平常常，永远不会功成名就。总之，从这些教育中的人身上看不到任何特殊之处，他们就是林肯所说的，被上帝喜爱而创造的那么多普通人中的一个。在历史长河中，他们只是擦肩而过的路人甲、乙、丙、丁，仅留下些出生、入校、离校及死亡的记录。但如果说，历史是人民大众创造的，如当代美国史学家所言“每个人都生活在历史之中，都处于创造历史的过程之中，而历史又在每个人的生活和创造中体现出来。所以，历史不仅是每一个人的历史的扩大，而且是由社会大众重写他们自己历史的过程。而这种重写的历史要包括所有过去和现在的社会大众”[①]。那么教育历史又何尝不是由这些教育中的绝大多数普通人创造的？如果教育史研究把这些教育中的普通人都拒之门外，关注不到他们的所作所为，所思所想；只为少数特权人物、精英人士提供纵横驰骋的沙场，为他们的思想主张提供跑马场，那么教育史无论采取多么高深的史学理论、领先的史学研究方法来进行研究，都注定是南辕北辙，难以完善起来。

当然完善的教育史研究也应该为教育中的少数特权人物、杰出代

① 申国昌、周洪宇. 全球化视野下的教育史学新走向[J]. 教育研究. 2009（3）. 70-74.

表、精英人士提供广阔天地，但我们应该首先认识到，这些人在成为教育中的特权人物、杰出代表、精英人士之前，他们也是普通人，也是芸芸众生中的路人甲、乙、丙、丁，甚至在他们为某一教育制度的创立奔走疾呼、全心投入时，在他们提出其教育主张，形成教育思想时依然没有摆脱“普通人”的身份，甚至是在他们有生之年始终没有因其在教育上的“杰出成就”而成为“精英人士”，而是在故去很长时间之后，才被权力阶层为了达到某种目的“挖掘”出来，对其某些做法和思想主张大加推崇，极力宣传，甚至追封为“万世师表”，才使他们成为了“代表”“精英”，被“神化”为“圣贤”，他们的某些教育主张、教育思想就被经过奥卡姆剃刀式的削砍之后“提炼”出来，“先进”的部分被提升为了具有普遍适用性的教育理论，“落后”的部分被横加批判。一般情况下，在教育史研究中这些“代表人物”往往是“英雄不问出处”，他们来无影、去无踪，不问他们创建教育制度的来龙去脉，不管他们提出教育主张背后的个人成长的心路历程，似乎他们的教育思想主张是凭空而生的客观标准，如果不是他们也自有别的什么人会作为“代表”提出来。然而事实并非如此。每一个人在进行教育活动，提出教育主张时只能对他听到、看到、经历过的教育事件进行思考并相应地采取行动。由于人在生活地域空间、时间范围、活动区域等方面的限制，每个人所见、所闻、所经历的事件都与他人不同，在由时间和空间构成的社会无限发展的坐标上，个人的活动范围总是具体的、有限的，同时也是独一无二的，这就决定了每一个人的教育主张和行动都是独特的，他可以通过了解他人的所思所想，阐释他人的说法和做法，但那也是根据他自身的好恶来取舍的，根据他自身的经验来阐释，他永远不可能“代替”他人思考和行动，没有人会认为研究过、或许一辈子研究康德，就可以“代表”康德。同样，也不会有任何一个有独立思考能力的“他人”完全心甘情愿地“被代表”。很显然，倘或能如克雷明等人所言“将（教育史）研究范围扩大至文化意义上的一切教育形式”，那教育史的研究对象必将是人类文化意义上的一切教育形式所关涉的每一个生命个体的人。

（二）

历史研究中历来有“让史料说话”的说法。让史料说话，有一分史料说一分话，事实上，这只不过是对于历史研究者进行研究时严谨态度的诉求，因为谁都知道“史料”能够保留下来，被研究者选为研究的对象，取舍的过程中本身就已经渗透了某种价值观的取向，与其说是“史料”说话，不如说是保留它、研究它的人在说话，“历史学家的主要任务不在于记载，而在于评价，因为没有评价，就不知道什么值得记载下来”①。历史研究的主体是人，人是生活在具体的时空中的，他不可能独立于他所身处的社会，人的局限性是任何人都无法回避的事实，人基于其自身的价值观取向而做出的每一个选择，其实也同时是给自己划定了一个规定，一个限制，选择了走这条路就不能走那条路，选择了某个研究范围就只能放弃其他。但人同时又是在不停地追求无限的，正是人的局限性催生了人对于无限性的渴望——他渴望不断地超越自身与生俱来的种种局限，超越自己的选择——人的追求无限。承认自身的局限性是自我超越的第一步。

作为历史研究者的人是在其特有价值观取向的基础上来选择史料、阐释史料、研究史料的。研究者的价值观是在其生活的经历中逐渐形成的，对于以何种态度、采取何种行动对待在其生活中遇到的种种问题具有指导作用。研究者的价值观与其个人的同一性和整体性密切相关，是研究者评判自我、他人和社会的参照点，也是他在生活中处处身体力行从而使他成为他自己而不是别人的重要标志。

教育史研究者所持的价值观决定了他所关心的现实教育问题，并据此决定了他所选择的考察和研究的教育发展特定阶段、特定教育现象中“人”的问题的基本模式。运用历史研究的方法为当前教育现实生活提供参照，这意味着，所选取的研究对象的“人物及其活动”只有令研究者产生“认同感”时，才会被纳入他的研究范围。一个在现实中对中小学生受逼迫学习现状完全不关心，对于他们“书包最重的

---

① [英]爱德华·霍列特·卡尔. 历史是什么?[M]. 转引自郭法奇. 什么是教育史研究[J]. 教育学报. 2005（3）. 92-96.

人是我，作业最多的人是我，起得最早的人是我，睡得最晚的人是我，最辛苦的人是我，是我是我还是我……”的苦痛置若罔闻的研究者，大概不会理解夸美纽斯所说的“学校是儿童心灵的屠宰场”，将不会对主张“儿童是教育的出发点，社会是教育的归宿点”的杜威和他的教育理论产生发自内心的研究兴趣。他们可以“研究”夸美纽斯、“研究”杜威……但不过是知道某个年代在某个国家出现了某个教育家，有关教育目的、教育内容、教育方法等方面某个教育家有过如此这般的论述，但不会有内心的领悟，不会真正懂得某个教育家在人类对教育的认识过程中所真正达到的高度，不会真正懂得某一教育制度变革的深远影响。在作为研究主体的研究者的领悟中，时间、空间都不是独立于人之外的存在，时空的距离也不能将人类的精神世界隔离。比如，体现于教育家张伯苓身上的那种“平民式的骨气和倔强”不会随着斯人已去而消失，它还影响着我们，还存在于今天的南开教育中，它就存在于我们中间。史料不会说话，南开的操场、教室也不会说话，但教育史研究者应根据自身认识水平、精神追求，通过对张伯苓、对近代南开教育、天津精神深刻领悟基础上的创造性阐释，再现张伯苓教育思想、南开教育精神、天津风土人情的魅力。

此外，作为教育史研究对象的人的复杂性、对人的理解的无限性不仅仅决定了教育史研究者运用多元的历史观更加清晰地加以认识，此外既然“历史是关于人在社会环境条件下发展的记录，如果研究者不具备人类学、社会学、人口学、经济学、政治学、法律学、伦理学、心理学、心态史、文化史和科技史等多学科的知识和理论，就不可能对这种记录做出合理的解释”[①]，因此教育史研究必须打破专业狭窄的界限和门户之见，进行跨学科的研究。比如“地理环境与社会、经济、军事、文化、历史等多种因素相互联系，人的思维局限是在特定区域中多种因素相互作用的结果，地理环境无疑构成了人类活动框架中的重要一部分”[②]，人类教育活动同样也离不开地理环境的影响。

① ［美］巴恩斯语．转引自申国昌、周洪宇．全球化视野下的教育史学新走向[J]．教育研究．2009（3）．70-74．

② ［美］伊格尔斯．欧洲史学的新方向[M]．赵世玲、赵世瑜译．北京：华夏出版社，1989．157．

教育史研究也需要社会学的介入，英国历史学家埃·哈卡尔认为："史学越成为社会学，社会学越成为史学，对这两门科学也就越好。让它们之间的界限为双边运动而大敞开吧"……[①]

（三）

在"教育普及化""终身教育"浪潮席卷全球的今天，每一个生命个体都可能会以各种不同的方式与教育发生千丝万缕的联系。"读史使人明智"，不管是为了自我教育、接受教育或是教育他人，经常有意无意地以历史的视角和方法审视教育，以局外人的视角了解他者的教育经历，都可以促进自身有意识地、主动地思考自身的教育状况，从而更好地认识自己及涉身其中的教育，自觉把握人生。因此对于每一个人来说都不无裨益。

对于专业的教育史研究人员来说，由于受到社会的委托，承担着社会的责任，研究的目的远不止于让自身受益或其他各种"私己"的目的。比如作为父母为了更好地教育子女，或许会研究《卡尔·威特的教育》中所涉及的儿童教育问题，更为重要的是应追求一种社会效果，有责任和义务让社会上尽可能多的人通过自己的研究获益。

如果说每一个教育史研究者都难以彻底摆脱现实生活中形成的价值观取向的影响，带着某种问题意识从事研究，那么"在一个多元的社会中，对观点的多元性和多样性的接受应当是共享的价值观中最重要的。对价值观及其解释，人们不可能有普遍一致的看法，但最重要的评价的过程应当是共享的，基本的问题应当尽可能地得到重视和澄清"[②]。专业的教育史研究人员肩负着提高全民族的教育智慧的使命，因此为了国家的发展，社会的进步，应关注社会教育的方方面面，为不同社会阶层、不同社会群体提供制定教育政策、进行教育管理、选择教育形式、改善教育状况……提供全方位的借鉴和启示。然而，什么才是教育中应得的广泛重视的"基本问题"？"每个国家的教育

① [法]尤·卡赫克. 需要新的历史科学吗?[J]. 翟文奇译、郑凤云校. 绥化师专学报（社会科学版）. 1985（3-4）. 99-103.

② [英]莫尼卡·泰勒. 价值观教育与教育中的价值观（上）[J]. 教育研究. 2003（5）. 35-54.

中都会存在各种各样的问题，但是，如果从教育家、教育科学研究者的角度，首先想到的，则应把重点放在关心当前我们的儿童和青少年的发展状况上……要了解一个国家在教育上存在什么问题，最重要的一点要看那个国家的儿童，青少年们作为人的发展状况”[①]。青少年是国家的未来和希望，他们所受的教育不仅对他们个人的人生和未来意义重大，而且教育给他们带来的益处也将决定国家的未来。因此，作为专业教育史研究人员更有责任关心“道德教育”“以文化人”“创新人才培养”“新课程改革”“留守儿童教育”……一系列的现实教育问题，以广大民众喜闻乐见的形式普及自己的研究成果，帮助家长、教师和其他教育工作者提高认识、解决现实教育问题的能力，从而从根本上促进青少年更好地发展。

教育学从根本上说是人学，作为教育学分支学科的教育史研究亦应该以关注教育制度、教育思想的主体——“人”为重心，以人为本，关注人的教育、关注人的精神、关注人的生活、关注人的发展，以实现培养“人”的教育终极目的。

① [日]大田尧. 日本教育的改革问题[J]. 教育研究. 1986（1）. 42-48.

研究现状

一、天津历史名校

天津很多历史名校从建校至今培养了大批栋梁之才，为天津发展、中国振兴做出巨大贡献，在天津乃至中国教育史上书写了辉煌的篇章，是津沽地域文化传承的强大内在动力。

教育人类学认为：人天生是一种文化生物。人自身作为一种"有缺陷的生物"，决定了人不能脱离文化而生存，同时也决定了人是一种"不断求新的生物"——虽不完美，但因此而能不断使自己完美起来的生物。教育是文化的生命机制，学校教育在文化的产生、保存、积淀、弘扬、创造、发展中起着至关重要的作用，产生于不同地域的历史名校，其根基深深根植于本地区的地域文化土壤中，又是地域文化传承的强大内在动力，而这种强大内在动力的源泉正在于历史名校的个性化发展轨迹。基于一名天津教育科学研究者的"文化自觉的"观念（费孝通的说法）——生活在一定地域的人群对其自身文化的过去、现在和未来及其对社会发展的作用的清醒认识和科学把握，和应有的"文化保护"意识。

天津于 1986 年被公布为第二批全国历史文化名城，天津历史文化遗产保护虽取得了不小的成绩，但有些方面还是未尽如人意，比如天津市地方史研究中心章用秀提出："天津在许多外人眼里，没有文化底蕴，就是一个工商业城市，只有码头文化，实际上他们不了解天津，甚至在观念认识上都存在错误，这是由什么原因造成的呢？因为天津文化遗产都流失了。比如李叔同（弘一法师）在天津土生土长，祖辈都是天津人，但祖籍现在却成了浙江人？又比如，曹禺也是地道的天津人，可有人就是说《雷雨》是以上海为背景创作的，类似的问题还有很多。再比如，天津博物馆历史很久远，天津图书馆是江北第一馆，天津很多东西在民国时期都是全国第一，可现在都不被人所知了。”①

天津历史名校的现状如何？通过深入一些历史名校在实际调查过程中发现：随着岁月的流逝，一代代人的故去，“文革”时期的破坏，历史文化遗产保护意识的相对薄弱以及天津市建设的快速发展，城市改造和历史名校重建工程的启动，天津很多历史名校自身的文化处境濒危，如不紧急“抢救”和保护，前人创造并传承的很多宝贵文化遗产必将急速瓦解以至消亡。比如，在研究人员与天津汇文中学、天津九十中学、天津二十一中学、耀华中学、海河中学、文昌宫小学等历史名校学校管理人员的交谈中得知，通过与研究人员的前期交流，尽管校方目前对于校史研究工作非常重视（在汇文中学、九十中学、海河中学等一些历史名校已启动了校史陈列室的建设和完善工程，耀华中学正在积极筹备建设以在学校历史发展中起到关键作用的人物命名的生物园、体育馆等建筑），学校负责人已充分认识到对学校长期历史发展过程中的经验进行总结推广，对学校今后个性化、有特色地发展意义重大，然而，即便是学校管理人员本身对于学校的最初的创办情况、办学理念以及历史沿革都很难说清楚。当问及是否有资料可查询时，一些历史名校管理人员坦承：学校从建校至今，几经变迁，从校址、建筑、人员都早已面目全非，有记载流传下来的少之又少，只能在全国各地寻找旧时的校友及了解学校历史的人进行口述学校历史。目前通过广泛查找，能够找到的了解学校早期历史的人也不过三四人，且都已步入暮年，如不及时挖掘，学校历史传承将面临消亡的危险。比如，有着近百年历史的宜兴埠普育学校在恢复重建的过程中发现，很多记载学校历史发展的书面记载资料已丢失，急需通过各种渠道收集整理资料，梳理历史。同样具有百余年历史的文昌宫小学，就连新中国成立后的历任校领导都记载不全。天津历史名校的研究亟待得到

① 许鑫. 莫在“城市化”中破坏文化遗产[N]. 今晚报 2009-11-4（4）.

社会各方的广泛重视。

纵观当前中小学历史名校研究，在北京、上海、天津，一些中小学校史研究得到较多的关注。研究成果主要体现在：1. 历史名校在文化传承中的作用；2. 历史名校的校园文化；3. 历史名校的文化创新；4. 校史研究在历史教学中的作用；5. 历史名校的管理特色等方面。对于个性化发展方面的研究也有很多成果，主要体现在学校的个性化管理和个性化教学的研究上，其中又有不同侧重，有侧重探讨校长的个性化管理的（比如：康岫岩. 生命因你而精彩[M]. 北京：高等教育出版社. 2009.）；有侧重探讨教师的个性化教学的（比如：张武升教授的《当代中国教学风格论》和李如密教授的《教学风格论》等）；有侧重探讨学生个性化学习（比如邓志伟教授的《个性化教学论》以及近年发表的大量有关个性化学习的论文）。相比之下，对于学校个性化发展在历史名校传承地域文化中的作用以及相关的研究略显薄弱，本研究将致力于通过张伯苓与南开的个案研究在这一方面寻求突破。

二、张伯苓和南开

置身于南开校园，不由得就会联想起六十多年以前这里发生过的一幕幕往事。那"有我在中国不会亡"的呼声依稀在耳边回响，一个高大魁梧的形象就会浮现在脑海中，渐渐地清晰起来，他就是被称作"中国最倔强的爱国者"、平民教育家——张伯苓。

张伯苓"从天津一个普通民居中走出来，抱着'教育救国'的坚定信念，竟把一个最初只有几个人的私家教塾，发展成为一个包括小学、中学、大学、研究所的系列学府…… 以'私立非私有'的办学理念赢得了社会的认可，成为近代民办教育的一面旗帜……教育是他青年时的志愿，中年时的生命，老年时的安慰，他把一生奉献给了教育"[①]。回顾历史，张伯苓和南开曾享有中国教育前所未有的国际声

① 梁吉生. 张伯苓年谱长编[M]. 转引自张克非.《张伯苓年谱长编》：一部别具深意的学术力作[J]. 博览群书，2010（9）. 62-65.

誉，南开被誉为“最著名的教育家的活动例子”[①]，张伯苓被誉为是“全世界公认的教育机构的缔造者和造育人才的领袖人物，五十年来，以坚定的信仰和毫不动摇的意志，献身教育，振兴他的祖国，是全国自信的象征”[②]。以张伯苓和南开的作为，又岂止是“近代民办教育的一面旗帜”，完全可以称得上“近代中国的一面旗帜”。

然而，非常遗憾的是，“在现代中国教育史上，南开的重要性不言而喻；可在教育逐渐成为热门话题的今日，历史上与现实中的南开，都未引起学界的足够重视”[③]。相应地对于张伯苓研究的不足也成为一项“未完成的课题”[④]。特别是在教育领域对于张伯苓作为教育家的研究则尤其薄弱。尽管自20世纪80年代后，越来越多的研究者开始关注这一研究领域，做了很多艰苦的探索，取得了令人欣喜的成绩，然而由于张伯苓生前个性使然，“我个人是主张埋头苦干，不愿意叫外人宣扬的”[⑤]，与同时代的教育领域内一些著述颇丰的名人相比，张伯苓似乎根本无意于留下系统阐述自己丰富教育思想的文字记录以供后人研究，这也给系统研究带来了难度。再者，相当时期内教育界“尊奉”西方话语的现象[⑥]，也在某种程度上妨碍了我们在本土语境与本土实践中挖掘最宝贵教育资源的努力，当然这里也不排除其他一些客观原因。所以，至今教育领域对于张伯苓的研究依然存在着很大的空间。

考察张伯苓研究的端始是一件不太容易的事。尽管自张伯苓做私塾教师起以他的为师风范，就“常把一件普通事，说成一句名言，使学生深受感动，印象深刻，终身奉为圭臬，遵行不渝”[⑦]，但这种人

---

① [美]费正清、费维凯. 剑桥中华民国史（下卷）[M]. 刘敬坤等译. 北京：中国社会科学出版社，1994. 422.

② 出自1946年6月张伯苓到哥伦比亚大学，在该校毕业典礼上被授予名誉文学博士学位，校方宣读的颂词。

③ 陈平原语. 引自李玲玲. 张伯苓教育思想研究综述[J]. 文史资料，2007（7）. 146-147.

④ 张岂之. 未完成的课题——关于张伯苓先生教育思想和教育实践的研究[J]. 华夏文化，2001（2）. 4-6.

⑤ 梁吉生、王昊. 张伯苓言论集[A]. 沈卫星主编. 重读张伯苓[C]. 北京：光明日报出版社 2006. 423.

⑥ 吴康宁. “有意义的”教育思想从何而来——由教育界“尊奉”西方话语的现象引发的思考[J]. 教育研究，2004（5）. 19-22.

⑦ 郭荣生. “公”“能”教育流淌在我的血脉中[A]. 沈卫星主编. 重读张伯苓[C]. 北京：光明日报出版社 2006. 123.

与人之间精神契合的活动，即便有学生留下的日记作依据，牵强地认作是对张伯苓最初始的“研究”，也难以深加考证评述。一般将由美国人饶柏森 1930 年编著的《张伯苓博士传》作为国外张伯苓研究之始，国内则以 1940 年喻传鉴编著的《张伯苓年谱》为初始。如此算起，至今对于张伯苓的研究已有逾 80 年的历史，大致可以分为三种类型：

1. 情真意切：南开校长张伯苓研究

说到南开的成就，人们往往会自然提及南开培养了几位总理、多少位院士、多少位科学家、文学家、艺术家……然而任职南开校长 40 多年的张伯苓，其言传身教让每一个南开学生“不戴校徽也知道是南开的”则是南开教育的又一“奇迹”。作为南开的师生，“热爱南开、热爱张校长”是共同的情谊，但大家似乎又不约而同地恪守着张伯苓的准则“埋头苦干，不事宣扬”。翻阅南开师生对张伯苓的记述，感受到的只有情真意切，没有丝毫“宣扬”的痕迹。由南开老校友刘鹤守编辑，中国文联出版社 2003 年出版的《沙坪岁月——重庆南开校园回忆录》一书再现了当年南开校友记录聆听张伯苓校长教诲的日记，书中没有激动人心的誓言甚至也没有记录者过多的评述，只是如实记下校长的每句唠家常般的只言片语，却足让人感受到心灵的触动。

> 1939 年 11 月 8 日，星期三。晨 10 时集会，校长训话，谓：“昨日为俄国十月革命 22 周年纪念。余往苏联大使馆参加庆祝酒会，遂起无限感慨。尽管余在场中魁梧推第一，而吾国地广人众立国且已 28 年，但一切尚难言有何成就可与人较量，此非国人能力不如，实不为而已。自私，贪婪，懒惰，使我民族长久停滞不进。抗战虽发挥吾人潜在能力，然则战后如无外力驱策，是否因此停顿？甚或倒退？抑是加速迈进？仍极成问题。盼吾南开学生均知秉‘公能’之训，奋发前进，以创新中国。中山先生教学生立志做大事。然余认为不必人人做大事，但须做善事而使之精良耳。” （燕诒 1984）
>
> 在讲台上，老校长讲话的声音缓慢柔和，好像是在与学生们唠家常。当时正是抗日战争艰难的时候，生活相当困苦，老校长

说不要怕困难，冬天早晨不是很冷、大家都不愿起床吗？但是只要咬咬牙，下决心赶快从被窝里钻出来，把双腿穿到棉裤里，不就暖和了吗？ （何运沛 1992）

有一次张校长在午晴堂周会上讲话，题目记不得了，大意是说，着手任何一件事，应对照着十个字，即："为何做？如何做，做，好不好？"这个思路，有前期分析，有后期总结，言简意赅，好懂易记，快五十年过去了，至今未忘。 （周亚愚 1991）

1939年夏天，我入读南开中学暑期补习班。校长曾亲自为周会讲过两次话。他在台上庄严挺立，走过时带来一阵风。我最记得讲话中打的一个比喻：把筷子一根一根地撅断，极容易就一下子撅断十几根，但是十几根筷子捆在一起，还能那么容易撅断吗？ （陈美鉴 1986）

在南开校友留下关于老校长的文字材料中，老舍和曹禺的张伯苓70华诞贺寿诗《知道有中国的就知道有南开》则颇具"南开特色"：

知道有中国的，
便知道有个南开。
这不吹，也不是谤，
真的，天下谁人不知，
南开有个张伯苓！
……

对于张校长"把成千上万的小淘气儿，用人格的熏陶，与身心的教养，造成华盛顿或不朽的写家……"这一系列具体的张伯苓所作所为，他的"这股子劲"，他的奉献、他对学生的"爱"以及"南开人"对他无比的崇敬、爱戴之情只是用类似一句"地球人都知道"的戏谑道出"南开有个张伯苓"。不吹不谤、如实道来，自然、平朴、幽默、风趣。此后"南开人"对于张伯苓校长的研究基本上都延续了这种"南开风格"。

南开大学梁吉生教授潜心张伯苓研究，自20世纪90年代始陆续出版了《张伯苓教育思想研究》（1994）、《张伯苓与南开大学》（1995）、《允公允能日新月异——南开大学校长》（2003）、《张伯苓年谱长编》（2009）等著作。其中尤其是张伯苓年谱的编撰意义深远，年谱作为研究的基础资料历来为史学界所重视，其浩繁、琐细、冗杂不仅是对史学家功夫、能力和水平的考验，更是价值观、情感、态度的检验，没有“板凳坐得十年冷，文章不写半句空”、穷平生之力而不为功的精神动力，根本不会沾手编年谱，更别说是独自一人、单枪匹马去编一部年谱。梁吉生教授只为“完成一份永恒的纪念”[①]，几十年全心投入、不计得失，满怀深情，却又实实在在地记述了张伯苓一生从事教育实践、政治活动、文体和宗教事功的点滴事迹，追踪了他几乎全部人生过程，向世人再现了张伯苓“身材魁梧，声音洪亮，谈笑风生，豪爽豁达，机警而天真，急躁而慈祥，不文而雄辩，倔强而克己”的天津平民教育家的生动形象，引起许多学者发自内心的共鸣。特别是老一辈的学者，著名学者顾明远、潘懋元、朱九思等人结合自身感念纷纷阐述对于张伯苓的追思与敬佩之情。尽管学者们评价角度各有所异，但作为历史的见证者，对于张伯苓作为南开校长在当时所作所为发自真情的赞赏却是共同的。

1984年南开大学出版社出版了王文俊、杨珣合编的《张伯苓教育言论选集》，1997年人民教育出版社出版了崔国良编著的《张伯苓教育论著选》，1998年人民教育出版社出版了杨志行、李信主编的中国名校丛书之《天津市南开中学》，2004年河北教育出版社出版发行了侯杰、泰方主编的传记《百年家族：张伯苓》，2004年中国社会出版社出版了由《百年南开》摄制组编写的《百年南开》中对大陆、台湾和旅居美国等地“南开人”的访谈，2006年光明日报出版社出版了沈卫星主编的《重读张伯苓——纪念张伯苓先生诞辰130周年》中校友追忆和南开追思，2008年人民出版社出版了孙海麟主编的《中国奥运第一人——张伯苓的故事》，还有2010年三联书店出版的台湾学者齐

① 朱永新. 不该忘却的教育家——读《张伯苓年谱长编》有感[J]. 天津教育，2011（4）. 19.

邦媛撰写的《巨流河》中对于老校长的回忆……许许多多的“南开人”在回忆研究他们共同热爱的老校长时，情真意切，却绝没有情感的奔涌，他们都是从一件件具体的事情，或一个个真实的场景写起，写到张伯苓的喜怒哀乐、一言一行，写到张伯苓的豪爽豁达、机警天真、急躁慈祥……绝没有半点“虚言”更无论“妄谈”，他们的情感是炽烈的，但同时又是克制的，唯其如此更感人至深。真切地让人感受到不论这些人身居大陆还是台湾，是美国、德国还是法国、日本，他们研究的范围不同，叙述的事件不同，写作的手法各异，但他们有一个共同的“不文雄辩，倔强克己”的张校长，他们还依旧共同分享着南开精神、南开记忆。

2. 复杂情感：公众人物张伯苓研究

1949 年 11 月底重庆解放，在此暂住的张伯苓已经七十四岁，之后他经由北京逗留一段时间后回到天津。在新中国他只逗留了短短一年两个月又二十余天。关于张伯苓去世前最后这段岁月直至 20 世纪 80 年代为他平反，现存研究资料少之又少，且并不完整，其中令人质疑或相互矛盾之处亦不少。总体感觉是，那个一生只愿做不愿宣扬的南开校长，那个在国家最危难的时候作为一个有骨气的弱国平民倔强高呼“有我在中国不会亡”的张伯苓，在变化太快的世界中迷惑了，他感到伤心。他不再仅仅是一个活生生的人，还被当作是一个带着旧时代印记的“符号”带到了公众面前，接受“拷问”。

张伯苓去世后不久，即遭到政治“批判”，但历史并不仅仅是政治意志可以左右的，即使面对所有教师必须一一表明态度的行政命令，南开仍然有一些老教师明知徒劳依旧发出“不和谐之声”，自然最后也逃不出政治批判的声讨。但那种在为之奋斗、向往已久的新中国和对老校长挚爱之情中的艰难挣扎，或许我们今天还能感受到。期间，流传至今比较完整的资料是黄钰生写的《张伯苓先生追悼词》，《悼词》直到 30 多年后才公开发表，不然，真是难以想象在当时作者为此将会经历怎样的磨难。其中字字行行流露出南开人一如既往的倔强，“当批判否定张伯苓之风甚嚣尘上之际，黄先生挺身而出，以知识分子的社会良心，维护已故张伯苓献身教育的功绩，这是何等的胆量和勇气！”[①]

为什么要在即将展开对张伯苓“批判”之际，还要追悼他？“这个追悼会，适应了许多人感情上的要求”，“我们今天所追念的是伯苓先生对于教育的贡献。他所办的学校，他所教的学生，就是他的贡献最雄辩的见证。南开，张伯苓，在人们的心中，早就成了不可分离的联想。凡是亲炙过他的教训的人，谁不敬仰而又亲爱我们的老师——40多年，为教育，为中国，辛辛苦苦，劳碌奔波，到处碰壁，失败了再起来，起来了又失败，愈失败愈奋斗，这位教育工作者，教育家，一代人师，中国新教育的启蒙者，张伯苓先生”。张伯苓的错误是“贤哲的错误，……指出了他的错误，我们对于他的贡献认识得更清楚，对于伯苓先生的崇敬并不减少”。

接下来，依旧是南开人的务实写法，从张伯苓重视体育、带着仪器表演“科学把戏”、 提倡科学、实物教学、提倡新文学、他的爱国、他从教的起因、与日寇抗争的悲壮、一件件照实讲述出来，不无执拗地得出结论：“如果今天的历史，称许太平天国，称许义和团为反帝爱国的运动，那么，今天的历史，就必承认张伯苓是孙中山时代中国最倔强、最坚定的反帝爱国者。”[②]一边无限向往地要弃旧投新，一边无论如何都不肯放手对老校长的真挚“旧情”，进退维谷。在南开的“旧情”与作为公众“拷问”的对象之间给张伯苓平添了莫名的“复杂”：张伯苓无疑是爱国的，可他又不允许学生参加社会变革及超越学校许可的反帝反封建活动；坚信“教育救国”，但他又在教育实践中将重心偏向精英人才的培育上，造成了思想与实践的矛盾。就这样，无论如何，始终有一些人坚守着，不肯将张伯苓“全盘否定”。

与当时对于其他一些学者比如胡适等人的“批判”相比，对张伯苓的“批判”并没有轰轰烈烈。除了其他一些原因之外，这或许与天津人、与张伯苓一贯的低调有些关系，“历史上，凡是天津人，一旦成了人物，这个人就不在天津待了，天津人也就不把他再看作是天津人

① 梁吉生. 南开老黄牛——黄钰生先生[N]. 南开大学校报. 2008-4-11. 第04版.

② 上述资料均源于黄钰生. 张伯苓先生追悼词[A]. 沈卫星主编. 重读张伯苓[C]. 北京：光明日报出版社 2006. 387.

了”①。而张伯苓却是个例外，他生在天津、长在天津、逝在天津，任南开校长长达 40 多年，除了外出考察，到重庆再建南开之外，几乎一生都在天津度过，他就是“平民”天津中的一个“平民”。他去世后的灵牌上只是书写着“天津张伯苓先生之灵”，没有官衔、没有职位、没有各种各样的修饰语。

在张伯苓逝世前后经过一段短暂“纠结”的复杂情感之后，似乎他便被遗忘了，直到 1986 年为张伯苓正式平反，期间三十多年很少被提起，翻阅相关教育、教育史研究的各种书籍杂志，几乎找不到张伯苓的名字，既无反对声、亦无赞颂声。目前，笔者找到的资料中，20 世纪 80 年代之后关于张伯苓的研究较早的有 1984 年由南开大学出版社出版的王文俊、杨珣合编的《张伯苓教育言论选集》。另有 1996 年由山东人民出版社出版的张泉君主编的《著名教育家演讲鉴赏》一书，收录了张伯苓与裴斯泰洛奇、杜威、福泽谕吉、凯洛夫、杨贤江、陶行知等教育家在不同时期所做的演讲，张伯苓收录的是 1925 年 12 月 7 日在南开的演讲“学行合一”。

翻阅这段关于张伯苓研究的历史，总是让我想起傅浩翻译的以色列诗人叶胡达·阿米亥的一首短诗《忘记某人》：

忘记某人就像
忘记关掉后院里的灯
而任它整天亮着
但正是那光
使你记起

历史是公正的。在各种用文字记录的历史中张伯苓被“忘记”时，作为一名爱国的“平民”，他一直还在普通中国人的心里、在天津人的心里；作为南开体系的缔造者，他不仅仍然感动着南开、感动着天津、感动着中国，他甚至还感动着世界。历史不仅仅是用文字来书写的，

① 林希．其实你不懂天津人[M]．天津人民出版社 2007. 17.

历史一直都活在人们的心里。

3. 回归公正：教育家张伯苓研究

1986年4月5日，张伯苓先生诞辰110周年，国家教委和全国政协联合在天津南开大学举办了盛况空前的纪念大会，时隔30多年后对于张伯苓盖棺论定："张先生的一生，是进步的、爱国的一生，他办教育是有成绩的。人民将永远记住他的功绩。"（李鹏语）"张伯苓先生的一生，是热爱祖国，不断进步的一生，是无私地献身教育的一生。张伯苓先生的光辉业绩是值得后人永远尊敬和纪念的。对于张伯苓先生的教育实践和教育思想，应该很好地研究、总结，为发展社会主义教育服务。"（周培源语）至此，张伯苓以他"教育家"的本来面目重新回到公众的视野中。

作为"教育家"，张伯苓的思想可谓博大精深，20世纪80年代后，研究张伯苓的期刊论文，笔者粗略下载达近百篇，作者也遍及全国各地，内容涉及"办学理念""爱国教育思想""育才之道""管理思想""德育思想""美育思想""体育思想"……几乎遍及到所有教育领域的方方面面。

张伯苓还是张伯苓，然而，万事随时迁移。中国教育研究中的张伯苓，在兜了一个大圈子后，似乎又回到了开始的起跑线。重新受到公正对待的教育家张伯苓研究使我们回想起早在1947年胡适以其特有的为文特色"证明的方法、扼要的手段、平等的眼光和系统的研究"（蔡元培语）发表的论文《教育家张伯苓》。

胡适精要选取了张伯苓从事教育事业的几个关键事件：严复的学生、威海卫的刺激、南开的滥觞、73到3000（南开中学首届招生73人到日军轰炸前几年学生总数已达3000人，此数据来源于张伯苓在南开学校创办40周年校庆而作的讲话稿《四十年南开学校之回顾》——作者注）、欠债办学新理论、校长先生演话剧、受洗为基督徒、爱子为国捐躯、炸不毁的南开、爱国爱校南开梦，一系列研究的"小心求证"，以他自己同样身为教育家的将心比心，论证了张伯苓确确实实是当之无愧的"教育家"。文章开头还特意引用了张伯苓自述"我既无天才，又无专长，我终身努力的小小的成就，无非因为我对教育有信仰有兴趣而已”和张伯苓喜欢的朝鲜朋友对他的评价“张伯苓是一个极其简单的人，不能跟同时代的杰出人物争一日之长短，但是他脚踏实地地苦干，在他的工作范围里，成就非凡”①，向世人展示了一个“平民”教育家的生动形象。

作为一介“平民”，张伯苓属于天津；作为校长，张伯苓属于南开；作为教育家，张伯苓则是不折不扣的“世界公民”。张伯苓是世界上享有极高国际声誉的中国教育家。“近代中国最倔强、最坚定的反帝爱国主义者”张伯苓以他特有的教育家风格，以不需要任何翻译的无声语言——实实在在“苦干、硬干、穷干、拼命干”的行动，向世界昭示了在饱受列强欺凌、灾难深重的近代中国，普通民众强烈的社会责任感、普通民众的自尊自强和骨气；昭示了南开的倔强、南开的坚定和南开不屈的个性；昭示了“巍巍我南开精神”。

看起来似乎特别不可思议的是，坚定抗日，处处针锋相对，与日本侵略者斗争的张伯苓，却得到日本人由衷的敬佩。“日本民族非常喜欢暴露自己。……留下了许多不同寻常的内心独白的书”②。由曾在上海担任日本驻上海新闻联合体“新闻联合社”上海支局长长达 6 年之久（1932—1938 年）的松本重治晚年撰写的回忆录《上海时代》无疑是这类内心独白中的一本。他回忆起 1933 年初夏时乘火车从上海去北平，坐在一等车厢里惊讶地发现．赫赫有名的南开张伯苓校长竟坐在嘈杂拥挤的普通车厢里，仪态坦然。张伯苓的这种素朴让一向等级观念深重的日本人感受到的是“中国人的争气”与“抗命主义”。在时隔 70 多年后，当时的景象依然令松本重治记忆犹新。

民国初年，美国哈佛大学校长伊利奥来南开中学参观，对这里的教学实验仪器大感意外，赞叹道：即使美国的中学能有像南开这样的仪器设施者也并不多见：同时他也注意到这里的学生仪容整齐，与别处所见迥然有别，于是探问究竟。张伯苓引他来到一大镜旁，详细解说镜上的“容止格言”，伊氏边听边点头，连连称赞南开的校风教育有

① 胡适．教育家张伯苓[A]．沈卫星主编．重读张伯苓[C]．北京：光明日报出版社 2006．361-368．

② [美]本尼迪克特等．日本四书——洞察日本民族特性的四个文本·菊与刀[M]．北京：线装书局出版社，2006．5．

效而切实。此后不久，洛克菲勒基金会派人来校拍照，照片刊诸美国报刊，评价甚高。

据罗隆基回忆，他在清华读书时，一位美国女教师曾经向她的中国学生们郑重说道：“你们将来都得学南开学校的张伯苓。假使中国多有几个张伯苓，中国一定会强的！”[①]

1917年，开办南开大学之前，张伯苓到美国哥伦比亚大学留学一年，向约翰·杜威、孟禄、桑代克、基尔帕特里克等虚心求教。求学期间，哥大的教授们对于张伯苓开办南开的业绩高度赞扬，体谅他办学的难处，一致呼吁校方，授予他荣誉奖学金，并免除学费。1919年美国圣公会仿照哥伦比亚大学的规章制度在中国开办的上海圣约翰大学先于哥伦比亚大学27年，以“醉心教育、成绩卓然”授予张伯苓名誉文学博士学位。

在西方人看来，张伯苓个人身上所表现出的一名教育家的“乐观性格、卓识远见、无尽热情、洁白无瑕的道德品质”，不仅“令人爱慕，给人鼓舞”[②]，而且在战乱和灾难如影相伴的近代中国，展现了这个国家的另一面：韧性的努力和顽强的建设，这也正是西方人眼中中国希望之所在。由此，1946年，正值张伯苓70寿辰，美国友人发起征集编印纪念文集，书名为《另一个中国》。1951年张伯苓去世后，《纽约时报》刊发专题文章，称颂南开校长张伯苓“是一个重要的教育家”。

张伯苓斯人已去，但他那种平民教育家的精神还鼓舞着我们，他倡导的“苦干、硬干、穷干、拼命干”还存在于今天的南开教育中。作为一名天津的教育研究者，深感有责任循着前人探索的足迹，继续这一“未完成的课题——更加深入地研究伯苓先生的教育思想和教育实践”[③]，充分展现张伯苓教育思想、南开教育精神、天津风土人情的魅力。

---

① 张晓唯. 外国人评说张伯苓[J]. 出版参考：新阅读，2007（1）. 44-45.

② [美]司徒雷登. 张伯苓是一个拓荒者[A]. 沈卫星主编. 重读张伯苓[C]. 北京：光明日报出版社 2006. 371.

③ 张岂之. 未完成的课题——关于张伯苓先生教育思想和教育实践的研究[J]. 华夏文化，2001（2）. 4-6.

第一章　天津历史名校溯源

考察至今仍具广泛影响的天津历史名校，尽管各名校产生的渊源可以追溯至天津古代的书院，屯学和运学，甚至更早的卫学。然而，基于“百年中国看天津”这样一个愈来愈为大家所认同的历史命题，一大批传承古代天津文化教育，顺应近代天津“以区区一隅，而天下废之关系也”[①]的重要战略地位而兴办的天津历史名校如：南开教育体系（始创于1904年）、天津私立普育女学堂（1905年，今天津九中）、德华普通中学堂（1910年，今海河中学）、天津私立汇文学校（1911年，今汇文中学）、天津圣公学校（建于1914年，今新华中学）、扶轮中学（1918年）、天津公学（1927年，今耀华中学）、天津工商附中（1923年，今实验中学）、天津市立中学（1947年，今天津一中）、天津私立崇化中学（1948年，今崇化中学）等等，正如说，“天津是中国历史文化名城，确切地说，应是中国近代历史文化名城”一般[②]，产生于近代天津的历史名校确切一点说也应该是中国近代历史名校。在一定意义上说，这些历史名校不仅仅是近代天津教育的缩影，而且是整个近代中国教育的缩影，在近代世界教育史中也占有一席之地。为什么天津历史名校在近代天津教育史、近代中国教育史、近代世界教育史中有着如此重要的意义呢？应当说，其中有着深刻的文化历史原因。

---

① 赵宝琪、张凤民主编. 天津教育史（上卷）[M]. 天津：天津人民出版社 2002. 5

② 罗澍伟. 百年中国看天津[M]. 天津：天津人民出版社 2005. 246.

一 时代背景

考察天津历史名校在近代的影响，首先应有一种“全球意识”。原因很简单，自 1492 年 10 月 12 日哥伦布发现美洲大陆，这一事件对于世界的深远影响远远超过事件本身。它意味着，世界各地区从此开辟了海上通道，连成一个整体，因此“开始了严格的全球意义上的世界历史”[①]，其影响渗透到世界各国民众生活的方方面面。具体表现在，从那时起，某一个国家、某一个地区出现的举世瞩目的“重大事件”，其产生原因、发展过程及其影响力再不仅仅局限于本国、本地区范围，在逐渐趋于一个整体的世界中，成为一连串连锁反应中的重要一环。

近代中国对于民众来说，是一系列灾难性的战争：中英第一次鸦片战争、中英法第二次鸦片战争、中日甲午战争以及八国联军的入侵等等，迫使从精英人士到普通国民都不得不重新审视，在所谓的“世界格局”中中国所占据的位置，并据此选择未来应走的道路。事实证明，这种选择是极其艰难的。在这个问题上，中国传统“知难行易”的说法就很不妥当。在哥伦布发现新大陆时，正值中国从世界格局顶端下滑的时期，郑和七次下西洋或许让世界感受到了中国的友好情谊和天朝威仪，可也耗费了中国大量的财力、物力，致使后来朝廷再不愿出海，闭关锁国；而西方世界自哥伦布出海之后，每次大规模出海都有其贸易往来，不断地积累财富，直至 19、20 世纪原来中国居世界“华夷秩序”尖端的世界格局终于发生了根本性的逆转，到“1914 年时欧洲的全球霸权似乎是不可抗拒的”[②]，时代变了，难道是中国人没有意识到吗？

清军跟太平天国打仗时，和曾国藩齐名的一位大员胡林翼，带兵

① [美]斯塔夫里阿诺斯. 全球通史——1500 年以后的世界[M]. 吴象婴，梁赤民译. 上海：上海社会科学出版社，1999. 3

② 同上. 572.

立马江边，他朝江面看去，可谓“百舸争流千帆竞发”，此时，却见一艘小火轮以迅猛的速度赶超其他船只。胡林翼回去后即忧心忡忡，重病不起，因为他深深感到：局面变了，中国那个居于主动地位的时代远去了。曾国藩、李鸿章、左宗棠等人，更是认清了三千年来这一大变局。①

哥伦布发现新大陆

既然近代中国已有很多人认清了世界局势翻天覆地的变化，为什么还是落到了被边缘化、受凌辱、被欺压的境遇？这其实是一个“知难，行同样不易”的问题。历史不仅需要理论式的评判，同样还需要同情式理解。当人们谴责“洋务运动”失败、北洋水师覆灭、义和团抗击侵略运动终成八国联军侵略的借口和四亿五千万赔款时，应该看到即便是当时很多中国人已清醒地意识到了中国在世界格局中的地位，但究竟应该采取什么样的行动摆脱当时的被动局面，并没有一个完全正确的行动纲领。这需要一个探索的过程，既然如此就可能犹豫、彷徨，可能走弯路。于是到了“五四”时期，传统与反传统的激烈对峙中表现得更为明显。回顾历史，对于当时中国走出困境的选择今天

① 何芳川. 二十一世纪的中国格局和中国[A]. 文池主编. 在北大听讲座（第15辑）[C]. 北京：新世界出版社，2006. 9.

看来似乎是不言而喻——要摆脱西方的侵略首先要向西方学习，日本社会在近代的发展印证了这种选择。1925年刚刚摆脱半殖民地，获得民族独立、国家统一的土耳其领导人开米尔·阿塔图克明确地将土耳其“最成功地解决了文明问题……土耳其共和国能成为中东最西方化的国家，又能最不受西方的支配”①的经验归结为：

> 对文明洪流的抵抗是徒然的；文明对那些忽视或违抗它的人极为冷酷无情。文明能穿透山脉，翱翔天空，能看见、照亮和研究从看不见的原子到星球的所有东西。力图以中世纪精神、靠原始迷信发挥作用的国家，在它那巨大的威力和崇高的尊严面前注定要毁灭，至少也要被奴役，受耻辱。②

事实上直到今天，透过中国学人对于西方“文化霸权”的痛心疾首；再看近代日本的发展无论怎样飞跃，都只是对西方模仿式的，缺乏开拓，正如汤浅光朝在评论日本的发展时说：“创造和模仿在外表上看只差一步，但在本质上却差之千里。”由此日本现代化发展某些先天性的缺失③，以及我们今天所明白的“跟别人学往往走弯路，往往慢半拍。别人走入误区，你也走；别人走出来了，你却还在那里大干，卖力得很”④……都说明究竟如何学习借鉴西方经验，在何种程度上、以何种方式接受西方的影响等等一系列问题至今依然远无定论。

---

① [美]斯塔夫里阿诺斯. 全球通史——1500年以后的世界[M]. 吴象婴，梁赤民译. 上海：上海社会科学出版社，1999. 577.

② G. 刘易斯. 近代土耳其人对欧洲的态度[M]. 转引自[美]斯塔夫里阿诺斯. 全球通史——1500年以后的世界[M]. 吴象婴，梁赤民译. 上海：上海社会科学出版社，1999. 577.

③ 丁钢. 早期教育现代化的选择与失落：一个比较的视角[J]. 复旦教育论坛. 2004（3）. 21.

④ 舒乙. 柏林只爱小苹果[N]. 特别关注. 2008（5）. 43.

晚清天津风土人情

在近代世界格局风云变幻的历史背景下，天津因何在短短几十年间，从一个府属县城跃居为仅次于上海的中国第二大工商业城市？成为当时中国“外事尽萃于天津，外交之利害，全国之安危，而恒于是乎卜之，故往往动中外人之视听”的国际重镇①？创建于其间的天津诸多历史名校又因何享有国际声誉，比如南开被誉为“最著名的教育家的活动例子”②？南开的创建者张伯苓被誉为是“全世界公认的教育机构的缔造者和造育人才的领袖人物，五十年来，以坚定的信仰和毫不动摇的意志，献身教育，振兴他的祖国，是全国自信的象征”③？

二　地域文化背景

“地理环境与社会、经济、军事、文化、历史等多种因素相互联

① 罗澍伟. 百年中国看天津[M]. 天津：天津人民出版社 2005. 247.

② [美]费正清、费维凯. 剑桥中华民国史（下卷）[M]. 刘敬坤等译. 北京：中国社会科学出版社，1994. 422.

③ 出自 1946 年 6 月张伯苓到哥伦比亚大学，在该校毕业典礼上被授予名誉文学博士学位，校方宣读的颂词。

系，人的思维局限是在特定区域中多种因素相互作用的结果，地理环境无疑构成了人类活动框架中的重要一部分。”[①]英国学者伯特兰·罗素在《自由与组织》一书中将工业革命时期一连串影响社会生活的原因均归为地理环境的影响，而德国学者拉策尔则认为：“（一个国家）政治集团的大小，社会的组织形式，人民的精神面貌，无不是由地理环境决定的[②]。”近代天津出现的诸多具有世界影响的历史名校与天津的地域文化密切相关。英国 17 世纪政治家雷利爵士说：“谁控制了海洋，谁就控制了贸易；谁控制了世界贸易，谁就控制了世界的财富，因而也就控制了世界。”[③]不仅是真正意义上的“全球历史”始于海上探险，事实上直到铁路、公路运输在世界很多地区仍不很发达的 20 世纪中期，海运贸易在世界格局的演变中仍扮演至关重要的角色。而四千年前由海洋形成冲积平原——成于水、固于水、亦兴于水的中国北方最大沿海城市天津，由于其拱卫京城，河湖水网交错、运河四通八达、水运贸易极为便利的地理位置，“万商辐辏之盛、亘古未有”的往来贸易[④]，及其所衍生的地域文化不仅使近代天津成为“地当九河津要，路通七省舟车”的国际化大都市，同时为当时诸多天津历史名校的创建提供了丰厚的地域文化滋养。反过来，天津作为进出首都北京的门户，近代天津与整个中国的命运紧紧连在一起。将近代中国带入半殖民地的一系列西方侵略战争如：打开了中国大门的鸦片战争、第二次鸦片战争、使中国蒙受巨大损害和耻辱的中法战争、中日甲午战争和八国联军侵华战争等等都是从攻破天津开始的，战后一系列不平等条约《天津条约》《北京条约》《辛丑条约》《中英五口通商章程》《黄浦条约》《马关条约》等等签订也在天津而不是北京。洋务运动发起、伪满洲国的炮制等等均始于天津，由此使天津一度成为中国的政治重心。不仅如此，天津还是历代中国各地文化的聚集地。各地文人进京赶考、参政、献艺不仅途经天津，还有很多人长时间逗留在天津。

---

① 伊格尔斯. 欧洲史学的新方向[M]. 赵世玲、赵世瑜译. 北京：华夏出版社，1989. 157.

② 庄锡昌. 世界文化通论[M]. 杭州：浙江人民出版社 1989. 22.

③ 艾跃进. 美伊战争后的世界形势[A]. 文池主编. 在北大听讲座（第 16 辑）[C]. 北京：新世界出版社，2008. 64.

④ 郭蕴静、涂宗涛. 天津古代城市发展史[M]. 天津：天津古籍出版社 1989. 23.

地缘政治的重要性、便利的水路交通，使天津主动、被动学习世界各地成为可能并不可避免地渗入每家每户的生活中，成为普遍日常生活的一种方式，“天津人对天下新鲜的事看得多了，不单是眼睛，连耳朵都见过世面”[①]。

京杭大运河和京津塘高速公路下道口

正如学者所言：“每个民族都留有他们起源的痕迹。他们兴起时期所处的有助于他们发展的环境，影响着他们以后的一切[②]。”天津作为历史上的移民城市，它的起源对于后来在这里发生的一切具有深远的影响。

① 马宇彤. 全景天津[M]. 天津：天津教育出版社 2005. 1.
② [法]托克维尔. 论美国的民主（第一卷）[M]. 董果良译. 商务印书馆. 1997. 30-31.

市井天津

研究表明，天津最早在春秋战国时期，作为当时齐、燕两国的重要产盐基地被开发，“在当时以占领对方土地为目的的兼并战争中，人们竞相到渔盐之利的天津平原获取财富”①。三国时期，曹操为讨伐北方乌丸，开凿平虏、泉州、新河三渠以运粮饷，海河水系形成；金朝建都北京，元朝大规模河漕与海运使天津成为河海航运枢纽和京畿门户。军事上的重要地位是天津发展的主要原因，漕运和盐业是天津发展的支柱。天津移民在元朝时“旧居者只有七姓”，至明朝激增，“杂以闽、广、楚、齐、梁”之民，其中以从今安徽迁来和山西洪洞县等地移民居多，移民构成主要是军人、商人、苦力及其各自家属。地理学研究认为：人类与自然环境之间存在着互动互感的关系，地域环境对人的发展有一定的影响和作用。如果不从根本上了解天津移民的特点，就很难理解能在风雨飘摇的“九一八”之后高呼“有我在，中国不会亡”的南开校长张伯苓；亦俗亦僧“二十文章惊海内”，教风“温而厉”的弘一法师李叔同；以及被誉为“数学泰斗，华人典范”的天津扶轮中学校友陈省身等等各式看似迥异的风云人物均与天津、天津

① 郭蕴静、涂宗涛. 天津古代城市发展史[M]. 天津：天津古籍出版社 1989. 23.

文化、天津教育共同有着千丝万缕的联系。这些移民是中国人的一部分，由于地域文化的影响，他们将中华民族海纳百川品格的某些方面以其独有的特性淋漓尽致地展现出来。这些情况主要有：

（一）豪爽豁达

军人遗风在天津人中间突出表现为豪爽豁达。

天津人性格开朗、说话嗓门大，不拘小节，大大咧咧。以大为美，不欣赏“小”，走街串巷的天津人以“大哥”“大姐”做呼语互称。千万年的盐腌碱烧，造就了天津人一副火热的肠子；天津人急公好义，守望相助，将中国人的“重情重义”演绎得炽烈爽利。

天津人以爱打架出名，除了与天津人说话大嗓门有关，易被人误认为是挑衅滋事，“不知道内情的人会说：‘你喊嘛？你以为我是聋子呀怎么的？’你瞧，这不就离打架不远了吗？”[①]另外天津人的热心肠，燕赵义士，路见不平拔刀相助，也是天津人爱打架的一个重要原因。天津人热心肠，“尽管天津大街小巷不讲正南正北随意横斜，外地人却很少在天津迷路，因为天津人逢到外地人问道必定是详尽指点，甚至还会做向导来送一程”[②]；“爱管闲事”也是天津人热心肠的表现，有人一见坏人坏事就学猫头鹰——睁一眼闭一眼，这种人，不是天津人。天津人讲究的就是：路见不平有人铲，事不平有人管。比如说碰见陌生人进楼门或者神色有异，居民都会盘问一下，看见有人干坏事也不会视而不见，管的事多，甭管对不对纷争就会多，冲突打架的概率自然比别处多；街头巷里起了争执，围观中总会有不少人“主持正义”，最后事主还没怎样，管闲事的人先打起来了。天津人打架速战速决，打过就完，不讲究算后账，“双方打完了，该报的仇报了，该出的气出了，从此后天下太平，大家又可以相安无事了”[③]。

① 林希. 其实你不懂天津人[M]. 天津：天津人民出版社 2007. 58.
② 马宇彤. 全景天津[M]. 天津：天津教育出版社 2005. 2.
③ 林希. 其实你不懂天津人[M]. 天津：天津人民出版社 2007. 58.

天津泥人张

就这样，豪爽豁达的军人遗风不仅造就了天津人强烈的社会责任感，而且以其特有的方式淋漓尽致地表达出来。

（二）务实平等

天津作为移民城市，另一个主要特点是，来自不同地域、不同身份、不同特性的人们到达同一地域之后，有了相对一致的新起点，在这里按照不同的人的各自意志进行个人奋斗的现实生活方式选择极其重要，远远超过世袭官位、家族血缘关系网、惯常习俗、稳定阶层等传统社会生活方式的影响。因此，相比之下，这里的人们缺乏中国人普遍的权威崇拜意识，不屑于攀附富人、名人、贵人。尽管天津从古至今出了很多名人，但要问起天津人来，“他很可能一个人名也说不出来。难道天津人不以本乡本土的名人为荣吗？也说不上，但天津人一般不把这些名人看得很重”①。天津人会以为，别人有的是别人的、我过的是我的日子，与我有多大关系？靠攀附别人不是天津人推崇的上进之道，个人奋斗取得成功才是真本事。

作为移民的天津人的平等意识与世界其他移民群体又有所不同。比如说，美国早期的新大陆移民蔑视传统的“人人生而平等”意识，为美国民众的“求新务实”奠定了根基，“每一个美国人都知道，他们生活于其中的这个世界有一部分就是由他们自己创造的……实用主义欣然与过去决裂，抛弃传统习惯，尝试新颖方法，将信仰付诸表决并根据计划安排未来”②。由于地域环境的影响，天津人则更多的是“顺应务实”。

天津人的生活信条，只能是顺从和适应。大河涨潮，河运繁忙，你就得打起精神来干，你要是不拼命干，对不起，过两天潮落了，你再想干，也没有你的份了……尊重传统、墨守成规，对于天津人来说，只能是一句空话，河水不等人，卸货装货，都要赶在潮起潮落……天津人什么也不信，就只信真格的。③

津门故里

① 林希. 其实你不懂天津人[M]. 天津：天津人民出版社 2007. 17.
② [美] H. S. 康马杰著. 美国精神[M]. 杨静予等译. 北京：光明日报出版社. 1988. 142.
③ 林希. 其实你不懂天津人[M]. 天津：天津人民出版社 2007. 7.

（三）幽默风趣

地处水网交错地，八方民众你来我往，移民从各地汇聚，最需要的是沟通，爱说成为天津人的一大特点。天津人说话喜欢戏谑，有浓重的自嘲成分，成为语言的笑料和生活的调料，这一开始就是天津地域文化的一部分。

天津地处九河下梢，有码头遗风，生存竞争激烈。想在天津养家活命，不是桩容易的事。要想化解生活的压力，只能自己找乐儿。走路跌倒了，又是跌倒在泥泞里，天津人不往别扭上想，哈哈一笑，哪儿跌倒的，哪儿爬起来，赶路是正事，光冲着泥坑犯凶，没用。流传一个笑话：一个人骑自行车摔倒了，各地人表现不一样：广东人扔车，骂：丢，烂单车，明日买汽车！上海人骂自己：今朝眼睛瞎脱了。北京人骂路：这谁修的破路啊！而天津人，站起来会对看他的人说，今天没练好，让各位见笑了，大家都笑了，他自己也不当回事。幽默是天津人与生俱来所特有的，世代相传。天津人磨合了一种活法，高高兴兴，乐乐呵呵，不说不笑不热闹，说说笑笑度时光。

幽默风趣的地域风情滋养了天津根基深厚的说唱艺术。从"怯大鼓"到京韵大鼓，从刘宝全到骆玉笙，从张寿臣到马三立，不仅使人感受到天津老城的市井世态、民俗文化，同时也让人感受到天津人冷眼观世事的含蓄幽默。

（四）开放包容

天津作为水路枢纽的地理位置在某种程度上决定了城市的开放与包容。有学者将我国地域文化作了区分，把靠近河流的冲积平原称为河谷型文化，归纳其特点为：内聚力和容纳性强①，"与北京人把城墙看得很神圣不同，天津人从有城墙的那一天开始，就没把城墙看作是一回事"②，开放包容一开始就是天津城市特色的命脉所在。

① 郑金洲. 教育文化学[M]. 天津：人民教育出版社 2000. 258-259.
② 林希. 其实你不懂天津人[M]. 天津：天津人民出版社 2007. 4.

市民生活

深厚的中国传统文化积淀比如桐城派在天津的延续，兴盛的金石考古学，甲骨的挖掘等等为天津的开放包容奠定了根基。中国传统文化之所以历史悠久，其特征之一就在于“其伟大的同化力，故能吸收若干邻邦外族，而融成后来之广大中华民族”①，之所以能够如此，中国人看待事物的态度为其关键因素之一，“中国人以诗人、艺术家和道德家的心情热爱自然，因而胸怀宽大，心平气和”②。创始于大悲寺内的天津第一个诗社——“草堂社”是传统文化在天津弘扬光大的一面镜子，它也赋予了城市本身“诗情画意”。“现实中拥有‘诗情画意’的人往往是十分容易与人接近的，因为他从不显示自己，也因为他从来都赞美别人、批评自己。但是，这样的人却是想大事不想小事的，因而在他们的诗的世界里，或者在他们的诗性生存里，一切都表现得那么纯粹、干净。追求发展并且是永不满足，这样也就使他们显

① 梁漱溟. 中国文化要义[M]. 上海：学林出版社 1987. 3.

② 关鸿、魏平主编. 现代世界中的中国——蒋梦麟社会文谈[M]. 上海：学林出版社 1997. 177.

得那么有力了”[①]。城市亦是如此，天津作为中国最早接受西方文化的城市，虽有“万国建筑博览会”的城市风貌，却保持着自己的文化独立性，不排斥外来文化，却始终有选择地吸取。运河文化、码头文化、老城文化、寓公文化、租界文化相互融合，形成一种“五方杂处”的地域文化。[②]

（五）自立自尊

中国人是有骨气的，每个时代都有很多有骨气的人。天津人也是有骨气的，天津人的骨气是典型的“平民式”的骨气。

天津流传一个故事：一位张姓少爷，自幼锦衣玉食，老爹去世之后，没几年时间家产光了，无以为计，想起自己少时在家里爱蘸糖堆儿的雅趣，于是他放下架子，蘸了上百支糖堆儿，放在提盒来到北大关叫卖。……没多少时间张大少爷的糖堆儿就卖出了名。张大少爷在北大关卖糖堆儿，自食其力，自己倒没觉得是什么伤面子的事。他家亲戚耐不住了，张家也是名门，后辈人中怎么出来个卖糖堆儿的呢？一天，张大少爷正在北大关吆喝：“糖堆儿呀，好也！”突然走过来一个人，张大少爷一看，是一位叔叔辈的长者，张大少爷不敢走上前去问安，怕损了叔叔的尊严，只装什么也没看见，还是大声吆喝：“糖堆儿呀，好也！”

张大少爷吆喝声未落，他的叔叔走了过来，厉声地对张大少爷说道：“你给我回家！”

张大少爷自然不肯，依然叫卖，这时那位叔叔急了，立即对他的侄儿说：“这一提盒糖堆儿，我全买了。”

那位叔叔想买下这一提盒糖堆儿，是想别让侄儿在这里“现眼”了，谁料这位张大少爷不买账，当即回答他的叔叔说：“我的糖堆儿不卖一个主！”你瞧，多有志气。

这就是天津人，骨子里就是平民。[③]

---

① 朱孝远. 中国文化中的真、善、美[A]. 文池主编. 在北大听讲座（第 14 辑）[C]. 北京：新世界出版社，2008. 107.

② 罗澍伟. 城市客厅：从城市发展史看天津的包容性[N]. 假日 100 天. 2010-01-8. 第 12 版.

③ 林希. 其实你不懂天津人[M]. 天津人民出版社 2007. 4.

第二章　天津历史名校个性化特色

兴起于近代中国、饱受西方列强入侵，天津大批有志之士“救亡图存”教育救国运动中的南开学校，深受世界历史局势与天津地域文化的影响，“不仅有其典型的代表性，也有其极其鲜明的个性”[①]。以南开为典型的天津历史名校文化特色综合起来主要表现为以下几个方面：

一　强烈的社会责任感

天津是以军人为主要早期居民的移民城市，其行侠仗义的军人气质，赋予了南开学校强烈的社会责任感。

南开创办者之一的张伯苓校长早期曾受教于军事院校——天津北洋水师学堂，并曾在北洋水师做过海军，是地地道道的军人出身。作为一名真正的军人，最本质的特征在于其尚武精神，尚武精神也是一名军人所应该具有的最优秀品质。它不仅仅要求军人强身健体，精兵习武，同时还要具备一种勇猛无畏、永不服输的“亮剑精神”。什么叫亮剑？古代剑客们在与对手狭路相逢时，无论对手有多么强大，就算对方是天下第一剑客，明知不敌，也要亮出自己的宝剑。即使倒在对手的剑下也虽败犹荣，这就是亮剑精神。

侠义是军人尚武精神的核心内涵。何谓侠义？司马迁说：“侠，其行虽不轨于正义，然其言必信，其行必果，已诺必诚，不爱其躯，

① 赵宝琪、张凤民主编. 天津教育史（上卷）[M]. 天津：天津人民出版社 2002. 82.

赴士之厄困。既已存亡死生矣，而不矜其能，羞伐其德，盖亦有足多者焉。”（《史记·游侠列传》）“义”是中国古代一种含义极广的道德范畴。本指公正、合理而应当作的。古代侠义之士，不流俗于社会，遗世独立，但却是言必信，行必果，可以为了社会正义而牺牲自己，从来不缺乏与生俱来的悲天悯人情怀。他们常出没于社会最黑暗、最混乱的时期，大多难逃悲剧性的结局，但为国为民，舍生取义，死而无憾，虽死犹荣。“相反，在一个歌舞升平、灯红酒绿的世界，如果侠士在此终老一生，英雄无用武之地，没有地方施展自己的才华，‘绮罗堆里埋神剑，箫鼓声中老客星’，那才是他最大的悲哀。”[①]武不离侠义，侠义却不局限于武，侠义既是现实社会生活中武士对于正义的不懈追求，即所谓“替天行道”；又是古往今来文人墨客尽情挥洒想象的平台——千古文人侠客梦，中国文人，自古就有侠义情怀藏在精神的深处。可仗剑天下、为国纵横的时候，便当“一身转战三千里，一剑曾当百万师”（王维《老将行》）。在文在武，“侠义”本身在中国文化中都具有极崇高的意象，被看作是中华民族的国魂所在。[②]

侠义精神体现在不同的时期，不同的个体上，表现出不同的个性品质。中华民族面临民族危亡，列强纷至沓来导致空前民族灾难的近代，在遭遇不幸的重灾之地天津，不仅仅是由严修、张伯苓开办的“南开系列学校”直接创建于为“开民智”的“教育救国”信念，天津其他近代历史名校的创办也多与“教育救国”信念有关。比如林墨青创办的“民立第二小学”、卢木斋开办的“卢氏小学”和“木斋中学”（1952年改为二十四中）、庄乐峰创办的“天津公学”（1935 年改名为耀华中学）、刘宝慈执掌的“天津两等模范小学”（今中营小学）等；还有创建于外国殖民教会所办的学校，比如英国伦敦会兴办的“养正学堂”后改名为“新学书院”（今九十中学）、法国天主教圣母文学会办的“法汉学校”（今二十一中）、美国美以美会办的“成美中学”（1919 年更名汇文中学至今）等等，与当时开办者试图“用基督精神征服中国”

① 萧逸．萧逸的侠义人生[A]．文池主编．在北大听讲座（第 20 辑）[C]．北京：新世界出版社，2008．249．

② 萧逸．萧逸的侠义人生[A]．文池主编．在北大听讲座（第 20 辑）[C]．北京：新世界出版社，2008．249．

的愿望相左，后来都被具有强大生命力的中华文化所包容，成为近代天津“教育救国”的有机组成部分。任何一所历史名校都有自己的传统，传统是什么？传统是一种性格，是一种气质。这种传统和性格主要由学校创建者或有影响力的校长的性格和气质所决定。他们给不同的历史名校注入了灵魂，从此不管岁月流逝，人员更迭，各历史名校的灵魂永在！纵观这一时期天津历史名校最主要的特点就是面对空前的民族灾难所表现出的以“教育救国”为己任的强烈社会责任感。而不同历史名校的传统又因不同的有影响力的校长所共有的侠义精神的不同表现而不同。

任南开校长达 46 年之久的张伯苓，目睹了清政府的腐败无能和帝国主义列强对中国的欺凌，立志兴办教育，以“允公允能，日新月异”为校训，用爱国精神和科学知识教育青年，以达到抵御外侮，振兴中华的目的。在南开百年历史中为国家培育了众多杰出的人才，培养新中国总理 2 人：周恩来（1917 届，下同届别）、温家宝（1960）；副总理 1 人：邹家华（1941）；全国人大常委会副委员长 4 人：林枫（1930）、吴阶平（1932）、邹家华（1941）、周光召（1947）；全国政协副主席 5 人：屈武（1922）、王昆仑（1923 届师范班）、孙孚凌（1938）、万国权（1938）、朱光亚（1941）；中国科学院、中国工程院正副院长 6 人；中国科学院、中国工程院、外籍院士和国外的院士 55 人。还有许许多多党政干部、文学艺术家、科学技术专家、教育专家，可谓星光璀璨。

张伯苓在将近半个世纪的岁月里，从传授“新学”的家塾开始，一步一步办起了南开中学、南开大学、南开女中、南开小学和重庆南开中学，历尽艰辛，矢志不渝。在日军全面侵入中国时期，他毫不畏惧地在邻近天津海光寺附近日本军营的南开学校开展各种抗日爱国教育。当南开学校遭到日本军队野蛮轰炸后，他还坚定地说：“敌人所能毁者，南开之物质，敌人所不能毁者，南开之精神。津校恢复，必能于短期实现”[①]，“有我在中国不会亡”！天津人的军人遗风、天津人

① 杨坚白. 母校重光[A]. 孙海麟、周鸿飞、武佩铃主编. 津门教育家杨坚白[C]. 北京：人民教育出版社 2008. 4.

的骨气通过张伯苓个人永不言败的侠义精神化作了南开强烈的社会责任感，南开的倔强、南开的坚定、南开不屈的个性，化作了“巍巍我南开精神”!

天津公学——英租界第一所华人学校，1935 年扩建后改名为耀华中学

抗日时期曾冒着危险收留南开师生的耀华中学校长赵天麟以“光耀华人”为办学宗旨，严格秉持高标准、高要求、高质量的办学原则。面对日寇占领天津，在最危急的时刻，赵天麟慷慨激昂演说：“不应坐视倭奴以华人当犬马，永不当亡国奴，爱国抗日到底!”[①]耀华中学地处英租界地，躲开了日军的轰炸，赵天麟不仅公开进行抗日宣传、开展抗日活动，收留遭日本军队轰炸后流亡的南开师生，还给予租界地的中国共产党地下领导机关很多支持、帮助，使耀华中学成为天津抗日活动的主要据点。赵天麟对于日军的威胁利诱毫不动摇，早已做好为国捐躯的一切准备，终于 1938 年 6 月 27 日早上 7 时余被日本特务暗杀在去学校之途中。他用自己的生命诠释了耀华中学“勤、朴、忠、诚”的校训，其精神为后来的耀华学子代代相传，永不磨灭。

① 赵宝琪、张凤民. 天津教育史（上卷）[M]. 天津：天津人民出版社 2002. 368

二　兼容并包的务实教育

从1900年6月17日，英、法、俄、日、美、德、意、奥组成的八国联军自天津大沽口侵入中国开始，到1902年天津完全落入列强租界势力范围，中国政府完全失去了对天津的控制权。“天津人一提到租界，马上就和各个庞大的外国兵营联系在一起。在一个城市，有这么多的外国驻军，不仅在全国，在世界上也是罕见的”①，随外国军队涌入了大量的外国侨民。而在更早时，即1860年天津开埠初始，一些外国侨民就来到天津，或许他们是抱有“侵华”之目的来到天津，在八国列强对华侵略中扮演了“前沿哨所”作用，但公平地说，这部分侨民应该只是少数。除后来随八国联军驻军天津的军人侨民之外，大量涌入租界地的侨民不过是普通侨民，有官员、公务人员、商人、职员、传教士、文教人员等等，“商人是欧美侨民的主体”②。无论是野心侵略者，还是军人，或是普通侨民，除去他们的政治身份，首先他们是人，是人就有人的各种需要——在天津办学校既是外国侨民中文教人士生活的需要，也是侨民子女接受教育的需要，另外，还有欧洲基督教传教士积极传教的信仰需要。

欧洲历史学家认为：“欧洲的扩张在某种程度上可用欧洲基督教的扩张主义来解释。与欧洲其他大宗教不同，基督教浸透了普济主义、改变异端信仰的热情和好战精神。……积极传教一直是基督教会的主要特点。而且，为了使异端和不信教的人皈依基督教，基督教会总是毫不犹豫地使用武力。”③不可否认，宗教的极端热情虽在一定程度上助长了列强对华入侵，但这并不能文过饰非，列强侵入中国的最根本原因是垂涎于中国的财富，“欧洲人常常垂涎于其他人所享有的东

① 尚克强. 九国租界与近代天津[M]. 天津：天津教育出版社 2008. 24.

② 尚克强. 九国租界与近代天津[M]. 天津：天津教育出版社 2008. 32.

③ [美]斯塔夫里阿诺斯. 全球通史——1500 年以后的世界[M]. 吴象婴，梁赤民译. 上海：上海社会科学出版社，1999. 11.

西”[①]。然而从这段话中，也使我们更易于理解为何在天津开埠之初，八国联军进津之前，就有除商人之外的基督教传教士侨民先行来津，并在天津建立教堂，开办招收中国中小学生的神职学校[②]。

今天中国学者们就应如何看待外国教会在中国办学的问题以及如何看待近代外国侨民的问题争论不休。外国教会在华办学是“帝国主义文化侵略的工具”抑或是“中国教育事业近代化的积极贡献者”？近代随八国联军大批涌入的外国侨民是“帝国主义在华殖民者”还是“作为近代西方文明的载体，由于传播西方文化成为中国人民的朋友”？其中批驳论固然难逃“政治为纲”的嫌疑，即一切社会生活（包括教育）以政治为衡量依据，依附于政治；然而近代中国出现的这种局面（在天津得到最充分体现），毕竟在很大程度上是列强入侵中国的伴随产物。[③]颂扬论实为广大中国民众情感上难容。如果中国需要学习西方，可以有很多途径，像张伯苓、严修、赵天麟、卢木斋、刘宝慈等很多天津教育家那样主动走出去，多次或常年到西方国家学习取经，或者欢迎海外教育人士（比如杜威、罗素等人的中国之行）本着相互交流教育的目的来中国传授教育经验、或者与西方国家互派留学生等等。通过正常途径学习西方，办自己的学校，培养救国人才，推进中国教育的现代化进程。正如张伯苓所警示后人的：“有租界一日，中国便一日不能翻身”，“一定要靠自己的努力和奋斗，不能依赖他人”[④]。从根本上说，对待列强的侵入，抱有幻想是不切合实际的，正如近代诗人田间所言：“假使我们不去打仗，敌人用刺刀，杀死了我们，还要

---

① ［意］利玛窦. 16 世纪的中国：利玛窦日记［M］. 转引自［美］斯塔夫里阿诺斯. 全球通史——1500 年以后的世界［M］. 吴象婴，梁赤民译. 上海：上海社会科学出版社，1999. 14.

② 研究表明，天津开埠初，首先在租界地兴建的建筑为弹子房、俱乐部、基督教堂。外国侨民最早在天津开办的学校、影响最大的学校均为招收中国学生的教会学校。见尚克强著. 九国租界与近代天津［M］. 天津：天津教育出版社 2008. 29. 88.

③ 不可否认，当时有些侨民（如 1877 年任天津海关税务司的德国人古斯塔·冯·德璀琳等）在津期间与天津人民友好相处，对天津产生了浓厚的感情，有些甚至永久性地驻留天津。相关论述见尚克强. 九国租界与近代天津［M］. 天津：天津教育出版社 2008. 32-41。但在本质上，作为殖民者，当时的侨民与天津人民之间的矛盾有着不可调和性。比如 1870 年发生在天津的民众反抗法国教会“火烧望海楼”事件，又称天津教案，就暴露了中国人民同殖民者之间冲突的不可调和性质。相关论述见万新平、濮文起. 天津史话［M］. 上海：上海人民出版社 1986. 70-77.

④ 梁吉生、王昊编. 张伯苓言论集［A］. 沈卫星主编. 重读张伯苓［C］. 北京：光明日报出版社 2006. p. 415. p. 425.

用手指着我们的骨头说：‘看，这是奴隶！’”正像《国际歌》中唱的那样：“从来就没有什么救世主，也不靠神仙皇帝！要创造人类的幸福，全靠我们自己！。”无论历史怎样演变，创造先进的中国教育、创造富强美好的中国终究要靠我们自己。正因如此，新中国成立后，1952 年外国教会学校在中国终于难以为继，被迫画上句号，也是一种必然的结局。

早期天津法国租界明信片

事实上，天津开埠之初，对于来到天津的欧美传教士天津民众的宽容态度令他们吃惊：“中国人在宗教上可能是最不教条主义的。早期去中国的基督教传教士对他们在那里所遇见的人们互相容忍的态度，都有着极深的印象。他们对中国人允许他们自由地传播福音这一点，又惊又喜。”①正是靠着这种对于西方文化包容的态度，天津的中国文化传统以及深深渗透进天津教育中“强国富国”的社会责任感，并没有因中国政府失去对天津的控制而消失。20 世纪 20 年代后，随着华

① ［美］斯塔夫·里阿诺斯. 全球通史——1500 年以后的世界[M]. 吴象婴，梁赤民译. 上海：上海社会科学出版社，1999. 13.

人逐渐收回原外国教会学校办学主动权[①]，在不断的改造中将外国教会办学和一些外国侨民逐渐“天津化”，并保持了它们本身所具有的一些有益于天津发展的西方文化特点，使天津文化和天津教育在外国租界地林立的特殊环境中得到了发展。比如，笔者在对天津市第二南开中学（原天津南开女子中学）、天津二十中学（原法汉学校）、天津九十中学（原新学书院）、天津汇文中学（原成美中学）等学校考察时发现重视英语学习、重视自然科学课程、重视动手实验等借鉴学习西方学校的特点在这些学校一直传承至今，其中某些方面甚至成为学校文化的突出特色。

如前文所提及，天津历史名校对于西方文化、西方教育的借鉴学习主要功绩还在于当时天津诸多具有世界眼光的“土生土长”的教育家。

严修（1860—1929）是近代在天津推进“西学”传播的先行者。他认为，国家要走向富强之路，必须博采东西文明，引进西方文化与教育制度。他先后去日本、美国和欧洲进行教育考察，探求建立新式学校的模式与途径，在天津首倡办女学。他把自己的严氏家馆作为实验基地，聘请热心西学的张伯苓教授英文、数理化等新知识，开津门西学之先。以此基地实验成果，严修与张伯苓共创南开学校体系，“直接从日本、美国引进教材、图书资料、实验设备，并且直接聘外国教师来天津任教……南开聘请的外籍教师，据统计，1918 年以前有 29 人，其中日本 6 人，英国 5 人，美国 18 人”[②]，成为示范和带动天津地区新式学校教育的领路者。

一生中曾经五次去日本、四次去美国、二度去欧洲的张伯苓（1876—1951），特别是在 1917 年，已过不惑之年还专程到美国纽约进入哥伦比亚大学师范学院，从普通学生做起，师从著名教育家孟禄、杜威

① 例如，1929 年 8 月国民政府颁布实施了《私立学校规程》，据此，国民天津市教育局整顿了教会和外国人在天津开办的学校，由华人校长更换了原外籍校长，并从形式上取消了各教会学校“以宗教科目为必须课”。更多相关内容参见赵宝琪、张凤民. 天津教育史（上卷）[M]. 第四章 民国中期的天津教育. 天津：天津人民出版社. 2002.

② 张大民、陈志科、田毓芬、张绍祖等编著. 天津近代教育史[M]. 天津：天津人民出版社 1993. 114.

等，比较系统地学习西方教育理论，调研美国私立大学的办学思想，管理体制等，并且广泛接触在美的中国留学生，为南开物色优秀师资。“张伯苓在教育实践中所提倡的‘发展个性’‘崇尚自然’‘明了社会’等教育主张，明显的是受了杜威教育理论的影响。”①

借鉴西方文化中男女平等的思想，为改变中国传统中“女子无才便是德”的封建社会影响，许多南开学校和其他一些学校以兴办近代女子学校、热衷于发展社会教育，作为“开民智”的突破口，开近代女子教育之先河。1905 年严修改严氏女塾为严氏女学，温世霖（1870—1935）与其母徐振肃创办“佩贞女子学堂”，并由徐振肃亲任校长，成为中国近代史上第一个女校长。“而在天津普及并迅速建立一批女学的当属林墨青”②，林墨青（1862—1933）在天津共设立公立、民立、私立小学十多所，改良私塾上百处，创立女子小学 11 所，并亲自担任这 11 所小学的总董。1909 年林墨青专程到日本考察教育，之后在天津设立社会教育办事处，宣传社会新风尚、传播西方科学文化。林墨青办新学的功绩为后人褒扬，天津流传有“学校林立”这一句双关语，意思是说近代蔚然兴起的天津各公私立小学，全是经林墨青之手建立起来的。

另有在二十七岁写成《火器真诀释例》一书的天津近代教育家卢木斋（1865—1948），亦曾于 1905 年到日本考察教育，不仅写出了《万象一元演示》等许多算学著述，还出资在天津、保定、奉天等地捐建多处图书馆，其中南开大学图书馆也是卢木斋出资捐建的，他极力倡导普及教育，“创立师范、政法、工商、医、美术、水产等专业学校和几百所官立中小学”③。

---

① 赵宝琪、张凤民. 天津教育史（上卷）[M]. 天津：天津人民出版社 2002. 237.
② 赵宝琪、张凤民. 天津教育史（上卷）[M]. 天津：天津人民出版社 2002. 155.
③ 赵宝琪、张凤民. 天津教育史（上卷）[M]. 天津：天津人民出版社 2002. 159.

卢木斋捐款修建的南开大学图书馆（木斋图书馆）1937年被日军炸毁

这一时期，还有很多天津教育家，如刘宝慈（1873—1941）、齐国梁（1884—1968）、魏元光（1894—1958）、陈宝泉（1874—1937）等，他们也都有过到西方国家留学或者考察教育的经历。

然而尽管很多近代天津教育家身体力行极力提倡学习“西学”，但在他们开办的新式学校中却几乎没有“全盘西化”的，其中南开学校“知中国、服务于中国——以中国历史、中国社会为学术背景，以解决中国问题为教育目标”的“土货化”办学方针颇具代表性。何以会出现这样的结果？“务实”或许是其中的根本原因所在。

国家兴亡、匹夫有责，近代中国国将不国，满目疮痍的危难时局，激发了无数中华儿女的爱国之情，“实业救国”“军事救国”“政治救国”“教育救国”等无数志士仁人在探寻着救国的途径。其中主张“教育救国”的爱国人士尤为众多，而在天津秉持“教育救国”信念的教育家们共同的特点是，他们都不把这种信念作为理论加以探讨研究，而是真正地落实到积极开办学校的具体行动中，几乎每一位教育家的名字都与他（或她）创建的历史名校联系在一起。他们或积极捐款、捐物，或奔走于各方筹建校舍，或亲自任职于所创办的学校中，从事一线教育教学工作……他们都用他们自身的一言一行谱写着校训。他们对自己的国家抱有深厚的感情，他们深切地了解中国，从苦难中，积极放眼世界，在对比中找到中国问题之所在，寻找产生问题的根源，试图以世界眼光寻找解决中国问题的方法途径，并在亲身开办学校的实践中检验、证实、拓展、推广这些方法。他们的出发点和归宿都是中国，但他们的视界却不局限于中国。他们既能登高望远、博采众长，又能埋头苦干，走自己的路。正因为脚踏实地的“干”，让他们懂得了：只有深刻了解中国，充分发挥我们自己的优势，找出中国社会问题的根源，才能服务中国；只有了解西方，超越西方，找到解决中国问题的方法，才能从根本上救中国、发展中国。

三 草根特质的平民教育

在一个主要以军人、商人和苦力为早期移民的城市里，注定了天津的草根文化特质。

天津艺苑，显现出了天津文化的草根性，戏曲界名言道：北京学戏，天津唱红，上海赚包银。何以一定要在天津走红？天津走红，就是得到了最广大民众的认同。

藏之宫禁，流于堂会，最多就是一种观赏，只有在天津唱红，经历一次草根化过程，才真正具有艺术生命。

天津是曲艺的发祥地，相声、大鼓、坠子、单弦、评书、时调，天津为艺术葩苑做出了非凡的贡献，近代几个剧种在天津成熟，更从天津走向全国。天津是培养艺术大师的沃野，天津人是艺术家们的知音。盘点根植于天津、并在天津发展成熟、从而走向全国的曲艺和戏剧艺术，草根性是它们共同的成功基因。①

① 林希. 其实你不懂天津人[M]. 天津：天津人民出版社 2007. 10.

至今仍保留着平民的“身段”与亲切感的天津相声剧场

不仅是艺术，从中国古代起人们就认识到“天矜于民，民之所欲，天必从之”。(《周书·泰誓》)。“民（民意）”具有决定国家命运走向的巨大力量。教育的兴衰当然也不能摆脱民意的检验，特别是在天津这样具有草根文化特质的城市里，天津诸多历史名校之所以在近代脱颖而出皆在于他们所具有的“天津文化的草根特质——面对广大民众的教育，自然是最富生命力的教育”[①]。

近代天津以“开民智”为办学目的，着眼于提高整个市民素质，具有普及教育性质的新式学校数量的激增，以及在李大钊等人影响下的天津“平民教育”运动[②]，极大地冲击了“学而优则仕”的中国传统精英教育模式。据调查，1935 年天津小学有 383 所，1936 年增加到 421 所；1935 年全市学龄儿童共 125,075 人，在学儿童 45,667 人，占适学儿童的 43.7%，1936 年，入学儿童增加到 70,852 人，占适学儿童

① 林希. 其实你不懂天津人[M]. 天津：天津人民出版社 2007. 10.

② 关于当时天津“平民教育”运动的更为详细的研究请参见王惠来、张广君主编. 天津教育六百年[M]. 北京：中央文献出版社. 2006. 125-127.

的 56.64%。[①]天津农村小学的快速发展也使这一时期的天津教育更具“平民”特色。以宁河县和静海县为例，民国前，宁河县共有小学校不到 20 所，且大多是初等小学。民国后，1914 年达到 31 所，至 1921 年到达了 43 所，其中高等小学 9 所。静海县民国前有小学 10 余所，民国后，1915 年是 56 所，其中高级小学 9 所，1921 年达 96 所。[②]

此外，很多以“教育救国”为己任的天津教育家在办学过程中，为了更好地培养救国人才，南开学校等各校都为品学兼优的贫困学生设立了减免学费的措施。这些都促使天津学校教育改变了以往主要面向富有家庭子弟招生的历史，很多平民子弟因此获得了接受学校教育的机会，潜移默化地影响了整个天津教育的特点。“以河北大寺小学（今红桥区河北大寺小学——作者注）为例，作为当时天津教学条件较好的一所学校，经费来源稳定，常年由运库工巡捐局、银元局、县署清丈公所董事会三个单位拨付。民国之前该校学生基本上全部为富有官宦子弟，民国后，在校学生成分发生了明显的变化。据 1923 年统计，8 个教学班 340 名学生中，30%的学生为商界子女，26%为杂业界子女，11%为雇工子女，8%为劳工子女，2%为政界子女”（引文文字叙述部分有改动）[③]。

入学学生成分的变化相应地影响到学生学习内容的变化，在近代开办的新式学校中读经、章句、小楷、八股之类的课程被国文、中国历史、中国地理、公民训练等新式课程替代，一般中小学校都普遍设置了体育、音乐、自然常识、卫生常识、美术手工、理化等等借鉴“西学”的教学科目。此外，在天津市内的小学中还设置了具有地方特色的社会常识和商业科目。学生自己组织的校外、课外活动也开展得有声有色，有资料表明：1932 年据天津调查委员会调查，市内 15 所小学中，有 10 所成立了“学生自治会”或“学生生活团”“学级会”等学生校外、课外组织[④]，对于学生将所学知识与日常生活联系、从生

① 王惠来、张广君主编. 天津教育六百年[M]. 北京：中央文献出版社 2006. 145.
② 赵宝琪、张凤民主编. 天津教育史（上卷）[M]. 天津：天津人民出版社 2002. 214.
③ 赵宝琪、张凤民主编. 天津教育史（上卷）[M]. 天津：天津人民出版社 2002. 213.
④ 赵宝琪、张凤民主编. 天津教育史（上卷）[M]. 天津：天津人民出版社 2002. 278.

活中学习以及更好地了解天津社会都大有裨益。根据笔者的了解，这种学生自行组织的社团活动在南开、耀华等很多历史名校一直流传至今。

当然近代新式学校课程设置最具天津地域特色的当属南开学校的社会视查课。由于张伯苓在开办南开之初即意识到“吾国学生之最大缺点，即平日除获得书本知识外，鲜谙社会真正的状况，故一旦出校执业，常觉与社会隔开，诸事束手”①，因此在南开特别开设了“社会视查”的必修课，旨在“使学生到社会上去实地的观察与研究，借以谋知识之扩充，进而求社会问题之解决”②。在电视剧《张伯苓》中有张伯苓带领时为南开中学学生的周恩来、向怀恩、吴国桢等人到“天津卫的大马路上溜达”的片段，从南马路到法租界到日租界再到海河大桥；从八国联军到拆掉南城墙使天津失去防卫能力，到日租界不准华人入内，派驻军队为所欲为。这不仅使让学生亲身感受“中国人的大耻大辱就写在了天津卫的街道上”（张伯苓语），也让学生实地学习了法国人修建的海河大桥在桥梁设计、建筑中缆绳的粗细、轴承的大小、承受力等计算的精密，目的在于引导学生树立起“为中华崛起而读书”（剧中周恩来语）的远大志向。艺术是现实生活的反映。事实上南开学校的社会调查课，每周由教师带领参观工业、商业、司法、交通、救济、新闻、卫生等机关，甚至深入农村“明了社会真相”。20世纪20年代末30年代初张伯苓还根据天津地域文化特点，专门将南开大学的发展战略定位于为当地社会服务，“为天津这个华北工业中心培养企业人才和工程技术人才上。为此，南开在学科建设、课程设置、教学方法、人才培养、科学研究等方面采取了一系列措施”③。

---

① 郑致光. 张伯苓[N]. CCTV-世纪学府 百年南开. 2004-5-20. 21:48.

② 杨志行、李信主编. 天津市南开中学[C]. 人民教育出版社 1998. 168.

③ 朱小蔓. 影视应多反映社会文明的助推者[A]. 沈卫星主编. 重读张伯苓[C]. 北京：光明日报出版社 2006. 231.

1907 年，私立第一中学堂时期的南开学校最早的建筑

南开学校的“平民教育”从早期南开中学课程设置的原则上也可见一斑。比如设置商科原则在于“天津为北方商务重镇，中外贸易发达之区。商业人才，需要至多。本科之设，一方与以普通商业知识，一方与以应用之专门技能，并设法多得实习机会，使毕业是科者，或银行，或商店，都能得相应位置，为商业界之中坚分子”。工业科中的化学工业组则为“毕业是科者，得为各矿务公司化学分析室，及各化学工业制造场之副手”；测绘组“毕业是科者，得从事于铁路、桥梁、河海、矿山、建筑等工程事业上关于绘图及测量等”。教育科设置分别培养英文教员和数理教员，设置原则为“毕业是科者，或从事于小学教育，或担任初级中学教科，当无不胜任愉快也”。其中初级中学一切科目必修，高级中学采用选科制。①从中，所有课程皆为将来在社会上踏踏实实做事的目的所设，丝毫看不出有培养“精英人士”“卓越人才”乃至“考试状元”的蛛丝马迹。

① 喻鉴. 南开学校三三课程[A]. 杨志行、李信主编. 天津市南开中学[C]. 北京：人民教育出版社 1998. 87-88.

欲以“知中国、服务中国”首先要“知天津、服务天津”，以南开学校为突出体现的天津各历史名校以其特有的“草根式平民教育”使天津当之无愧地成为中国近代教育发祥地。

强烈的社会责任感、兼容并包的务实教育、草根特质的平民教育，这些南开的近代天津历史名校地域化特色只是这一时期天津教育制度快速变革和教育思想复杂纷繁的一种较为整体式的反映。事实上，历史名校南开在发展过程中，又形成了其不同于他校的学校特色文化传统，以其所特有的方式影响着天津教育、天津文化、以至影响着中国教育、中国文化，享誉世界。深究细理，天津历史名校南开的文化特色归根结底是南开人的个性化——包括教育管理者、教师和学生的个性，是名校中每一个人的个性人生，个性理论就是关于人的理论，就是关于人生的理论。因此，从研究具体的个人入手来探讨历史名校南开的特色似乎是更合逻辑的思路。

第三章 “南开校父”严修

“从芝麻到黄金塔”的南开系列学校是被胡适称为“中国现代教育的鼻祖之一”的教育家张伯苓终其一生的教育成就，这一切端始于严修礼聘他执教严氏家馆，进行中国现代新式教育的探索。南开从无到有离不开严修，张伯苓从一名热血青年到日后成为世界知名教育家也离不开严修在早期对于他的知遇和提携。“张伯苓同严修的结识与合作，自从南开初创时起，这是一件美满的事件。严修是中国旧道德传统和学识渊博最可敬佩的代表人物。他是一位学者、藏书家、诗人、哲学家、最具公德心的爱国志士。他对教育的信念，对于新时代新学识的虚心接受，和他在天津地方，直隶全省（即河北省）的道德名望，给年轻的张伯苓在创立远大的教育事业上有莫大的助力”[①]（胡适语）。因此，说到南开还应该从“南开校父”严修说起。

一 严修：平凡的圣人

严修（1860—1929），字范孙，号梦扶，别号偍屚生，天津人。祖籍宁波慈溪，清顺治年间，其七世祖鹰翊经商到天津，遂定居于天津文昌宫附近，后经营盐业。严修通经史、习数算，研究泰西之学；琴棋书画样样通晓，其书法秀逸浑雄，颇有功力，与华世奎、孟广慧、赵元礼共称近代天津四大书法家；其还善诗歌，与赵幼梅、王守恂同被誉为“近代天津诗坛三杰”；作为中国近代教育家，在推行新式教育

---

① 梁吉生. 严修、张伯苓与南开大学的创建[J]. 南开学报. 1999（5）. 17.

方面，严修的重大贡献是筹设南开学校。

严修（1860—1929）

严修的一生虽然在近代教育史的很多重大事件如废科举、兴新学、颁布教育宗旨、制定教育章程，创建南开系列学校中都扮演了重要的角色，但他却始终没有“太风光过，长期被埋没，默默地站在历史的幕后”[①]。严修虽祖籍为浙江，却同张伯苓一样生于天津，长于天津，逝于天津，一生除了在京城和贵州为官十六年左右，大部分时间在天津度过，为人处世深受天津地域文化影响。表现在待人接物中，严修谙熟天津日常生活中的各种习俗惯礼，洞明世事使严修“轻著述而重躬行”，再加上他个性中有着天津人典型的强烈社会责任感、开放包容、平和低调，顺应务实，具有一种天津人所特有的“平常心”，因此，每当“事件推向高潮的时候，严修的身影已经隐去”[②]，此种表现便不足为怪。然而，严修作为近代教育家把自己的一生投入到教育救国中，矢志不渝废科举建新学，他一生冲谦淡泊，狷洁自爱的持躬

① 孟宪实. 为了忘却的纪念：读李冬君《中国私学百年祭——严修新私学与近代政治经济文化》[J]. 中国图书评论. 2012（1）. 24.

② 孟宪实. 为了忘却的纪念：读李冬君《中国私学百年祭——严修新私学与近代政治经济文化》[J]. 中国图书评论. 2012（1）. 24.

处世，以及开拓未来的远见卓识和对中国近代教育改革及发展做出的卓越历史贡献却值得后人铭记，值得后人深入研究。

（一）旧学修养深厚

严修为江南英才辈出的费市严氏家族后代，是清末巨商严信厚的堂侄，出身于天津盐商之家，严家在距天津 125 公里的三河县有盐产，严修 1860 年 4 月 2 日出生于三河县，三年后回津。严修父亲严克宽早年因科举未第，遂弃学经商，接管家族的盐业，为当时清政府在天津盐商中指定为首领的殷实商户，总理天津盐业事务。

家世的富有和对教育的重视，使得严修自幼受到系统的科举教育，饱读经籍。与当时很多同样主张废除科举、教育革新的著名人物康有为、梁启超、袁世凯、严复等人不同，严修的科举仕途一帆风顺，六岁入私塾，1874 年十五岁应岁试，取一等第七名，1882 年乡试中举，次年中进士，二十四岁时便进入翰林院。在翰林院任职期间做过编修、国史馆协修、会典馆详校官，充各直省乡试试卷磨勘官等。1894 年三十五岁时被委任贵州学政，1898 年返乡办学。1904 年被袁世凯举荐为直隶学校司督办，1905 年任学部右侍郎，1910 年 3 月因政局动荡辞职回到天津，不复入仕，一心于津门故里办学，特别为南开系列学校的开办付出了极大的心血。1921 年发起城南诗社，1924 年创立崇化学会研究国学。1929 年（69 岁）病逝于天津。

严修国学功底深厚，一生爱书、读书、藏书，是近代天津著名的藏书家，家藏书籍十万多册，并曾四次捐出所藏以供众阅览。从严修所读所藏的书籍和他所倡导的读书风尚中也可以窥见严修重实用的治学行事风格。

严修所藏之书多为日常研读所用，像《数理精蕴》《九章算术》《代数术》《九数通考》《梅氏丛书》《白芙堂算学丛书》等均是其精研之书。严修虽为科举入仕，但对于科举重文轻理、学用脱节的现象非常反感，明确提出必须“讲求为学之本原，推究读书之实用”及注重道德修养的建设，这样才能成为“敦品励学，讲求实用”的社会人才[①]。严修

① 庞思纯. 引领中国教育改革风潮的严修[J]. 当代贵州. 2013（36）. 62.

在上任贵州学政之时，并未抱怨贵州地处边远，交通不便，封闭贫穷、文化落后，而是携书 14 大箱赴黔上任，一到任便筹建贵州官书局，刊印的经、史、子、集，数学书、读书指导等置于各府、州、县的学舍中，供学子浏览。在资金短缺的情况下，严修自捐薪俸 1000 两刻印书籍，购买了大量西方自然科学和西方政治、经济、历史、文化各个方面新书籍。他在书局成立报刊代派处，将《时务报》《申报》带到偏远闭塞的贵州，成为那里了解外部世界的通道，彻底改变了黔地学子读书难的状况。严修不仅以“看书之多寡，作为士子勤惰考察之标准，学官奖励之参证”，经常审阅学子们的读书笔记，并以此考察学官、山长的勤惰[①]，而且还身体力行，以自己的言行为榜样。有资料记载严修“每年都要精读十几部经典”[②]，并在自己的日记中留下来很多读书笔记，仅光绪十五年（1889）的日记中就记载读书近二十部之多，包括《诗经》《左传》《汉书》《庄子》《明纪》《梅氏丛书》《经史问答》等等。

严修饱读中国传统经典，一生自律严谨，待人宽厚，恰如其友陈宝泉在他去世后所追述：“先生为人，外宽厚而内精明”[③]，堪称是传统儒家“躬自厚而薄责于人”的道德典范。

无论为官还是办学严修都以为国家发现、培养教育救国的各类人才为已任，治事精勤、劳瘁不辞。他在为官时曾有“勤劳甚于司官”之誉，对自己所掌管的部门制定严格的管理规范，比如：“严定功过，节制旷勤”，严禁“杂坐喧嗽，哄堂笑谑”，“崇俭朴，部费力求蹲节”等等[④]，力求这些部门的奉公守法、廉洁高效。

① 庞思纯. 引领中国教育改革风潮的严修[J]. 当代贵州. 2013（36）. 62.
② 季秋华. 严修和他的蟫香馆捐书[J]. 图书馆工作与研究. 2003（1）. 56.
③ 张晓唯. “南开校父”严修[J]. 新阅读. 2003（1）. 38.
④ 刘民山. 严修与近代中国教育[J]. 历史教学. 1999（12）. 43.

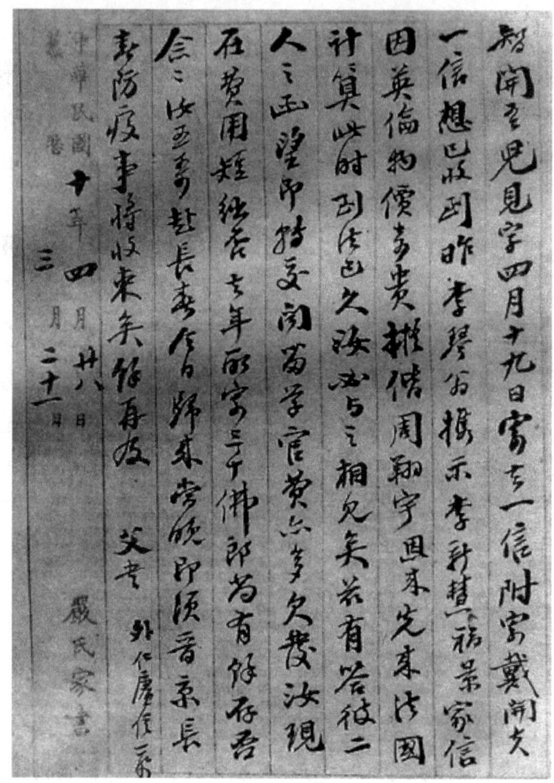

智開吾兒見字四月十九日寄去一信附寄戴開夫
一信想已收到昨李琴[illegible]振示李科甚[illegible]福崇家信
因英倫物價甚貴擬借周翰宇因來先來法國
計算此時到法已久汝必與之相見矣若有答彼二
人之函望即轉交聞留學官費亦多欠發汝現
在費用姪給否去年所寄三千佛郎尚有餘存否吾
念念汝五哥赴長春昨歸來寄頓即須晉京長
春防疫事將收束矣餘再及
父字 外仁厚候一家
中華民國十年四月廿八日
三月二十一日
嚴氏家書

严修手迹

（二）锐意兴教　广育人才

对于通过科举踏入仕途的严修来说，他无疑是旧教育制度的既得利益者。但是，严修不同于一般封建官吏，他深受天津地域文化影响，具有强烈的社会责任感和敏锐的洞察力，身处中国近代对外开放的前沿之地，他较早地看到了世界潮流和国势危弱的严峻形势，他勇敢地冲破科举旧教育的桎梏，率先认识到：中国自强之道，端在教育，要想国强，必须创办教育造就新人才，“毕竟须回实处去做”的务实个性又使他选择了锐意兴教、广育人才的“实干”之路。

1894 年到 1897 年在贵州出任学政的时期，为了培育救国新式人才，严修认识到“士之当日，不通中学而不立，不兼西学则用不周”。

除了设官书局大量购置西学书籍之外，还改革了当时主要的书院制教育机构，创立经世学堂，在课程设置和考试中大量引入西学。严修亲自在书院里教授数学，聘任经学大师雷廷珍主持书院并讲授经学、时务、英文、格致（即现在的物理、化学的总称）、地理等课程都聘请当时著名学者任教。据严修的日记记载，他在繁忙的公务之余，非常重视书院的教学，刻苦研读各类书籍、不断学习新知识，亲自演算数学题，学习英语，还经常放下身份虚心向他人求教。严修在贵州任职三年，为当地培养了大量新式人才。期间他曾多次用自己的官俸为当地学子购置图书及设置奖学金，以至于在他离任时，负债达到了白银四千两[①]。1897 年底三年期满离开贵州时，贵州学子为他树立“去思碑”和“誓学碑”，称颂他“经师兼为人师”，“二百年无此文宗”。严修在贵州的兴教育才经历无疑为后来他在天津创建南开系列学校积累了宝贵的实践经验。

1897 年 9 月严修在离任贵州前，结合自己多年的见闻感受和在贵州兴学的实际情况，上书光绪帝，倡导开设“经济特科”[②]，建议改革科举制度，实行不拘资格录用在政治、经济、外交、算学、格致制造等方面有专长的经世致用人才，建立经济专科取士制度，此举被维新派人士看作是“戊戌变法先声”，被梁启超称为“变化之原点”[③]。因此，严修为当时翰林院上司等不容，遂于 1898 年离京返回津门故里，在天津继续推行他的新式教育实践，10 月开办严氏家塾，11 月礼聘刚从海军退役回乡的张伯苓主持家塾，“严氏家塾的创办实际上开创了天津民办新式学堂的最初形式”[④]。

1902 年严修专程东渡日本考察教育，1904 年，旧识袁世凯担任直隶总督兼北洋大臣，主持晚清新政，提倡兴办新式学堂，严修在天津兴办新式学堂的种种做法及所取得的成绩深得袁世凯赏识，上奏《五

① 何幼兰.“新学入黔”的先驱者——严修[J]. 贵州文史丛刊. 2005（3）. 77.

② 此处的“经济”，并非我们现在所说的“经济”学科门类或经济学，而是指“经世致用”的学习考试科目，包括内政、交步（外交）、理财（财经）、经武（军事）、格致、考工（工业制造）六门，目的在于起用讲求实际的“旷出特达”之士。“专科”是针对科举而言，认为“以稽古为荣”的庸儒、腐儒“无补时用”，应以“变今为切要”，选拔有“百才绝艺”的专门人才。

③ 庞思纯. 引领中国教育改革风潮的严修[J]. 当代贵州. 2013（36）. 62.

④ 张大民主编. 天津近代教育史[M]. 天津：天津人民出版社. 1993. 104.

品卿衔翰林院编修严修接办学校司事宜片》的奏折，称赞严修“品端学粹，望孚士林，以之接办学校司事宜，必有起色”①。两次邀请严修出任直隶学校司督办，并答应严修再赴日本考察教育的请求。1904年，严修携张伯苓一同赴日实地考察新式教育，此次考察专门针对直隶教育所实施的新式改革。一回到天津，严修便将考察所见所得用于直隶变通省校士馆的章程，选各州县士子游学，检定教科书之概要，订立小学学年制及定制各学堂服色等，在各项具体的教育改革中，“使得新式教育体制在直隶得以推广”②。并“办民立小学堂、助办官立小学堂多处，并设补习所（培养师资）、研究所（研究教育），开全国之先河”③。

1905年末，清政府废除科举之后成立了学部（教育部），严修任学部右侍郎，实际主管学部大小事宜。根据两次访日见闻和在直隶改革教育的实践，严修提出并推行了中国近代教育史上许多开创性的策略和实施方案：比如1906年的《奏请颁布教育宗旨折》，严修指明颁布教育宗旨的目的就在于“在全国普及教育”，为各级各类学校制定办学章程等，都被看作是近代中国新式教育之发轫。

（三）持躬处世　至诚高节

日常生活中的与人交往，接人待物应付世情是中国传统文化中衡量一个人人品、器识和修持的重要标准，并以眼识、境界、情致、节操、胸襟之高超为上，善于处世者既要有“君子素其位而行，素富贵行乎富贵，素贫贱行乎贫贱，素夷狄行乎夷狄，素患难行乎患难，无入而不自得”（孔子《论语》）的器识操守，又要有“大火流金，而清风穆然；严霜杀物，而和气蔼然；阴霾翳空，而慧日朗然；洪涛倒海，而砥柱屹然”（洪应明《菜根谭》）的胆略修为。

以传统文化来衡量严修一生所为言行，虽生于风雨飘摇的乱世却

① 韩兵、李奕．从袁世凯与严修的交谊看直隶教育近代化[J]．青岛农业大学学报（社会科学版）．2012（1）．76.

② 韩兵、吴建征、杨路轩．论严修与直隶教育近代化[J]．北京化工大学学报（社会科学版）．2012（1）．46.

③ 韩兵、吴建征、杨路轩．论严修与直隶教育近代化[J]．北京化工大学学报（社会科学版）．2012（1）．46.

始终拥有淡定的心态，治学、交友、兴教、育才，都发自于教育救国的坚定信念，不空谈、不抱怨、不偏安、不贪功、不居高自傲，仁、义、礼、智、信、情趣，家国之源、朋友之谊、永恒之义，都体现于平凡日常生活“素位而行”的一言一行中。周恩来赞严修是“封建社会的好人”，其中虽不乏出自深厚的师生情谊，却也是对严修客观的评价。

事实上，尽管严修不同于他所处时代一般的朝廷官吏，有生之年胸怀救国之志，不畏各种阻碍积极倡导新式教育，还曾写过“男儿胆气须磨炼，要向风波险处行”刚健豪迈的诗句，但他毕竟是出生于读书人只有入仕为官一条路可走的科举时代，他所信仰、遵从、传授的仍然是他那个时代所奉行的传统儒家思想，终其一生也没有摆脱“君君臣臣、父父子子”的道德底线。“严修在经世学堂‘坚持以儒家正统思想教育学生，学习内容却以西方自然科学为主”的教育改革”①，晚年还有感于国学衰微在 1924 年创立崇化学会研究国学。但他并没有像中国历代许多读书人那样从书本中学到狷介、清高，在现实中却看到恶俗、黑暗，现实与理想形成无法解决的悖反，因此步入在跌跌撞撞、茫茫然然的失意落拓中蹉跎一生的怪圈。严修生活的年代国衰民穷、内忧外患，军阀割据、兵荒马乱，整个社会充满诸多肮脏、凶险、黑暗，诡谲的政坛更难言干净，身在官场的严修也必有体会，他也曾在书信中吐露“官场事难深论也”②。但他却在理想和现实之间，以“在其位、谋其事、尽其力”的实干精神将每一件应该做、想要做、喜欢做的事都做到尽善尽美。即使是在当时交通极不便利的情况下跋涉两个多月到偏远闭塞、很多官员因“地籍脩薄，不愿远就”的贵州，面对就连今天学者都不免感叹的“深感环境对人才施展抱负无比重要”的困境③，也不为客观条件所局限，随即着手采取各种措施整饬教育：革除科举考试流弊，革新考试题、严惩作弊者、革新课程、设立官书局等措施，改革书院并亲自任教，竭尽全力推动了贵州教育的近代转型。

---

① 庞思纯. 引领中国教育改革风潮的严修[J]. 当代贵州. 2013（36）. 62.
② 崔广社.《严修往来手札》知见录[J]. 文献. 1996（1）. 132
③ 刘学洙.《严修年谱》中的贵州琐事[J]. 贵阳文史. 2004（3）. 62.

严修的操守还表现在与他人的相处上。从天津到北京到贵州再回到天津，无论是身处官场与上下级共事，还是生活中往来交友都至诚高洁，严修都力求达至传统儒家修养的最高境界，中年时曾发出这样的感慨，“好争者必不直，好盟者必不信，好怒者必不威，好察者必不智，好服药者必不寿，好著书者必不通”[①]，他自己正是按照这些标准严格地自觉地进行自我修养的。

严修生平识人无数，仅《严修往来手札》中便记载了他与亲朋好友往来书信一百七十多件，涉及一百五十多人，从中也可看出严修品性真诚、礼让、严谨。从目前能查找到的资料中没有看到严修曾与什么人结过“私仇”，与亲属、同事、朋友、学生相交都甚为融洽，其中尤以对张伯苓、周恩来的赏识、帮助及相互交往最为后人所称道。事实上，最能够体现严修个性修养与高洁品德的应该是他与袁世凯的友谊。

《圣言真理》中有“善处世者，随在皆海阔天空，鱼跃鸢飞；不善处世者，逐处是遍地荆棘，虎顾狼伺”。一生博学、洞明世事的严修，不仅看得透、看得开，而且慧眼识人极善于处世交友，住凡而能超凡、住世而能超世，无论身居何种境地似乎总能示人以“学问深时意气平”的洒脱自在。而他生平仅有的两次最为“出格”之举，一次是为了国家自强，不顾自身安危，大胆上奏“请开经济特科”，以求“破格求才”，激怒了朝廷中的顽固派、罢去他的全部兼职，只留编修虚职，且不能见容于恩师兼翰林院上司徐桐，遂回天津办私学；另一次便是在袁世凯被摄政王载沣开缺后，在袁离京归乡最感凄凉的时候旧识中只有严修和杨度二人相送，而且只有严修一人“独抗疏”上奏，“奉旨日，（袁世凯）仓皇出都，旧识无敢与同音讯者，惟学部侍郎严范孙修独抗疏，讼言进退大臣，应请明示功罪，不宜轻于斥弃等语，同列代之危，旋亦乞病去官，当时颇为难得”[②]（《严修年谱》）。严修不仅在自己的奏折中临危进谏“进退大臣，应明示功罪，不宜轻于斥弃”，在未被采纳后，还以辞官的实际行动来坚持自己的主张。严修这次抗争出发点似

① 张晓唯.“南开校父”严修[J]. 新阅读. 2003（1）. 38.

② 陆其国. 严修，坚辞袁世凯封官的直友[J]. 档案春秋. 2014（3）. 41.

乎是与袁世凯之间的知遇之恩，事实上目的仍在于社稷人才，用严修自己的话来说，“盖为衰世留异才”[①]。多年后，袁世凯也已经谢世十年、严修也年逾耳顺，此疏救项城勇于赴义的举动被赞誉为杜甫、房琯、太白、汾阳一流人物时，严修还专门作诗，自明心迹，“素知其（指袁）智略，缓急有足恃”[②]，为国谋事，无关私谊。

这并非出于严修的托词。严修自从在翰林院供职起，就一直把培养济世人才看作是社会变革、救国图强之要举，“更化之始基，自强之要义”，严修一生秉持教育救国的信念爱才、惜才、育才，却不自恋，能将我念撇得开，将我执解得开，将我识看得开。这次上奏抗议、辞官之后，便“从实处做起”，放下了官场的一切，一心一意投入办私学，将自己培养人才的理念都落实到日常行动中。

从袁世凯来讲，他自少年时科举失意，一生都没能获得正规的学历文凭，投笔从戎之后，虽胆识战略出众，也曾权倾一时，但他对于教育一直怀有无比的敬畏，在与严修的交往中，对严修在教育方面的远见卓识深感钦佩，在任直隶总督起用严修时便放言：“吾治直隶，之政策，曰练兵，曰兴学。兵事我自任之。学则听严先生之所为，吾供指挥而已。”[③]1911 年辛亥革命中袁世凯复出，并随后就职中华民国大总统，期间再三请严修出山并委以重任，1911 年被拟任“度支大臣”，1912 年被派作南北议和大臣，1914 年被派作教育部长、参政院参政，1915 年被授予中卿……均被严修或以“自归田后，再不做出山之想”为由，或碍于情面“不辞不就”一一拒绝。只是以朋友的身份“责无旁贷”（严修语）地答应了教育袁氏子弟，包括用袁世凯答谢礼金带他们出国留学。

① 陆其国. 严修，坚辞袁世凯封官的直友[J]. 档案春秋. 2014（3）. . 41.

② 秦燕春. 君子之交：南开鼻祖严修与袁世凯——《严修日记》及其他[J]. 书屋. 2008（4）. 60.

③ 陆其国. 严修，坚辞袁世凯封官的直友[J]. 档案春秋. 2014（3）. 41.

袁世凯

然而对于袁世凯称帝之事，严修却是极力反对的少数几个人之一。他已清醒地意识到对袁世凯来说，不称帝以其作为可称为英雄，称帝则可能遗臭万年，爱友心切，严修不仅写信还亲自进京苦劝袁世凯，改变国体无论“为中国计”还是“为大总统计”，都有百害而无一利，未果。后来直到袁世凯取消了帝制后才再次进京。袁世凯临死时言“思及严修”为自己“生平直友”。

从相识相知直到袁世凯病死，严修与其交谊无涉权力利益，凸显了严修“冲谦淡泊，狷洁自爱”的自我修持。严修1929年谢世后，发表于天津《大公报》的社评《悼严修先生》论及严袁交谊：

袁世凯炙手可热之时，北洋旧部鸡犬皆仙，独严氏以半师半友之资格，皎然自持，屡征不起，且从不为袁氏荐一人。以袁之枭雄阴鸷，好用威胁利诱侮弄天下士，独对严氏始终敬礼，虽不为用，不以为忤。

终袁之世，严卒不拜一命任一职。公私分明，贞不绝俗，所谓束身自爱、抱道循义者，庶几近之。继袁当国者，如黎冯、如曹张、或与有旧，或慕其名，皆欲罗致之而卒不能。其处身立世之有始有终，更可见矣。

……

就过去人物言之，严氏之持躬处世，殆不愧为旧世纪一代完人。而在功利主义横行中国之时，若严氏者，实不失为一鲁殿灵光，足以风示末俗。①

严修一生虽生逢乱世，却洁身自好，在黑暗、凶险的社会环境中，无论身居何处都坚持做自己应做、想做的事，说自己该说、想说的话，把一件件看似平凡简单的事尽力从小处做起以至做得尽善尽美，“其处事之法，细密而精严，每举一事，规模务取其小，及扩而充之，使至于不可限量”②（陈宝泉语）。他以自身的操守修持达至庄子所言的“至人无己、神人无功、圣人无名”的境界，示人以生命的庄重、做人的神圣。

二 严修与张伯苓

严修与张伯苓初会于 1898 年秋，严修 38 岁，张伯苓 22 岁。维新变法失败，严修因上奏开经济特科不容于朝廷，辞官返回天津，因已有在贵州做学政所积累的办学经验，便锐意在家乡开办新式私学。恰逢同年 11 月张伯苓有感于海军不能救国，决意办教育，愤然离开海

① 秦燕春. 君子之交：南开鼻祖严修与袁世凯——《严修日记》及其他[J]. 书屋. 2008（4）史传. 64.

② 《天津南开中学志》编修委员会. 天津南开中学志［M］. 天津教育出版社，2014. 98.

军回到天津。严张相见一拍即合，严修聘请张伯苓到他的私人家馆执教，开始了办新式教育的实验，也开始了共创南开系列学校的前期实践与探索。

（一）同倡西学

比严修年少 16 岁的张伯苓，无论在家世还是在成长经历中均与严修有很大的不同。严修出生于富裕的盐商家庭，祖上赫赫有名，可以追溯至东汉时的隐士严光，学者李冬君甚至把严修苦劝袁世凯不行帝制未果拂袖而去看作是严光与汉光武帝的故事越千年而重演。而严修的操持修为亦体现出先祖之遗风，自幼便受到良好的教育，科举仕途也一帆风顺。张伯苓则出生于没落的商人家庭，自幼只随穷塾师的父亲读过些私塾，15 岁时便选择上不需交学费且“学生月给赡银四两”、一旦考入全家生活都有保障的北洋水师学堂接受了新式教育。显然若论了解天津广大底层民众的生活，在艰苦的条件下顽强地生活，对市井百态的通透、现实磨炼，张伯苓明显比严修要有更为深刻的体察，也更贴近民众、贴近生活，有奋斗与吃苦的自觉。然若论旧学修养、道德声望、狷洁恬淡、洞见超脱，严修也的确值得张伯苓仰慕敬佩。学者张晓唯甚至将严修在袁世凯再次显耀之时，对袁屡许任官职不就，心如止水，与张伯苓晚年身不由已卷入政治激流相比较，提出是否与张伯苓尚缺乏严修那种眼光和定力，以及学养底蕴有关的问题①。

然而，同受到天津地域文化潜移默化的影响和严张二人在前不同经历中体会形成的“教育救国”信念以及办新式教育的切入点，成为二人一生圆满合作的基础。

办新式教育的关键在于引进西学，对于西方文化教育的接受事实上是严张二人接触前就已共同形成的交往“契合点”。作为近代西方侵略者进入中国的门户以及四通八达的水路交通，天津在接受西方文明

---

① 范孙先生早年出仕，晚岁则一心办学，即使好友袁世凯后来屡屡委以高官，亦心静如水，不为所动。伯苓先生一生大半精力经营南开学校，声名鹊起，赞誉者众，而晚年却情不自禁地投入政治激流，终至落得“晚节不保”。看来，他尚缺乏严先生那种眼光和定力，这与学养底蕴是否有关呢？值得玩味。见张晓唯. 张伯苓的周围——读《张伯苓年谱长编》[J]. 书屋. 2014（4）. 44.

的过程中尽得风气之先，当时天津流行一首民谣：

你吃过洋白面吗？
你喝过自来水吗？
你打过特律封（英语 Telephone 的音译）吗？
你坐过四轮车吗？

严修尽管是走的传统科举取仕之途，但在幼时便接触到了天津门户开放涌入的西方文明。严修父亲热心公益，见多识广，在天津率先推广了源自西方发明的“新事物”——育婴堂、种痘局等，使严修从童年起便接受了西方文化的影响。18 岁后严修陆续交往了陈奉周、表兄宋少南、李鸿章、张佩纶、严复等对于西学有深入研究的师友，正式开始学习西学，沉迷于数学，并于此后逐渐形成了“中西兼容、不持偏倚”的人生观，正如后来严修离任贵州学政之后贵阳名儒雷廷珍在其撰写的《誓学碑缘起》中所评价的：

津门严太史范孙，通儒也，德行纯厚，学问渊深，督学黔中，既创议开设书局，变通书院，兼业中西，延余主讲中学，而西学则自任其难。以士生今日，不通中学则体不立，不兼西学则用不周，中学之本在经，西学之本在算，公倡导之，黔士通代数微积者，至今遂彬彬焉。又变通书院，捐购中西学书籍八十余种，创立科条，学兼中西，黔士于中学西学，遂有日进之机，讲中学以通经致用，讲西学以强国富民。

这种自青年时代形成的人生观对严修的影响持续一生。1904 年科举未废，严修在张伯苓偕同下考察过日本，在回中国的轮船上便提出要办新式中学，“吾安得于吾津试办民立中学一处，以作中学之模范？”[①]而到了 1921 年早于南开“轮回事件”的前三年，严修主持发

① 储召生. 君子之交：南开鼻祖严修与袁世凯——《严修日记》及其他[N]. 中国教育报. 2013-4-6（04）.

起城南诗社，1924年南开“轮回事件”发生前后，又创立了研究国学的崇化学会。终其一生严修都在寻求一种修身与治事的两全其美、中西文化之间的取舍平衡、中学与西学之间的优势互补。

1918年，严修（前排中）与张伯苓（前排右一）在美国考察教育

1876年，严修第一次见到李鸿章，后得到李鸿章欣赏，成为其恩师，而这一年正是张伯苓出生之年。张伯苓幼年随做塾师的父亲读书学习，无疑接受的是传统教育，然而张伯苓在仅仅十五岁时便进入由李鸿章创办，严复主持，以传授西方文化知识为主的新式学堂，三年学堂生活，深受李鸿章和严复西学思想影响，其中严复对张伯苓形成“教育救国”的影响特别深入。

严复与严修也有过密切交往，对于严修坚定“教育救国”的信念影响很大。严复早年留学英国，回国后面对国运衰微，深感自强之道在教育，创办新教育，造就新人才，“处今之世，而望有一线之生机就是教育”[①]。1895 年发表《原强》《救亡决论》等文章，1989 年翻译《天演论》出版，严复以达尔文的进化论为依据，强调教育的作用在于“鼓民力”“开民智”“新民德”，改造国民性。这种新的教育观在当时的社会各界产生巨大影响，尤其是教育界，直接冲击了以儒家为主流的传统教育模式，对处在新式教育探索中的严修无疑具有巨大的启发作用。严修曾明确向严复表示其敬佩之情：“弟于公所译本，若《天演》《名学》及《原富》初出之三册，皆常略一涉览，顾理赜而文奥，读之辄不能终卷。”[②]后来严修与张伯苓相识相知，由于严复与张伯苓有师承之谊，严修和严复有了更加密切的交往，1904 年严修偕同张伯苓到日本考察之前专门访晤严复，“同张伯兄访严几道先生，谈约一小时，赠所译《社会通诠》，并示所著《英文汉译》稿本”(《严修日记》)。次日，严修写信致谢赠书，“昨承惠函，并赐新译，宠幸不可以举似……今此两书益深博矣，自憾于诸种科学未尝问津，即吾国文之故训，亦未能一一究其深，骤读公书，躐等已甚。然偶遇其中微言妙理，亦往往有所会心。更当潜心，以副盛意”[③]。

（二）相辅相成

不同的经历，却最终使得严修和张伯苓都将“教育救国”的信念落脚于倡导西学、办新式教育为二人的合作奠定了坚实的基础。然而二人在年龄、出身、求学经历等方面的差异也使得的二人在日常待人行事上表现出大相迥异的风格特点：严修睿智、张伯苓勇敢；严修清雅、张伯苓豪放；严修审慎、张伯苓热情；严修恬淡、张伯苓倔强。

严修出身于士绅名家，上有长兄，自幼家教甚严。严修自幼聪明伶俐，幼时常有言语令人不悦之事，其祖父虽喜欢他的聪慧却也常常为他的“尖酸”语而深感不安，常有训诫，去世前还因此担忧，唤他到病床前告诫“马行栈道收缰晚，船到江心补漏迟”。严修铭记于心，有生之年非常注意修养自身、谨慎言行。严修的这种性格取向也使得他后来发展成为“北方学术界代表人物”，“德高望重，极受津人的景

① 严复与严修[N]. 今晚报 2005-7-16.
② 严复与严修[N]. 今晚报 2005-7-16.
③ 严复与严修[N]. 今晚报 2005-7-16.

仰”，与之相应地就有了“天津南开系列学校（大、中、小学）的开创，主要得益于严修（字范孙）的声望、人脉和实力”[①]，这一为学界公认的论断。

张伯苓为家中长子，是父亲张久庵多年拜神求佛在四十三岁时才得来的，因此自幼便对他格外看重，被父母视为掌上明珠。尽管也非常重视对他的早期教育，但总是采取联系实际寓教于乐的方式，尽量让他在快乐中学习，因此张伯苓从小对于死记硬背的传统教育就心有抵触，而对自己感兴趣的事则热情高涨，与严修相比，张伯苓则更显得率真率性。张伯苓这种“真性情”散发独特的人格魅力，对于南开的创建和发展无疑也具有极大的感号力，吸引了很多信服他的同道，有南开的很多老教师中比如有“四大金刚”之称的华午晴、孟琴享、伉乃如、喻传鉴等等，都追随张伯苓多年，曾在南开任教的蒋廷黻回忆说:“我在南开教了 6 年，对张的种种已经深知。由于明了他的为人，所以就更崇敬他。他的伟大并非因为他是校长或者圣人，而是因为他很有人情味。”[②]

严修与张伯苓之间的种种差异随着南开学校的孕育、发展，使得各自的优势得到了最大程度的发挥，各自的不足又得到了弥补，以至于到几近完美的地步。南开作为私立学校，从私塾到南开体系，办学经费主要来自于自筹，这种状况在尚未产生广泛社会影响的初建时期尤为艰难。从塾馆起，南开的经费除了严修自己出资之外，就主要靠一些倾慕严修道德学识的开明士绅和社会上层人士慷慨解囊，鼎力相助。有资料记载：

> 南开学校创办之初的校舍借用严宅偏院，校具及改建费由严修捐助。理化仪器及书桌书橱等，由王益孙捐助。1904 年，严、王每月捐助日常经费银百两，1905 至 1911 年，严、王每月增捐日常经费银百两。1907 年校舍搬迁到新校址后，日常费用增加，严修又向时任东三省总督徐世昌筹款日常经费银 200 两。1906 年

① 张晓唯. 张伯苓的周围——读《张伯苓年谱长编》[J]. 书屋. 2014（4）. 44.
② 蒋廷黻. 蒋廷黻回忆录［M］. 长沙：岳麓书社，2003. 92.

起建新校舍，郑菊茹捐助南开洼土地十余亩，建筑费由王益孙、严修、徐世昌、卢木斋及严子均诸先生捐助，共计银26000两；学校礼堂由袁世凯捐助5000两、徐世昌捐银1000两建设；为筹办南开大学，严修分别于1919年和1922年捐赠购书款2000美元，捐地折款18000元。1923年、1928年严修又竭尽全力创办了南开女中和南开小学。[①]

为了对捐资者负责，严修严格负责管理每一项资金的使用，力求所得捐款项均用得其所，不至于浪费，连茶水、煤油费、新建校舍使用中有无空闲等琐碎小事都一一亲自过问。

严修在南开建校伊始就非常注重南开学子的品德修养，引导学生从细微之处做起，亲自为学生制定容止格言，并手书于教学楼门口整容镜上方：面必净，发必理，衣必整，钮必结；头容正，肩容平，胸容宽，背容直；气象：勿傲，勿暴，勿怠；颜色：宜和，宜静，宜庄。“对学生的道德培养起了不可低估的教育作用”[②]，很多南开学子都如周恩来那样终其一生都在严格履行这40字箴言。此外，严修还带张伯苓一同到国外考察教育，并为当时初出茅庐的张伯苓引荐了很多旧识好友（譬如在南开学校创建筹集资金遇到困难时、“轮回事件”中陷入迷茫时，严修都曾携张伯苓拜见李叔同及后来已出家的弘一法师，请教解决之道），为张伯苓日后发展南开竭尽其所有、所能铺设好道路。严修所做无疑为南开学校的一步步发展壮大奠定了坚实的基础，并恰到好处地弥补了张伯苓在南开初建时，由于年龄、经验和学识等方面的欠缺。[③]

①《天津南开中学志》编修委员会. 天津南开中学志［M］. 天津：天津教育出版社，2014. 93.

②《天津南开中学志》编修委员会. 天津南开中学志［M］. 天津：天津教育出版社，2014. 93.

③ 事实上，即使到了当今的知识界，张伯苓是否属于严格意义上的人文知识分子，尚有歧见。张中行《流年碎影》和何兆武《上学记》等书中，有关张先生的记述颇有“不敬”，曾在南开任教的蒋廷黻、方显廷等人回忆录中，只恭维老校长的办事能力，甚少提及其学养，南开元老黄钰生称伯苓先生“善辩而不文”，乃“教育实行家”，而非理论家，表述婉转而接近实情。据南开另一元老喻传鉴回忆：校长出门，必带三部书，《四书》《圣经》和《三民主义》。严修先生出身旧学，寻得有些新学背景的张伯苓一同办学，亦可谓“中西合璧”。见张晓唯. 张伯苓的周围——读《张伯苓年谱长编》［J］. 书屋. 2014（4）. 44.

而随着南开的不断发展，社会声誉日渐高涨，张伯苓也在不断迎着困难实干的过程中逐渐增长才干，展现出很强的办事能力，赢得社会各界的广泛认可和尊重，严修便悄然退居幕后，以行动做到“南开私立非私有”，以身作则树立了南开“公德”教育的典范。

（三）志同道合

同倡西学，性格相异互补，这些不过是严修和张伯苓通力合作的前提和部分必要条件，他们终身合作的关键和成就还主要在于两人所共同拥有的坚信不疑的“教育救国”信念，在极其艰难的条件下共同顽强致力于南开学校创建发展的民办教育事业，最终实现了为国家培养优秀人才的宏愿。

1. 圆融折冲

正如美国成功学家卡耐基所言，成功是由15%的专业技能与85%的为人处世构成的。对于严修来说是如此，对于张伯苓来说就更为贴切，严、张二人能够在有生之年通力合作对于南开教育的成功起了至关重要的作用。

一个人的早期社会接触对交往和心理发展起着关键作用。心理学研究表明：人的自我调适能力主要由脑干组织中的杏仁核管理控制，人早期良好的社会接触会使得杏仁核在发育过程中不断得到良性的刺激，有助于人对外界环境和自身处境形成积极的认知模式，这样在成年后与他人相处就容易得多。因为他内心有足够的安全体验做基础，可以在与他人相处的关系中，有能力更多地包容他人的差异，信任对方的情感，从而有助于与他人建立起比较稳定和谐的关系。反之，如果人早年生活中经常受到不良的刺激，经常处于紧张、焦虑、不安的状态，其杏仁核的发育就会受到影响，从而在人际关系方面形成消极的认知模式。现实中很多带着心理创伤长大的人，他们与人建立关系的时候，会不自觉地缺乏安全感，产生各种各样的困惑，这些困惑，导致他们在与人相处的时候，也带给对方各种困惑，由此不知不觉破坏彼此之间和谐相处的关系。有很多证据显示：具有积极人际认知模式的人，通常能够很好地了解并控制自身的感受，并懂得他人的感受以及如何对待他人的感受，这样的人在任何社会领域都具有巨大的优势。

在这一方面，严修和张伯苓无疑都是很幸运的，他们二人在童年的家庭生活中都有过充分地被重视、被爱、被肯定，幸福快乐的成长经历，和谐互爱的家庭氛围都足以使他们在与家人相处的过程中已经发展出了很好的人际交往能力。

我们通常认为，具有良好人际交往能力的人一般应该是“社交明星”。但事实上，这种能力更重要地体现在和最熟悉、最亲近的人的日常交往互动中。毕竟夫妻日常相处比不得与其他人交往总可以有意无意地遮掩隐藏自己的某些方面，特别是有缺陷的方面，因此就更需要在对自我和对方更深刻认识的基础上，更尊重、更宽容、更体谅、更欣赏对方。

严修和张伯苓都有着令人羡慕的婚姻和令人尊敬生活态度。严修在 18 岁科举获得廪生资格后不久便奉父母之命娶李春玖为妻，一生相伴五十余年，甚为美满，他总是感叹妻子的贤惠。晚年时，曾长期致力于引入西方文化教育的严修还写诗总结自己 40 年的婚姻：“泰西新语入神州，美满姻缘要自由。系我惟凭父母命，也成佳偶不成仇。”

张伯苓在 20 岁时也是遵从旧式婚姻的父母之命、媒妁之言娶妻王淑贞。此前 19 岁时曾由父母做主娶妻安氏，只是不出几日，早已久病沉疴的安氏便离世，这样的冲击也使得张伯苓后来更加珍惜自己与夫人王淑贞得来不易的幸福婚姻，自感“满意得不得了”[①]。此后，两人风雨同舟五十余载，琴瑟相和，相敬如宾，从未红过脸，吵过架。1935 年 2 月，张伯苓在和夫人结婚四十周年时，他特意邀请了许多亲朋好友、学校同人，郑重其事地举办了一个茶话会，当着众人的面，深情地表达对夫人的敬重和感谢：“我的一生事业，得助于夫人处很多。每逢我遇到困难时，夫人则劝我不要气馁；受到挫折时，夫人必鼓励我：有一番挫折，学校就会向前发展一步。”并风趣地说自己与夫人是先结婚后恋爱，“旧时婚姻有好有坏，我们虽是经父母之命媒妁之言，但终生和好。新式婚姻也有好有坏，有些自由恋爱的，结婚以后自由吵嘴！”[②]幸福的家庭是相似的。在严修和张伯苓幸福家庭背后体现出

① 龙飞、孔延庚. 张伯苓与张彭春[M]. 天津：百花文艺出版社，1997，246.
② 侯杰，泰方. 百年家族：张伯苓[M]. 石家庄：河北教育出版社，2004，83.

的是他们二人所共同拥有的品性修养及对他人的尊重。

2. 重视女子教育

受到西方文化影响，严张二人均持有男女平等的思想，特别是年长 16 岁的严修，处于传统妻妾制度依然盛行的时期，明确提出反对嫖娼、征妓、纳妾等社会不良习染。他不仅自己严格自律“终身耻作狭邪游”，而且规谏友人：“修平日持论，以女重贞节，男子亦然。若男子不入妓院，与女子不倚门卖俏，其事相类。今守此戒者不过我辈三数人，中国之男子不如女子远矣。”严修痛诋社会上流行的各种歧视妇女的世俗偏见，在 1902 年开办被《大公报》称之为“女学振兴之起点”的严氏女塾，开创中国近代女子教育，1907 年在学部任职时，主持制定并颁布了开办女子教育的《奏定女子学堂章程》和《奏定女子师范学堂章程》，直接否定了 1904 年清政府颁布的《奏定学堂章程》中以“有伤风化、煽惑人心”为由将女子教育拒之门外的制度规定，首次在中国教育史上将女子教育法制化。严修重视师范教育，对于当时天津很多中小学教员逛妓院的不良行径，深感痛心：“道德堕落，何以表率生徒？精神疲敝，何以勤思职务？”

张伯苓信奉基督教，反对纳妾制度，明确规定南开学生禁止赌博和嫖妓，一经发现就立即挂牌开除。南开校友黄钰生回忆：南市“三不管”地区是南开学生的禁地，现在的和平路北头，路西有个中华戏院（现在是新华书店礼堂），那是个“落子馆”，即是妓女卖唱招客的地方，南开学生有事经过那里，总是绕开它，生怕落个嫖妓的嫌疑。说也奇怪，学校并不派人到“三不管”去巡逻，但是学生们就是不敢到“三不管”去。校章还明确规定禁止早婚，不到二十一岁，不许结婚，一旦触犯，就立即勒令退学。张伯苓主张女子与男子平等接受教育，他顶着来自社会各方的巨大压力与严修共同创办了南开女子中学，并兼任校长。

3. **实处做起**

严修、张伯苓同受天津地域文化的影响，都崇尚从实处做起，被张伯苓称为“南开精神”的注重实干精神是南开赖以立校的基础，是从严馆时代逐步确立的办学传统。

严修一生“轻著述而重躬行”，注重从凡事“实处去做”，与一般文人的崇尚虚文显有不同。他初到翰林院任职，为考生出题时，严修即要求考生“勿空言，勿耳食”。后来与洪宪帝制积极支持者杨度初遇“于清风亭聚会”，因杨擅发议论，严修认为这不过是对“中国政法当改良”的问题空论些“人人皆知”的大路话，若深入探讨，“试问何以改”，他们则“无以对也”，拿不出什么可行性方略可供参考，只会单纯指责而无策建树“非惟不恕，曾何济乎”，因而“似乎严对杨印象不佳”[①]。

张伯苓对严修的务实精神深表钦佩，“他念书是把书念在身上，不是念在嘴上或手上的。我们学校能从他的家里建起，就是能务实。世界所以能进步，亦是因为能务实。所谓科学方法者，亦就是能务实，不尚空谈的”[②]。张伯苓常训导学生要“干、干、干”，提出“凡事必须亲自动手实干，才能懂，才能会，才能精”。在南开建校二十五周年纪念会上，张伯苓更加明确肯定了严修务实精神对于南开的贡献。作为一脉相传的南开精神，从严氏私塾到敬业中学堂、到南开中学再到后来的南开大学、南开小学、南开女中，都继承并发扬了这种务实苦干的精神。

怀着共同的理想，为了共同的事业，朝着共同的目标，使得严、张二人在南开学校创办发展中的很多具体问题上都有高度的共识，从实处做起，自始至终齐心合力为南开教育的赓续不衰打下了坚实基础。

---

① 秦燕春. 君子之交：南开鼻祖严修与袁世凯——《严修日记》及其他[J]. 书屋. 2008（4）. 60.

② 娄岙菲. “允公允能，日新月异”：严修、张伯苓与南开中学[J]. 基础教育. 2013（5）. 12.

第四章　南开缔造者张伯苓

张伯苓说："我既无天才，又无特长，我终身努力小小的成就，无非因为我对教育有信仰有兴趣而已。"[①]正是凭着这种对教育的信仰和兴趣，张伯苓成为"中国近代教育的拓荒者"（司徒雷登语），成为"巍巍我南开精神"的化身。张伯苓对于教育究竟有着怎样的信仰与兴趣？究其根由，他的教育信仰和兴趣又是怎样产生的呢？

张伯苓的人生轨迹和天津地域文化有着扯不断的联系。张伯苓先世祖籍山东，清代初年迁至天津北辰宜兴埠镇，宜兴埠曾是天津古代的商埠重地，是具有 700 多年历史的津门古镇。其时宜兴埠是漕粮中转枢纽、皇仓重地，南临津城，东、西、北三面环水，西面是历史上漕粮海运与河运的必经之路——北运河。张伯苓祖上落户宜兴埠曾在大运河上贩运粮油杂货，稍有积蓄后在津开店，生意兴旺，但到张伯苓父亲张久庵时家道开始衰败。张伯苓幼年曾随父在家塾就读[②]。

1898 年，张伯苓受严修礼聘于宜兴埠严氏家馆从教，1902 年，严、张受温氏办女学的影响，在宜兴埠严氏家宅设女学馆。1903 年，严、张接受温世霖建议赴日本参观学校教育。1904 年，严、张二人共建南开学校。1923 年，张伯苓创办南开女子中学。

受到生长环境、幼时所受教育以及地域文化的影响，张伯苓与他所创办的南开学校体系表现出一些较为显著的特色：

---

① 沈卫星主编. 重读张伯苓[M]. 北京：光明日报出版社 2006. 415.

② 相关叙述见张绍祖. 温世霖与张伯苓[N]. 每日新报. 2009-07-11.（29）.

一　救国图存

朱自清说："教育者须对于教育有信仰心，如宗教徒对于他的上帝一样。"[①]张伯苓亦把自己的成就归结于他的教育信仰——坚信教育可以救国。他这种信仰是怎样形成的？在他所创办的南开学校中又是如何具体体现的？

张伯苓对于教育的信仰最早来自家庭影响。张伯苓出生于天津的一个商人家庭，中国商人素有重教传统，这不仅与中国传统文化中重儒轻商的观念有关，而且是出自于商人对自身盛衰运势的切记体察——权力金钱转瞬去，一脉书香世永存。因此，尽管自明清时期天津运学（亦称商学）当时中国教育中是独树一帜的，据《天津政俗沿革记》中记载："本县人应本县试，天下从同。天津有独异者，是为商学。"[②]张伯苓的祖父和父亲还是弃商习儒，选择了科举之道。由此可以看出，张家对于教育的重视，特别是张父在家道中落后，还曾受聘于宜兴埠温氏家塾从教。

研究表明，人在幼年时期，大脑还无法像成人那样进行分析判断，因此有具有一种不需要理解或领会的吸收能力，依靠动物似的直觉，能够在很短的时间掌握事物整体的模式，模式时期决定了人的一生。[③]

张伯苓幼年随父在家塾就读的经历，对其一生影响至深。[④]当时的家塾以勤劳真实为本，继忠勇刚勤风尚，重视传统文化，教授国学国粹。中国传统文化的精髓离不开爱国主义，无数古代文人怀着一腔热切的爱国情结，创作出大量不朽的文学作品，"岂曰无衣？与子同袍。王于兴师，修我戈矛，与子同仇。岂曰无衣？与子同泽。王于兴师，修我矛戟，与子偕作。岂曰无衣？与子同裳。王于兴师，修我甲兵，

① 朱自清. 教育的信仰[A]. 刘铁芳主编. 新教育的精神：重温逝去的思想传统[C]. 上海：华东师范大学出版社 2007. 234.

② 转引自赵宝琪、张凤民主编. 天津教育史（上卷）[M]. 天津：天津人民出版社 2002. 36.

③ [德]卡尔·威特. 卡尔·威特的教育[M]. 赵健、邹舟主编. 呼和浩特：内蒙古人民出版社 2008. 23.

④ 张绍祖. 温世霖与张伯苓[N]. 每日新报. 2009-07-11.（29）.

与子偕行”(《诗经·无衣》),“亦余心之所善兮，虽九死其犹未悔”(屈原),“临患不忘国，忠也”(《左传》),“烈士之爱国也如家”(葛洪),“人生自古谁无死，留取丹心照汗青”(文天祥),“精忠报国”(岳飞),“一片丹心图报国，两行清泪为忠家”(于谦),“心知去不归，且有后世名”(陶渊明),“中夜四五叹，常为大国忧”(李白),“萧关逢候骑，都护在燕然”(王维),“位卑未敢忘忧国”(陆游),“捐躯赴国难，视死忽如归”(曹植),“向北望星提剑立，一生长为国家忧”(李梦阳),“天下兴亡，匹夫有责”(顾炎武)……爱国主义是中华文明呈现强大生命力的思想基础，是中华民族充满生机和活力的精神支柱。可以想见，温氏家塾传统文化的熏陶，对于张伯苓日后强烈的爱国思想形成应该不无影响。

张伯苓生活的早期，正值国家危难、社会动荡、战乱频仍的年代。山河破碎，国土沦陷，“人为刀俎，我为鱼肉”，西方列强纷至沓来，视中国为囊中之物，肆意掠夺和瓜分。天津因其独特的地理位置很快成为外敌侵入的一个重要据点，备受蹂躏。民族由盛至衰，对于出生于败落家庭、饱尝世事艰难的张伯苓来说，别有一番深刻的体验，其爱国主义的表达从小就具有时代特有的品性——“救国图存”。

对于自幼生长在军人遗风浓厚、以务实为突出特点的天津，又在武术世家的温氏家塾受过启蒙教育、救国心切的少年张伯苓来说，选择通过接受正规教育成为一名军人来实施其“救国”志向，是非常容易理解的。1891 年，年仅十五岁的张伯苓以优异的成绩考入位于天津的北洋水师学堂。这个时期的张伯苓也许在主观上还没有树立“教育救国”的坚定信念，但从他后来的人生轨迹来看，自强强人，从进入北洋水师学堂开始，十五岁的张伯苓就迈出了他为之奋斗一生的“教育救国”信念的第一步。

二 坚定信念

张伯苓在北洋水师学堂求学期间，严复任学堂总教习。严复作为当时积极倡导西学的“先进中国人”之一，将自己在英国格林尼茨海军大学中学到的有关海军的先进技术和经验，引入课堂。作为新式海军学校，北洋水师学堂被誉为“实开北方风气之先，立中国兵舰之本”①。从传统文化的精神熏陶到西学地舆图说、算学（至开平方、立方）、几何（原本前六卷）、代数（至造对数表法）、平弧三角法、重学、化学、格致等基础科学知识以及驾驶、测量天象、推算经纬度等有关海军的专业知识、技能加之体育课程等不仅使张伯苓大开眼界，同时也促使他进一步在中西文化的对比中，思考国家的前途出路。当他以优异成绩从北洋水师学堂毕业后，成为一名海军后的一系列所见所闻，促使了他上述思考的成熟：“余时在北洋水师，感触种种国耻，知我之不如彼者，由于我之个人不如彼之个人。故欲改革国家，必先改革个人。如何改革个人？惟一方法，厥在教育”②。其间经历的“国旗三易”事件成为他最终坚定“教育救国”信念的导火索。甲午战争后北洋水师几乎全军覆灭，西方列强掀起了瓜分中国的狂潮，各列强根本无视中国人民自己的意愿，展开了一系列利益分配的角逐。1898 年 7 月 1 日，清政府被迫和英国政府签订了屈辱的《中英订租威海卫专条》，把租期刚满要收回的原日军占领地威海卫、刘公岛及附近岛屿和陆岸十英里范围内的地方转租给英国。张伯苓当时任职的“通济”舰被派去执行权利接收和转让任务，看到一名中国海军和一名英国海军并肩站立，“那英兵身体魁伟，穿戴得很庄严，面上露着轻看中国人的样儿。但是我们中国兵则大不然。他穿的衣服还不是现在的灰军衣，乃是一件很破的衣服，胸前有一个‘勇’字，面色憔悴，两肩高耸。这两个兵若是一比较，实有天地的分别。我当时觉得羞耻和痛心，所以我自受这次极大的刺激，直到现在还在我脑海里很清楚的”③。目睹当时场景令身为海军军官徒有一腔报国热情却无能为力的张伯苓痛彻心扉，几十年后仍历历在目，“英人继德、俄之后，强租我威海卫，清廷力不能拒，允之。威海卫于甲午战时，为日人占据，至是交还；政府

① 朱玉泉主编. 李鸿章全书[M]. 长春：吉林人民出版社 1999. 1232.
② 李冬君. 中国私学百年祭[M]. 天津：南开大学出版社 2004. 183.
③ 沈卫星、贾宇. 张伯苓：中国奥运的先驱者[N]. 光明日报. 2008-07-29.（5）.

派前往接收，移交英国。其时，苓适毕业于北洋水师学堂，在通济轮上服务，亲身参与其事。目睹国帜三易（按：接收时，先下日旗，后升国旗，隔一日，改悬英旗），悲愤填胸，深受刺激！念国家积弱至此，苟不自强，悉以图存，而自强之道，端在教育。创办新教育，造就新人才，及苓将终身从事教育之救国志愿，即肇始于此时”①。

事实上，面对国家的深重灾难，列强入侵激发了中国近代社会有志之士的爱国热情，其中具有“教育救国”思想的比比皆是，然而由于受到中国社会中“重思轻做”传统思想的影响，一般多是停留在理论上的探讨、辩论和宣传。真正从一名普通私塾教师做起，甘愿放弃海军军官的巨大名利诱惑，选择终身殚思竭虑、艰难清苦，办私立学校的人除张伯苓之外，可谓凤毛麟角。天津学者评价他“颇有热肠，能持正气，家本素寒，此刻宁甘食苦……盖贫而能守者也”②。在张伯苓身上天津地域文化中平民式的“骨气”、热肠侠道般的社会责任感、传统与西化之间的坚守与包容、平等务实脚踏实地的做事风格……浑然忘我，得到了非常具体且个性化的展现。

近代中国社会中具有教育救国思想的热心人士虽然比比皆是，但是他们一般多做言论上的呼喊与号召，撰文、著书、演说成为这些人士宣扬救国信念的主要方式，但像张伯苓这样甘愿一生清苦，将自己的全部身心和生命融入教育实践，通过培养新式人才来建构新社会的人士真可谓是少之又少。或许是天津地域文化中那种特有的脚踏实地的品性使然。③

① 张伯苓. 四十年南开学校之回顾[A]. 杨志行、李信主编. 天津市南开中学[C]. 北京：人民教育出版社 1998. 12.

② 林墨青语转引自侯杰、秦方主编. 百年家族：张伯苓[M]. 石家庄：河北教育出版社 2004.

③ 关于这一点，毛泽东在一次谈话中曾一针见血地点出“文人”的弱点：1975 年毛泽东同身边工作人员讲：古人说，秀才造反，三年不成。我看古人是说少了，光靠秀才，三十年，三百年也不行噢。因为秀才有两个通病，一是说得多，做得少，向来是君子动口不动手；二是秀才谁也看不起，文人相轻嘛。见陈晋. 读毛泽东札记[M]. 北京：生活·读书·新知三联书店出版社 2009. 68.

三　践行信念

今天的学者重新审视近代中国的“教育救国”思想时，或许可以从理论上给予批判，认为在当时的历史条件下，“教育救国”的理想行不通。理论研究者甚至可以通过“深入的”研究认定，一个国家在世界格局中的地位是由这个国家在全球政治、经济、文化、教育等等很多方面所发挥作用的综合因素来决定的，由此决定了单纯寄希望于通过教育来解决一切社会问题仅仅是一种不现实的“理想化”途径。然而，历史往往是没有定论的，因为它经不起假设，没有人知道如果近代中国离开了救亡图强的“新式”教育，离开了一批批睁眼看世界倡导西学的教育人士，离开了从“师夷长技以制夷”到“中体西用”到“全盘西化”等等一系列论争、探讨、探索、实践，假使中国近代“救国”探索从未走过弯路，没有“洋务运动”失败、没有北洋水师覆灭、没有八国联军侵略和一系列不平等的割地赔款，此后中国的发展道路会是怎样。然而，当我们细细品味“他（张伯苓）用人才丈量了中国近代史”这句话时[①]，应该看到毛泽东、周恩来、刘少奇、邓小平……一大批“新中国的缔造者”都有一个共同的生活背景——他们都是生长于古老传统的中国社会，接受过近代“新式教育”的熏陶，通过不同途径接触、学习、甚至深入研究过西方文化，他们所受教育在他们所从事建立新中国的革命事业中起着至关重要的作用。“1917 年当梁启超先生在天津一语惊人，‘假使全国学校悉如南开，则诚中国之大幸’的时候，绝不可能想到担任记录的那个年轻人，竟然就是未来的中华人民共和国开国总理周恩来！”[②]仅在此意义上，对于近代“教育救国”思想便不能断然予以否定。

在对待近代中国“教育救国”思想的问题上，中西方文化、国情

① 唐国强. 突破角色 超越表演[A]. 沈卫星主编. 重读张伯苓[C]. 北京：光明日报出版社 2006. 356.

② 马平. 假使全国学校悉如南开[A]. 沈卫星主编. 重读张伯苓[C]. 北京：光明日报出版社 2006. 78.

的差别决定了中西国家都只能用适用于本国传统、思维方式、行为习惯的“本土化”途径来解决本国的问题。西方传统观念对事物的看法是“一体两离”的，从柏拉图开始就把世界看作是“现象”与“理念”相分离的，理念世界高于现象世界，可感受到的现象世界是多变易失的，而代表事物本质的理念则是多种之一，永恒常驻的。理念是概念、范畴；是真理、纯粹的知识，亦是分科、分类的，教育是教育、文化是文化、经济是经济、政治是政治，各自运转，并行不悖。柏拉图的这种划分奠定了西方思想史中抽象理性思维至高无上的地位，也直接推动了西方社会科学世界观的萌芽与发展。而在中国传统中素来有“天人合一”的说法，中国传统思想认为，在人生活的、可感受到的世界之外并没有另一个世界存在，正是所谓的“道不离器”“道不远人”“理在气中”，对于人生活于其中的世界上的各种事物的衡量标准，中国文化一切从“人事底立场”[①]出发，一切以“人”的感受、人的觉悟、人的意识为衡量标准，由此决定了在中国传统文化中感性思维所占有的重要地位，同时也决定了不同领域内一个领袖人物高尚的人格魅力、精神力量会产生巨大的社会影响，于是“修身、齐家、治国、平天下”是影响历代中国社会一直发挥作用的经久不衰的主流观点。“君子无弃人”“人皆可为尧舜”——通过教育培养每一个人，充分发挥人的精神力量来达到改善社会，促进社会政治、经济、文化等各个方面协调发展的目的。在中国，教育因直接关系到每个人的发展，因而在整个国家发展中所起的作用举足轻重。

可惜的是，中国较为普遍的传统“重思轻做”思想使得许多近代有志之士虽有“教育救国”的认识，却多停留在思想理论层面，只有极少人一步步将之付诸行动，天津人张伯苓便是这“极少人”之一。在国土沦丧、民族危难之际，张伯苓喊出的“有我在，中国不会亡”不是豪言壮语，而是一个弱国百姓的“骨气”！是他躬身践行“教育救国”理想的结果，是他作为南开校长平日举手投足、一言一行中渗入到每个南开学生灵魂中永远不灭的精神信念。

① 金岳霖. 论道[M]. 北京：商务印书馆 1985. 16.

张校长创业立世全靠坚强的爱国精神，他就是校歌里“巍巍我南开精神”的化身，在我成长的六年中，留给我非常温暖的印象。他长得很高，约有一百八十几厘米，体形又大又壮，不胖，肩膀很宽，长年穿着长袍，戴一副有颜色的眼镜，我们几乎每天都可以看到高大壮硕的他挺胸阔步地在校园行走。不论前线战报如何令人沮丧，日机轰炸多么猛烈，在张校长的带领下，我们都坚信中国不会亡。

……

20 世纪 40 年代，张伯苓在西南联大学生食堂与师生交谈

在一个崇尚务实的城市里，张伯苓的“教育救国”信念是通过开办南开学校一步一个脚印、一点一滴“干”出来的。

最初张伯苓创立南开学校源起于“严先生与苓受国难之刺激，共发教育救国之宏愿……深感国家缺乏积极奋发、振作有为之人才”，开办南开学校的目的就在于“为培育救国建国人才，以雪国耻，以图自强”[①]。以至于在重庆南开中学“那个时候像各国总统，甚至于美国总统竞选的时候，全球旅行的时候到重庆，都是去看南开……一个国家拿出这么样一个学校，有一种非常振作的精神”[②]。张伯苓赤手空

① 张伯苓. 四十年南开学校之回顾[A]. 杨志行、李信主编. 天津市南开中学[C]. 北京：人民教育出版社 1998. 12-13.

②《百年南开》摄制组. 百年南开[M]. 北京：中国社会出版社 2004. 129.

拳，南开凭什么白手起家“像是用芝麻累积成的一座黄金塔”[①]，确立“要与哈佛、耶鲁、牛津、剑桥‘东西称盛’”？“按张校长的论说就是苦干、硬干、穷干、拼命干……‘南开、难开，越难越开’”[②]，“张校长时常鼓励学生干、苦干、傻不济济地干，在南开充满了干的精神，‘干’也成了南开语言中最常用的字”[③]。

“生于艰难，长于困窘”[④]的南开是怎样培养“救国建国人才”的？“广义言之，学校则教之为人。何以为人？则第一当知爱国”。知爱国首先要爱己及人，自己先要有良好的精神风貌，形神一体，强始于洁，即便是生逢乱世，在国运衰危之时，张伯苓也没有系统提出风扉当今世界的“积极心理学”理论，可他却用最朴实的话说出了最简明积极生活的爱国之道：“勤梳头勤洗脸，就是倒霉也不显！”[⑤]“人可以有霉运，不可以有霉相，越是倒霉，越要面净发理，衣整鞋洁，让人一看就有清新明爽、舒适的感觉，霉运很快就可以好转”[⑥]。自古，华夏民族便有“君子仪表堂堂”之说，“面净、发理、衣整、钮结……”成为南开学子的一种标志，不仅很多散居世界各地的南开校友展现出“积极进取、谦虚乐观的精神面貌，温文尔雅的气质风度和大方得体的行为举止，……很多校友走在街头，掺杂于人群中，从其举止仪态上也会被认出是南开的学生”[⑦]。

南开人的精神风貌渗透于南开的校园文化中。

南开校园内整齐清洁，给人以耳目一新之感。南开墙外环境很糟，西边是“臭西湖”，乃是天津下水道总汇，南边是墙子河，即从臭西湖流出的脏水。由西南城角到达南边的马路，土路还在其次，根本没有

---

① 杨坚白. 母校重光[A]. 孙海麟、周鸿飞、武佩铃主编. 津门教育家杨坚白[C]. 北京：人民教育出版社 2008. 4.

② 薛进文、侯自新. 南开精神是张伯苓献给中国近代教育的一部经典创作[A]. 沈卫星主编. 重读张伯苓[C]. 北京：光明日报出版社 2006. 178.

③ 郭荣生. “公”“能”教育流淌在我的血脉中[A]. 沈卫星主编. 重读张伯苓[C]. 北京：光明日报出版社 2006. 126.

④ 杨坚白. 母校重光[A]. 孙海麟、周鸿飞、武佩铃主编. 津门教育家杨坚白[C]. 北京：人民教育出版社 2008. 4.

⑤ 梁吉生、王昊. 张伯苓言论集[A]. 沈卫星主编. 重读张伯苓[C]. 北京：光明日报出版社 2006. 425.

⑥ 郭荣生. “公”“能”教育流淌在我的血脉中[A]. 沈卫星主编. 重读张伯苓[C]. 北京：光明日报出版社 2006. 125-126.

⑦ 康岫岩. 生命因教育而精彩[M]. 北京：高等教育出版社 2005. 68.

水沟，一遇下雨，满街泥泞，不坐“胶皮”（天津话洋车也），寸步难行。而一进了南开大门，则另有一番景象。窗子上没有破玻璃，玻璃无不“倍儿”亮，花园里的扶疏花木，鱼缸内的点点金鱼，到处整齐有序，顿使人产生一种飘然之感。①

张伯苓的爱国还体现在他在“九一八事变”前夕，1927 年到 1928 年间，在南开中学组织“东北研究会”专门针对日本侵略者对东北的侵略野心进行研究。在当时交通不甚发达的情况下，两次率领“研究会”师生到东三省进行实地考察，对于东三省的自然资源、经济状况、地域特点、人文文化等方方面面的情况进行研究，发表了一系列考察报告。他还责成专人收集了大量相关方面的文献资料，一并进行整理，编辑成十几万字的南开中学必修教科书《东北经济地理》，1931 年“九一八事变”，1932 年初复课时，南开学生马上人手一册。“这部南开独有的讲义，无论从质从量的水准看，都是胜于当时国内外所有地理教材中有关东北资源部分。试想，世界上有哪个中学能在严重国难爆发 4 个月之内即能编印完成一部像《东北经济地理》这样最关宏旨最切时需的爱国教材呢！？……南开中学能如此爱国，开一专门新课——这个记录，可以向近代世界各国所有的中学挑战。南开中学是近现代史上笃笃实实最爱国的学校”②。

就这样，张伯苓通过南开给了一批批学子们真正的国家概念（叶笃正语）。1933 年 10 月，第十八届华北运动会在天津北站体育场举行。

大会第一天的开幕式上，张伯苓校长作为大会总裁判长端坐在主席台上，天津私立中学校数百名学生坐在主席台对面的看台上，每人手执一面黑色和白色的小旗，作组字表演。

突然，南开学生组成了“勿忘东北”“收复失地”“还我河山”字样的巨幅标语。同学们齐声高喊“勿忘国耻，收复失地！”霎时，整个体育场都响起了“勿忘国耻，收复失地！”“勿忘国耻，收复失地！”的声音整个运动场沸腾了。

---

① 张源. 从小事看南开[A]. 沈卫星主编. 重读张伯苓[C]. 北京：光明日报出版社 2006. 147.

② 何炳棣. 南开中学是近现代史上笃笃实实最爱国的学校[A]. 沈卫星主编. 重读张伯苓[C]. 北京：光明日报出版社 2006. 104-107.

这时，南开学生啦啦队又高唱起了自编的啦啦队歌："十八届华北运动会，开在河北天津卫；众青年精神焕发，时时不忘山河碎。北方健儿齐努力，收复失地靠自己；大家齐心来奋斗，中华民族万万岁。"当时群情激愤，响应之声雷动！这时，本来坐在主席台上的日本驻津领事再也坐不住了，气急败坏地走下主席台，退席而去。①

1937 年日本侵略者怀恨张伯苓在南开发起爱国活动因而炸毁了南开，"南开不怕厄运，它在悲惨的变局之下，愈逢遭困难，生命力亦愈加强，……民国二十六年（1937 年——作者注），在沉痛悲愤的气氛中，举行三十三周年校庆，校长发表告全体校友书，说：'敌人所能毁者，南开之物质，敌人所不能毁者，南开之精神。津校恢复，必能于短期实现。'这句坚毅刚决的训示，在校友心版上镌刻着"②。1936 年南开中学在四川沙坪坝建立分校，"在抗战最艰困的八年中，教育了数万青年，每个人几乎都是张伯苓精神的延伸"③。八年抗战后，天津南开于 1945 年复校，为此面对"魔术师"的赞誉，张伯苓笑言："我不是魔术师，我是不倒翁。日本人把我打倒，我又站起来了。"

天津人的军人遗风、天津人强烈的社会责任感、天津人的豁达、天津人的风趣幽默、天津人的务实、天津人的自尊自强、天津人的骨气通过张伯苓这个"个人英雄，孙中山时代中国最倔强、最坚定的反帝爱国主义者"④，实实在在的"苦干、硬干、穷干、拼命干"和他个人永不言败的豪爽豁达化作了南开的倔强、南开的坚定、南开不屈的个性，化作了"巍巍我南开精神"！

---

① 康岫岩. 生命因教育而精彩[M]. 北京：高等教育出版社 2005. 58.

② 杨坚白. 母校重光[A]. 孙海麟、周鸿飞、武佩铃主编. 津门教育家杨坚白[C]. 北京：人民教育出版社 2008. 4.

③ 齐邦媛. 巨流河[M]. 三联书店 2010. 63.

④ 黄钰生. 张伯苓先生追悼词[A]. 沈卫星主编. 重读张伯苓[C]. 北京：光明日报出版社 2006. 387. 作者有改动，原话为："不错，张先生的爱国主义是个人英雄、单枪匹马、没有组织、没有领导的爱国主义。他投奔错误的领导，这是应受正确批评的。如果今天的历史，称许太平天国，称许义和团为反帝爱国的运动，那么，今天的历史，就必承认张伯苓是孙中山时代中国最倔强、最坚定的反帝爱国主义者。"另据南开校友回忆，张伯苓很推崇个人奋斗，"个人奋斗是张校长经常教导学生的，可以说是'南开精神'的中心。张校长在讲南开校史时，就突出讲他个人如何奋斗起家的。训育老师在礼堂作集会讲话时也以个人奋斗鼓励学生。南开中学图书馆高悬两张大照片：一张是美国教育家孟禄，标志着南开办学所遵循的道路；另一张是林肯，林肯由于个人奋斗爬上了美国总统的宝座"。见曹汉奇. 从南开发展过程看张伯苓校长[A]. 杨志行、李信主编. 天津市南开中学[C]. 北京：人民教育出版社 1998. 10.

第五章 创建南开 允公允能

近代天津便利的水路枢纽、重要的地理位置为天津人睁眼看世界提供了许多便利。西方列强的入侵激发了天津有志之士本着通过“师夷长技以制夷”之途径以实现抵御外侮、富国强兵之目的。天津作为近代中国北方的经济、文化中心，以“中体西用”为核心理念的洋务运动的发起地，已然成为介绍、传播西学的前沿阵地。

一 学生时代

作为洋务运动中权势最大的地方官员，北洋大臣李鸿章除在天津大规模发展以军用工业为主的近代工业、建造铁路、创设电报、筹建天津机器局、“专制外洋各种军火机器”之外，还有先见性地提出“肄习西学，培养人才实为中国自强根本，乃当务之急”。①

培养通识“西学”之人才不外乎两条道路：一是向西方国家派遣留学生；二是创办以传授西学为主的新式学堂。1871 年，李鸿章在天津同美国公使镂斐迪商定派遣中国学生赴美国学习，直接促成了 1872 年中国近代史上“中国幼童留美运动”（1872—1881），清政府派陈兰彬、容闳二人带领 30 名幼童前往美国留学，这是近代中国由政府出面第一批派遣到外国去留学的人。洋务运动中各地创办的新式学堂较为普遍的有外国语学堂、科技学堂和军事学堂。天津“当海河之冲，为畿辅之门户”的军事要地，新式学堂自然以军事科技、军事军官学校

① 转引自张大民、陈志科、田毓芬、张绍祖等编著. 天津近代教育史[M]. 天津：天津人民出版社 1993. 10.

为主。

北洋水师时的张伯苓

张伯苓早年就读的北洋水师学堂是李鸿章在天津创办的中国最早的军事科技学校（1880 年创办），专为北洋海军培养精通西洋军事技术的海军作战骨干和军官[①]。1881 年李鸿章任命中国近代史上向西方国家寻找真理的“先进的中国人”之一的严复自福建船政局调津任天津水师学堂总教习。张伯苓十五岁进入北洋水师学堂，这时的他正处在世界观、人生观和价值观形成的重要时期，这一时期所受的教育对于其以后的成长至关重要。作为当时学堂中的佼佼者[②]，李鸿章、严复都极有可能是张伯苓人生成长过程中的“重要他人”[③]，对他日后在

① 当时中国南方已有专门培养造船和驾驶人员为主要培养目标的福建船政学堂（1866 年创办）。学堂考试录取的第一名考生就是后来成为北洋水师学堂教习的严复。

② 有资料表明，张伯苓在 1894 年，十八岁时以第一名的优异成绩在北洋水师学堂第五期驾驶班毕业。见：中国奥运先驱张伯苓报考北洋水师学堂[N]. 天津日报 2008-4-1（12）.

③“重要他人”（significant others）是美国社会学家米尔斯（Mills. C. W. ）在米德（Mead. G. H. ）的自我发展理论的基础上首先明确提出的一个概念。所谓重要他人是指对个体的社会化过程具有重要影响的具体人物。……重要他人对学生个体社会化的影响远大于“非重要他人”。研究表明，成绩好的学生较成绩差的学生而言，教师成为其“重要他人”的可能性较大。参见吴康宁. 教育社会学[M]. 北京：人民教育出版社 2001. 244-249. 关于严复对张伯苓的影响参见潘强、王惠来. 天津近现代著名教育家传略[M]. 天津教育史研究会. 1995. 68.

开办南开学校过程中对待“西学”的态度有至关重要的影响。

（一）李鸿章的影响

在国运衰危、任外敌宰割时期，进入国家权力中枢达 40 年之久的李鸿章，“谤满天下”似乎是其不可避免的命运结局。事实上，从个人来讲，李鸿章生前呕心沥血办洋务，一心想把支离破碎的中国带入富强，自嘲为“为破屋子修修补补的裱糊匠”，却亲自签订了像《辛丑条约》之类的卖身契。正如梁启超所言：“李鸿章必为数千年中国历史上一人物，无可疑也；李鸿章必为十九世纪世界史上一人物，无可疑也。”[①]之所以有这样的定论是有原因的。1864 年李鸿章写给恭亲王和文祥的信被认为是“中国 19 世纪最大的政治家最具历史价值的一篇文章”。信中表达出当时李鸿章即已认识到 19 世纪的中国唯有学习“西学”才有可能救亡图存，并清醒地意识到了日本维新运动在世界范围内所产生的历史影响，断言中日两国不久后的强弱较量在于谁更早更快地借鉴西方经验进行社会变革，并呼吁国人及早从“沉浸于章句小楷之积习”中猛醒“学习外国利器、觅制器之器”，并认定这一切要从改革国人的人生观出发，改革教育制度，培养新式人才。在当时历史背景下能有如此清醒的认识足以显示出李鸿章的伟大。[②]

李鸿章临终前弥留之际赋诗：

劳劳车马未离鞍，临事方知一死难。
三百年来伤国步，八千里外吊民残。
秋风宝剑孤臣泪，落日旌旗大将坛。
海外尘氛尤未尽，请君莫作等闲看。

① 梁启超. 李鸿章传[M]. 西安：陕西师范大学出版社 2009. 147.
② 原信件内容及相关论述参见蒋廷黻. 中国近代史大纲[M]. 上海：东方出版社 1996. 47.

李鸿章（1823.2.15－1901.11.7）

这样一个空怀拳拳之心，而报了腐朽的悲剧式人物，一生鞠躬尽瘁、“车马未离鞍”，伤心清朝三百年来由盛而衰落的式微，站在“八千里外”吊民之残，悯民之心却无处可诉，顶着骂名向着秋风洒下他的“孤臣泪”，“落日”之际，河山晦暗，风雨欲来，海外列强依旧在虎视眈眈地图谋中国，正是“尘氛未尽”时，他们岂会就此罢休？将死之人杜鹃泣血般地告诫后人，再也不能浑浑噩噩地“等闲看”下去，必须戮力同忧，使国强盛，方可御外辱。他为国家富强操劳一生却抱恨终天。他办洋务运动的核心主张“学习西学、抵御外辱”以及洋务教育总的指导思想“中体西用”[①]，贯穿到他所开办的每一所新式学堂，当然也包括张伯苓早年就学的北洋水师学堂。

（二）严复的影响

严复是对张伯苓有深远影响的又一个“重要他人”。严复最早把西方的古典经济学、政治学理论以及自然科学和哲学理论较为系统地

① 关于李鸿章办洋务教育总的指导思想参见张大民主编. 天津近代教育史[M]. 天津：天津人民出版社 1993. 23.

引入了中国的，启蒙与教育了一代国人。1894年，严复翻译出版了赫胥黎所著《天演论》，其中介绍了一种完全不同于流行几千年“修身、齐家、治国、平天下”中国传统思维观念——达尔文的“物竞天择，适者生存”的进化论观点，成为当时激励中国人自强保种的理论，给国人提供了一种崭新的世界观。

直至1953年才离开中国的美国苦难会传教士欧克澜（Cuthbert O. Gara）曾经回忆：“我问那些人们，（新中国政权给）他们上的第一节课是什么，人们可能认为会是马克思、列宁、斯大林留下的智慧瑰宝。但情况并不是这样。第一节课，也是最重要的一节课，竟是从猿到人的达尔文学说。”——这或许已足以说明在中国近代社会主义思潮的传播过程中，严复这个非社会主义者起到了何等重要的作用①。

张伯苓在北洋水师学堂的几年，最早受到向西方学习的时代潮流的冲击，接受了比较正规的新式教育的训练，学到了比较系统的近代科学文化知识，并“对外国教习的教学方法和严复的学堂管理留下了深刻的印象。他对于严复的教育主张由衷感佩，直到后来做了教师，仍不忘对严先生执弟子礼，并多有请益”②。

严复在北洋水师学堂任总教习期间积极宣扬西学，发表、翻译了大量著作，主要有：论文《论世变之亟》《原强》《辟韩》《救亡决论》等；译著《天演论》《原富》《群学肄言》《群己权界论》等。在这些著作中，严复主张只有学习“西学”才能救国、富国、强国，认为即便是尧、舜、孔子再生，面对当时的状况，也会提出要向西方学习的主张。

对于如何学习“西学”远非人们普遍认为的那样，严复早年主张全部照搬“西学”，晚年又走向中国传统文化的复归。事实上，当时严复一开始在对待学习西方文化的认识上就非常深入。他反对洋务派“中学为体、西学为用”的观点，主张“体用一致”，提出“中学有中学之

① 严复：进化论“解禁”社会主义[N]. 建党90周年特别策划：思想的力量——社会主义思潮和近代中国. 第1期. http://news. qq. com/zt2011/jd90zn/01. htm.

② 著名教育家张伯苓（二）[N]. 天津日报. 2008-2-14（27）.

体用，西学有西学之体用，分之则两立，合之则两止”[①]。基于以上“社会有机论”的立场，严复认为一种文化制度的每一个方面在整个社会机体内产生的功效，都是与其他社会因子的存在与发挥作用密不可分、互为前提条件的。靠单项引入西方的科学技术难以实现救国的目的，“治制之立，其法度隆污不同，要皆如桥石然，相倚相生，更其一则全局皆变。”[②]西方的科学技术是与西方其他社会文化制度密切联系的，一旦离开其产生、发展的土壤，片面引入中国就难免会出现水土不服“南橘北枳”的现象。

严复（1854.1.8－1921.10.27）

在严复早期发表的《政治讲义》一文中提出社会变革要遵循一定规律，“乃先之以导其机，必忍焉以须其熟，智名勇功之意不敢存，……夫而后有以与时偕达，有以进其群矣”[③]。这说明严复一开始就不是人们通常以为的“全盘西化”论者。对于戊戌变法为了实现强国之目的的急切心情，严复虽不乏同情，但并非是极力推崇者，相反，不论

① 王栻主编. 与〈外交报〉主人书[A]. 严复集（3）[C]. 北京：中华书局，1986. 559.
② 王栻主编. 法意（按语）[A]. 严复集（4）[C]. 北京：中华书局，1986. 958.
③ 王栻主编. 政治讲义[A]. 严复集（5）[C]. 北京：中华书局，1986. 1242.

是早期还是晚期的严复从始至终都是戊戌变法之激进维新派的激烈反对者，并不存在所谓早期与晚期思想的断裂。对于激进维新派提出的直接效仿西方议会政治体制以达到强国之目的，严复指出结果只能是相反——“贫弱弥甚”，“欲富强，西洋富强之政有在也，何不踵而用之。于是其于朝也，则建民主，开议院，其于野也，……于是而期之以十年，吾知中国之贫与弱有弥甚者”[①]，这种态度一直持续到晚年。根据中国千百年发展的特点，严复一直认为，在当时情况下，西方议会政治体制并不适切，应采用具有一定民主性质的权威政治：中国需要的不是华盛顿、卢梭式的自由主义，而是拿破仑、克伦威尔式的权威治国[②]。这也是他赞成袁世凯政权解散国会、提倡尊孔等一系列举措的原因。

严复在天津的故居

在倡导“西学”的过程中，严复非常重视“国民性（国性）”，认为，“国民性”是一个国家、一个民族的文化灵魂，如果一个失去自己

① 王栻主编. 原强[A]. 严复集（1）[C]. 北京：中华书局，1986. 13.
② 王栻主编. 与熊纯如书[A]. 严复集（3）[C]. 北京：中华书局，1986. 680.

文化灵魂的国家，就会在激烈的世界竞争中不打自垮，难以存活下去，更谈不上救国、富国、强国。“大凡一国存立，必以其国性为之基，……虽名存天壤之间，问其国性，无有存者。此犹练形家所谓夺舍躯壳，形体依然，而灵魂大异”[①]。成功学习“西学”的前提条件是，首先要从中华民族长期形成的“国民性”中提炼出积极因素，这是几千年来无数人智慧的结晶，非某朝某代个别精英人物所创造，“质文递嬗，创制显庸，聚无数人之心力，勤劳为之礼乐文章焉”[②]。以此为根基有选择地学习西方中相合相宜、促进中国发展的先进文化，“相其宜，动其机，培其本根，卫其生长，使其效不期而至”[③]，而对于“国民性”中“愚、贫、弱”等不足的地方通过学习“西学”予以改良。严复认识到这是一个长期、渐进、缓慢的过程，暴风骤雨式的政治变革难以从根本上改变中国“国民性”中的不足，严复将其寄希望于教育。“教育救国论”是严复思想主张的中心，“为今之计，惟急从教育上着手，庶几逐渐更新乎”[④]。

（三）中西比较

由于在北洋水师学堂张伯苓接触到李、严等人对于“西学”的倡导，并在一定程度上接受了“西学式”教育，使他眼界大开，此后，他便不再用单纯“国人”的视角，而是从中西文化的对比中来审视中国的问题及出路。在“通济”舰目睹“国帜三易”中一名英军同清朝士兵的不同，成为张伯苓从“军事救国”信念转向“教育救国”信念的导火索。通过中西比较的视角，重视“国民性”的发扬与改良成为贯穿其一生教育事业的出发点与归宿。

张伯苓自幼随父亲在家塾中饱受中国传统文化的熏染，不仅为爱国思想的形成奠定了深厚的根基，而且深谙“知人者智，自知者明。胜人者有力，自胜者强”（《老子·三十三章》）的道理。在当时的情况下，张伯苓清醒地认识到“今后我们要想在世界上立足，能存在，有

① 王栻主编．读经当积极提倡[A]．严复集（2）[C]．北京：中华书局，1986.330.
② 王栻主编．思古谈[A]．严复集（2）[C]．北京：中华书局，1986.324.
③ 王栻主编．原强[A]．严复集（1）[C]．北京：中华书局，1986.13.
④ 董宝良．中国教育史纲[M]．北京：人民教育出版社，1990.216—217.

地位，最重要的，是自己先能自强，然后才能自立”①。欲以深刻了解本国的“国民性”只能在了解他国“国民性”的基础上，通过对比，才能更清楚地了解自身的优势与不足，以此改良“国民性”，达至自强，以求自立。

1946 年张伯苓获哥伦比亚大学名誉博士

二　创办南开

在创办南开学校的过程中，张伯苓曾多次到日本、美国考察教育。“更令人意外的是，一九一七年他已四十一岁，竟决心到美国哥伦比亚大学读书，研究西方教育理念。很多人劝他：‘你已经功成名就，干吗去和那些洋孩子同堂读书！’甚至说：‘这个脸你丢得起，我们丢不起。’他还是去了”②。在当时中国人平均寿命为 30 多岁，年过四十的张伯苓已是爷爷辈的人物，是非常难得的。在美期间，著名教育家杜威、克伯屈、桑代克等人指导张伯苓学习了有关教育学、教育哲学、心理学、教育行政等方面的课程。张伯苓还拜访了一些教育学家，如与凯

① 梁吉生、王昊编. 张伯苓言论集[A]. 沈卫星主编. 重读张伯苓[C]. 北京：光明日报出版社. 2006. 415.

② 齐邦媛. 巨流河[M]. 北京：三联书店 2010. 64.

尔鲍德里教授就中美教育等方面的问题进行了深入的切磋。凯尔鲍德里教授认为中国的学校应该向学生灌输一些共和思想，以树立民主观念和公共群体意识，抵消长期以来封建思想所产生的影响。通过学习张伯苓认识到“欧美之道德多高尚，公德与私德并重”[①]。“美国人则纯然是民主精神，个个人都为头，组织起来整然有序，散之则各自为主。……（美国）其精神上最好之点，为自由，信仰，而且无旧套。”[②]从后来张伯苓提出的“允公允能日新月异”南开校训中，及后来一贯推崇的重“干”重“行”的教育理念和教育实践中，都不难看出这段读书经历对他的深刻影响，“张伯苓作为哥伦比亚大学师范学院的进修生，受杜威之影响是显而易见的”[③]。由己及人，在张伯苓校长的鼓励下，五四运动前仅南开一校留日、留美学生就有 65 人。[④]

1927 年，张伯苓考察东北期间专门轮换乘坐了日本、俄国、中国三国管理的铁路，使张伯苓对日本、俄国、朝鲜等国人的精神面貌有所接触和了解。“在奉天有一车站甚为壮丽，为日人所造，其精神极佳，诚非虚誉，即司茶者作事亦出以至诚。至俄路则不如日远甚，然犹胜于中人。总之，日人办事最为灵敏，组织便利，遇事争先；俄人身体长大，动作粗笨；朝鲜愤不平，卧薪尝胆。”[⑤]

1928 年，已年过半百的张伯苓，还专程到英国、法国、意大利、瑞士等欧洲各国考察教育。除了了解、学习国外学校的教育理念、教育管理、教育教学方法、办学经验等之外，他还注意到各国社会生活的不同方面，“教育的考察以前是注意学校的组织、外形，现在的考察不应如此了，因为我看过的学校不知有多少了。现在的考察教育便是考察社会。教育是解决社会问题的，各国的情形如何？一切政治经济的状况如何？教育怎样解决他们这些问题？所以，教育与社会很有关系”[⑥]。寻找有着几千年文化传统的中国走到清末积贫积弱境地的

① 崔国良. 张伯苓教育论著选[M]. 北京：人民教育出版社. 1997. 21

② 崔国良. 张伯苓教育论著选[M]. 北京：人民教育出版社. 1997. 65

③ 程斯辉. 杜威对中国近代高等教育影响评析[J]. 教育与现代化. 2008（3）.

④ 冯承柏. 深切缅怀敬爱的周总理[A]. 南开中学编. 天津市南开中学建校九十周年纪念专刊[C]. 天津南开中学. 1994. 67.

⑤ 侯杰、泰方主编. 百年家族：张伯苓[M]. 石家庄：河北教育出版社 2004.

⑥ 转引自侯杰、泰方主编. 百年家族：张伯苓[M]. 石家庄：河北教育出版社 2004. p. .

“国民性”根源及未来出路。不可否认，几千年的文明积淀了很多优秀文化，“中华民族承受了悠久绵长的历史，因袭了丰富敦厚的文化，因此在民族性上表现一种厚重远大、沉着耐久的大国民气概”，“忍和让，都是中国的美德”[①]。

然而如此地大人众之国（张伯苓语），因何至于柔弱危亡？张伯苓除了认同严复指出的“愚、弱、贫”三大“国民性”之诟病之外，认为“私”，“为中华民族之最大病根”。“中国人之聪明、体力并不见得不如外人，惟其‘私’之一念，牢不可拔，所以演成这种局面”，“我总觉得中国地大人众，而到现在所以柔弱的原故，由于个人的私心太重，人虽多，不能团结一致，就无法抵御外侮”，“国内纷扰不已，外侮迭来，推其原因，不外国人私心太大，毫无团结力量，以致如此”[②]。因“私”而“散”，“中国人有一种特性，小孩大人一样，总不愿别人好。大家在一块谈，谈到别人的坏处，大家精神百倍；说人好处，就不高兴了，好像不愿中国有好人，这就是亡国的根源”，“不善组织，不能团结，……因此，个人主义畸形发展，团体观念，极为薄弱，整个中华民族有如一盘散沙”，“中国至深之病，实不在个人之没有能力，而在个人之缺乏合作精神”；因“散”而“贫”，“科学不兴，灾荒迭起，生产力弱，生计艰难。加以政治腐败，贪污流行，民生经济，濒于破产”；由“贫”及“弱”，“重文轻武，鄙弃劳动，……因之民族体魄衰弱，民族志气消沉”；由“弱”至“愚”，“民性保守，不求进步。又教育不普及，人民多愚昧无知，缺乏科学知识，充满迷信观念”。——右（上）述五病，实为我民族衰弱招侮之主因。[③]

通过中西对比，深刻认识到中华民族“国民性”之不足的张伯苓，绝不是只管开“药方”不问疗效的看病先生。说“中国人现在毛病，在说空话，不切实际”，他自己就首先从不说空话做起，“40 多年以来，

① 梁吉生、王昊. 张伯苓言论集[A]. 沈卫星主编. 重读张伯苓[C]. 北京：光明日报出版社 2006. p. 420. 421.

② 梁吉生、王昊. 张伯苓言论集[A]. 沈卫星主编. 重读张伯苓[C]. 北京：光明日报出版社 2006. 421.

③ 张伯苓. 四十年南开学校之回顾[A]. 杨志行、李信主编. 天津市南开中学[C]. 北京：人民教育出版社 1998.

我好像一块石头，在崎岖不平的路上向前滚，不敢作片刻停留”；说“中国人不如人的，不能诚诚恳恳地干一下子，知难而退，浅尝辄止”，他自己就“只知道往前走，绝不说：‘成了，可以乐一乐啦！’歇一会儿再走。……能做到这点的秘诀是什么？是‘公’和‘诚’，没有别的”①。

三 引入西学

从 1904 年执教严氏家塾开始，张伯苓便冲破当时社会上种种封建教育的阻碍势力，不宣传封建教义的四书五经而致力于提倡科学，宣传西方文化，开设“算术”“自然科学”“英语”“体育”等“西学”课程。初建南开中学，“紧接南开学校西墙外，有个大臭水坑，……一刮西风，阵阵臭气便从西而来，熏得人们啼笑皆非。当时，社会上的旧势力也用封建的腐朽臭气向张伯苓进攻，说张伯苓不懂中国祖传的旧学，骂他不学无术，造谣说张伯苓是光棍出身等等。对此，张校长常常在礼堂做报告时大讲特讲：‘我们南开精神就是在这种怪味中熏出来的！’校长的话一语双关，确是代表着一种破旧立新的新精神”②，同时也表明了南开学校在实际教育教学中积极引进“西学”的坚定立场。

南开大学初创时期，那时北京、上海开创许多私立大学，都是只办文、法、史、地、国学等文、法科，教师抱的是线装书去上课，而张伯苓专请留美多年的凌冰博士为大学部主任，除开设文科外，还设理科和商科，后来改称文、理、商三个学院。这在当时也是十分难得的。③南开大学初创时期，积点制、选科制以及图书、实验仪器均效仿美国。

---

① 梁吉生、王昊．张伯苓言论集[A]．沈卫星主编．重读张伯苓[C]．北京：光明日报出版社 2006. 422.

② 曹汉奇．从南开发展过程看张伯苓校长[A]．杨志行、李信主编．天津市南开中学[C]．人民教育出版社 1998. 8.

③ 刘静．天津历史名人张伯苓[N]．乾卫. 2008. 4. 11.

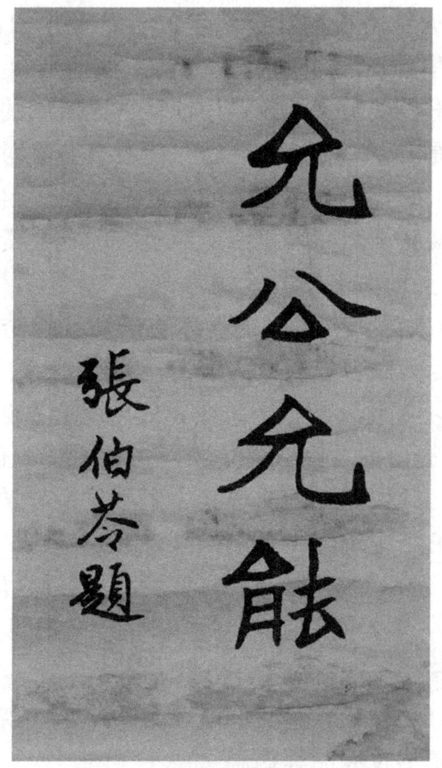

张伯苓手迹

在南开早期教学中，不仅设有专门英语课程，除国文、中国历史之外，其他课程均选用美国原版教材，南开专设美国原版教材售书处——美国伊文斯书店的支店。有学生回忆："学生物解剖蚯蚓时，李教授特意告诉我们学生说：'这蚯蚓是从美国特意运来的。'（生物学用的是美国课本，课本中的蚯蚓和中国的蚯蚓有些不一样）当年有些人认为南开学美国真是学到了家！"①

作为美国哥伦比亚大学的进修生，张伯苓对于杜威的"做中学"教育信念，与杜威其他的中国学生相比有着自己独到的解读。杜威认为"唯一的真正的教育是通过对于儿童的能力的刺激而来的，这种刺

① 曹汉奇. 从南开发展过程看张伯苓校长[A]. 杨志行、李信主编. 天津市南开中学[C]. 北京：人民教育出版社 1998. 9.

激是儿童自己感觉到所在的社会情境的各种要求引起的，这些要求刺激他，使他以集体的一个成员去行动，使他从自己行动和感情的原有的狭隘范围里显现出来；而且使他从自己所属的集体利益来设想自己[①]”。张伯苓提出中国传统的说法“能者多劳”对于中国社会的发展实有不利影响，助长了好逸恶劳的社会风气，说自己不是能者，就理所当然地把个人对于国家兴亡中所应负有的社会责任，一股脑推诿给别的“能者”，久而久之真的就成为一个“无能者”，这是懒人推卸责任的说法；[②]应改为“劳者多能”才更确切，每个人都应该能够根据社会的要求，尽力做自己应做的事情，不断地、不懈怠地做，必定能从“做中学”，不断地、不懈怠地学，能力就会不断提高，成为“能者”。对于陶行知提出的“教学合一”——先生的责任在教学，在教学生学；教的法子必须根据学的法子；先生不只是教学生学，并且同时自己也要学。张伯苓更进一步提出：“以前的‘教书’、‘教学生’，固然是不对；但是‘教学生学’就能说是已经尽了教之能事了吗？这个，据我看还是不够，应该再进一步，教学生行。……现在社会上的变迁很大，而多流于偏废，只重物质，不重道德。尽管‘学富五车’，而行为可以私毫不顾。这种错误，我们既已觉察出来，就应极力矫正，学行并重，才可免畸形发展的弊病。”[③]

四　土化南开

历史充满了悖论，具体在张伯苓积极学习“西学”与坚持办“土

① 杜威. 我的教育信条[A]. 华东师范大学教育系、杭州大学教育系编译. 现代西方资产阶级教育思想流派论著选[C]. 北京：人民教育出版社 1980. 4.

② 这实质上也就是杜威在中国之行中，所指出的中国人传统中重“思”轻“做”的心理倾向，导致中国人严重缺乏主动性，总是抱有“让别人去做”（Let-George-do-it）的想法。杜威以为，这种重“思”轻“做”的心理倾向体现在日常生活的各个方面，正是中国灾难的根源。相关论述见刘王彦力著. 走向对话——杜威与中国教育[M]. 北京：教育科学出版社. 2008. 72.

③ 张伯苓. 学行合一[A]. 张泉君主编. 著名教育家演讲鉴赏[C]. 济南：山东人民出版社 1996. 147-149.

化”南开上体现得更为突出。有研究表明[①]，正是虚心向杜威学习，杜威的“教育即生活”“学校即社会”的主张对张伯苓产生巨大影响，使他认识到“吾国学生最大之缺点，即平日除获得书本上知识外，鲜谙社会真正情状。故一旦出校执业，常觉与社会隔阂，诸事束手。欲免此种弊端，最宜使学生与社会接近。若调查或视察各种问题，不仅可培养学生实际上之观察力，抑可以换课堂生活之抑郁空气”[②]。教育要与社会联系，张伯苓在南开专门开设了“社会调查”一门必修课，“当时这门课设在高中一年级，上课时间不定，每个学期约上三、五次课，每次占用一个下午。课程的主要内容和方式，是组织学生到校外参观，参观时随时提问，接待者随时解答大家提出的问题，学生边看边把参观的内容记在笔记本上。参观返校后，老师要求每人写一篇参观报告作为书面作业，或者是在参观后组织学生讨论，然后再写报告。担任这门课的是陆善忱先生、唐炳亮先生和王硕成先生”（南开校友孙养林）[③]。有时张伯苓亲自带领学生到工厂、商店、银行、救济院、监狱、政府部门进行调查学习，比如带学生到天津的各大银行，中国银行、交通银行、盐业银行、汇丰银行、天津造币厂等处考察，让学生学习银行的组织系统、具体如何办理各种业务手续，考察比较各银行职员的待遇、账簿的记录与管理等等；为学生联系老西开教堂考察，让学生就天主教和基督教及其他宗教的问题进行调查研究，并写出研究报告等等。不仅如此，张伯苓甚至比杜威当年芝加哥实验学校里的“做中学”走得更远。他在南开学校里办起了工厂，除为学生工读所用的校办工厂外，应用化学研究所下设的化工厂在天津以及整个华北都很有名，他们开发的金属磨光皂、油墨、浆纱粉、复写纸、辣酱油等轻工业产品，供应华北乃至全国市场。“张伯苓与杜威有相同之处，他们都把教育领域作为思想的实验室，通过塑造新公民、改革传统教育，推动社会进步”[④]。

---

① 相关研究请参见程斯辉. 杜威对中国近代高等教育影响评析[J]. 教育与现代化. 2008（3）.

② 王文俊，杨珣等. 张伯苓教育言论选集[M]. 天津：南开大学出版社 1984. 152-153.

③《百年南开》摄制组. 百年南开[M]. 北京：中国社会出版社 2004. 9.

④ 朱小蔓. 影视应多反映社会文明的助推者[A]. 沈卫星主编. 重读张伯苓[C]. 北京：光明日报出版社 2006. 223.

1924年南开“轮回教育”中借鉴美国经验开办南开大学的论争中，对于学生的批评——“国文还有一个中国先生讲中国话外，英文、代数、三角、几何、历史、物理、化学、都是用英文教，用英文的教本。直到现在，还有一些科学术语，要我说成中国名字，我还说不出来。你们看，把一个青年搞成这个样，还有什么办法跟中国的实际相结合呢？”①（周恩来语）面对学生宁承恩在《轮回教育》中针对南开提出的疑问，教育为了改进“国民性”就只是学习美国的教育教学方式，再轮番不断培养教别人的人吗？②教育该如何在社会改造、国家强盛中发挥更大的作用？“老是循着这两个圈子转，有什么意思呢？学问吗？什么叫作学问！救国吗？就是这样便算救国吗！”

当时在南开大学任教的蒋廷黻先生也提出：“我们对于影响我们周遭日常生活的事情却完全不了解，我们既不知道其发生的原因，也不了解这些原因生长的土壤。政府里的中国问题专家了解纽约和巴黎的政体，而对于北平、汉口和成都政府却几乎完全无知。”③

诸如此类的问题促使张伯苓对于当时中国学人对待中西方文化的态度进行了深刻的反省。

在当时社会背景下，胡适的“全盘西化”主张颇具典型性：

> 我很不客气的指摘我们的东方文明，很热烈的颂扬西洋的近代文明。
>
> ……
>
> 睁开眼睛看看自己，再看看世界。我们如果还要把这个国家整顿起来，如果还希望这个民族在世界上占一个地位……只有一条生路，就是我们自己要认错。我们必须承认我们自己百事不如人，不但物质机械上不如人，不但政治制度不如人，并且道德不

---

① 梁吉生. 张伯苓教育思想研究[M]. 沈阳：辽宁教育出版社 1994. 45.

② 以南开1931—1933年毕业生之职业调查为例，从事教育的高达33.12%，占全部毕业生的三分之一，也就是说有相当一部分的学生在各学校中从事教育。见侯杰、泰方主编. 百年家族：张伯苓[M]. 石家庄：河北教育出版社 2004.

③ 蒋廷黻. 蒋廷黻回忆录[M]. 转引自[美]费正清. 费正清自传[M]. 黎鸣、贾玉文等译. 天津：天津人民出版社 1993. 105.

如人，知识不如人，文学不如人，音乐不如人，艺术不如人，身体不如人。

肯认错了，方才肯死心塌地的去学人家。不要怕模仿……不要怕丧失我們自己的民族文化。[①]

20 世纪 20 年代蒋梦麟任北大校长时亦“以西办事”，称“有许多地方，中国仍得向西方学习……我们如果能转向西方在艺术、科学、军事、政治、卫生、财富各方面均有高度成就的现代文明国家如美国等学习，我们或者会发现唐代的光荣将有重临的一日”[②]。

“全盘西化”之风也不可避免地吹到了南开，“南开组建了一支国外学成归来的博士、硕士占 3/4 的师资队伍，出现了有的归国教师离开外国讲义就讲不了课，而且不结合中国的实际，言必称美国”[③]。

公平地说，客观评价近代的“全盘西化”，尽管今天我们已经认识到“人类文化发展过程中始终存在着一个扬弃、继承和创新的过程……任何一个民族的文化中都包含着精华与糟粕两方面的内容……文化如同生命，自然有其发生、发展、兴盛和衰落的过程……这一自然和社会发展的客观规律”[④]；认识到文化的变革只能从传统中出来，“文化的改革并不能一切从头做起，也不能空地上造好了新型式，然后搬进来应用，文化改革是推陈出新。新的得在旧的上边改出来”[⑤]；认识到文化的民族性、多样性是推动世界文化发展的主动力，“（世界）只有一种文化，而没有其他文化彼此观摩、互相刺激，甚至比较竞争，则必不会创新进步，而将趋老化僵化”[⑥]。

然而，“全盘西化”却真实反映出置身于近代的中国社会中，国

① 朱文华. 反省与尝试——胡适集[M]. 上海：上海文艺出版社 1998. 9-11.

② 关鸿、魏平主编. 现代世界中的中国——蒋梦麟社会文谈[M]. 上海：学林出版社. 1997. 175-176.

③ 梁吉生、王昊. 张伯苓言论集[A]. 沈卫星主编. 重读张伯苓[C]. 北京：光明日报出版社 2006. 418-419.

④ 庄锡昌. 世界文化通论[M]. 杭州：浙江人民出版社 1989. p. 4. 10. 49.

⑤ 费孝通. 乡土重建[M]. 转引自金耀基. 现代化与中国现代历史[A]. 罗荣渠、牛大勇编. 中国现代化历程的探索[C]. 北京：北京大学出版社 1996. 21.

⑥ 孙广德. 中国传统文化与西化或现代化的关系[A]. 罗荣渠、牛大勇. 中国现代化历程的探索[C]. 北京：北京大学出版社 1996. 394.

家落后而挨打，处处遭人欺凌；民族危在旦夕，到了最危急的时候；四万万中国人如同一盘散沙，被讥笑为“东亚病夫”，“翻看清末民国时代的人物旧影，总觉得国人不同程度地带有‘病夫’相，猥琐、无神，说不上干净利索，更不要提精气神了”[①]；生活在这种“最是苦痛，最无趣味，最容易引起冲突；这一段的国民生活史，最是可怖”时期[②]，事实上，出于对清政府统治的绝望，当时确确实实有很多中国民众甚至曾寄希望于外来入侵者帮助他们摆脱艰难处境的幻想。大批爱国人士出于对国家“爱之深，责之切”，对广大中国民众“哀其不幸，怒其不争”，一袭长袍，一边整理国故一边主张“全盘西化”的热爱、无奈、同情、愤怒的急切心情！一方面，他们急迫地想通过学习世界其他先进国家的文化来寻找一条救国救民之路，“我们中国已远远落后于世界强国。我们不应在后面一步一步跟着走，必须把美国的精华吸收过来，迎头赶上去！”[③]；另一方面，他们急于寻找一剂“猛药”唤醒广大民众，克服中国传统文化抵制新生力量的“惰性”，甘愿“出风头”[④]。

但是，“全盘西化”摧毁中国传统文化的矫枉过正之处，也是难以掩盖的。不仅文化的发展有其自身规律，教育同样有其自身的发展规律，爱国可以出自热情，办教育却要遵循教育规律，“青年应前进，时时吸收新知识，继续不断求改进；但必须重实际，戒空谈；要认清目标，脚踏实地一步一步去做，万不可操之过急，好高骛远，旷废学业”[⑤]。南开的目的在“育才救国”，要救国首先要“知中国”，要教育国民自立自强，首先要有教育精神自身的独立。1928年春，在张伯苓的主持下制定了《南开大学发展方案》，此方案对学习欧美教育做了

① 王昊. 影像中的蔡元培和张伯苓[N]. 天津日报. 2005-8-15（11）.

② 李大钊语. 转引自孙广德. 中国传统文化与西化或现代化的关系[A]. 罗荣渠、牛大勇. 中国现代化历程的探索[C]. 北京：北京大学出版社 1996. 388.

③ 张彭春语. 见曹汉奇. 从南开发展过程看张伯苓校长[A]. 杨志行、李信主编. 天津市南开中学[C]. 北京：人民教育出版社 1998. 9.

④ 鲁迅在其作品《药》中对当时社会变革急需唤醒广大民众的社会现实有所反映。胡适曾有言：“谁来出风头，这是极小的事。”见朱文华. 反省与尝试——胡适集[M]. 上海文艺出版社. 1998. 68.

⑤ 梁吉生、王昊. 张伯苓言论集[A]. 沈卫星主编. 重读张伯苓[C]. 北京：光明日报出版社. 2006. 418-419.

初步总结，对南开学校的“社会调查”课程进一步深化，建立起社会调查制度，成立“社会视察委员会”，开展社会实践活动，使学生熟谙社会真正情状，独创了通过真实的社会实践提高学生社会工作能力，增强社会责任感的教育。明确地提出南开要以培养“知中国、服务中国”的人才为己任，以“土货化”作为南开今后发展的根本方针。“‘土货化’者，非所谓东方精神文化，乃关于中国问题之科学知识，乃至中国问题之科学人才。吾人为新南开所抱之志愿，不外‘知中国’‘服务中国’二语。吾人所谓土货的南开，以中国历史、中国社会为学术背景，以解决中国问题为教育目标的大学”[①]。了解中国，认识到置身于其中的中国社会需要解决的问题；弄清楚问题产生的历史和社会原因；学习西方科学精神和科学方法；解决现实中国需要解决的问题。事实上，杜威早在教育思维要素中就提出：教学法的要素和思维的要素是相同的。这些要素是：第一，学生要有一个真实的经验的情境——要有一个对活动本身感兴趣的连续的活动（即为置身其间的社会生活——作者著）；第二，在这个情境内部产生一个真实的问题，作为思维的刺激物；第三，他要占有知识资料，从事必要的观察，对付这个问题；第四，他必须负责有条不紊地展开他所想出的解决问题的方法；第五，他要有机会和需要通过应用检验他的观念，使这些观念意义明确，并且让他自己发现它们是否有效。”[②]从中不难看出，张伯苓“土货化”南开教育宗旨的确立，不仅是受到杜威“教育即生活”“学校即社会”等观念的影响，而且受到杜威教育思维要素理论的深刻影响。

是什么原因使得在近代教育“全盘西化”之风盛行的社会背景下，一生中五去日本、四去美国、二去欧洲，深受杜威思想影响的张伯苓在办学中旗帜鲜明地提出办“土货化”南开？形成“适合中国国情的教育宗旨”？将长期困扰学界的“传统与现代”“西化与本土化”之争合理地解决，使其教育思想“既是传统的，又是民族的，既是本土的，

---

① 王文俊等. 张伯苓语. 南开大学校史资料选 1919-1949[M]. 天津：南开大学出版社 1989. 38-39.

② [美]杜威. 民主主义与教育[M]. 王承绪译. 北京：人民教育出版社 2001. 179.

又是四面八方学来的，既是独立自由的，又是兼容并包的”[①]？作为土生土长的天津人，张伯苓的教育智慧很多来自于生活中，天津地域文化的影响或许是很重要的一个原因。

在一个典型的“平民”城市里，“天津人平视人生，以平民意识观察世界，更以平民意识对待社会……天津人可贵，人穷志不短”[②]。张伯苓与蔡元培并称“中国近代教育之父”，两人可比之处确实不少，相似之处亦很多，然而，如果从外表上看，两人差别不小。与蔡元培的嘴角上总是挂着一丝柔柔的笑意，眼角眉梢都似笑，可亲可敬的江浙文士儒雅君子之风相比[③]，张伯苓的高大威猛则颇具天津地域的军人遗风，全无当时国人普遍的“病夫”之态，不带有丝毫颓废气，也绝看不到一丝旧文人的惺惺作态和政客、军阀外强中干的十足傲气。“历史上，凡是天津人，一旦成了人物，这个人就不在天津待了，天津人也就不把他再看作是天津人了”[④]。而张伯苓却是个例外，他生在天津、长在天津、逝在天津，任南开校长长达46年，除了外出考察，到重庆再建南开之外，几乎一生都在天津度过，他就是“平民”天津中的一个“平民”，有着天津平民的骨气、天津平民的务实、天津平民的种种魅力，成就了天津平民所能成就的非凡事业。豪门出“阿斗”，市井有奇士。即使是声誉卓著遍及海内外，张伯苓自己似乎还是更愿意被别人当作“平民”看待，“他常常喜欢引用一位朝鲜朋友对他的评语：‘张伯苓是一个极其简单的人，不能跟同时代的杰出人物争一日之长短，但是他脚踏实地地苦干，在他的工作范围里，成就非凡。’”[⑤]

真正研究过张伯苓教育思想的人可能都会有一个明显的感觉，尽管在教育的每一个研究领域——教育与人、教育与社会、教育目的、教育内容、教育方法、教育方针、教师、学生、课程设置、课外活动等等，张伯苓都形成了自己独到而深刻的见解和系统的教育思想，但

① 朱小蔓．影视应多反映社会文明的助推者[A]．沈卫星主编．重读张伯苓[C]．北京：光明日报出版社．2006．234．

② 林希．其实你不懂天津人[M]．天津：天津人民出版社．2007．15．17．

③ 相关论述参见王昊．影像中的蔡元培和张伯苓[N]．天津日报．2005-8-15（11）．

④ 林希．其实你不懂天津人[M]．天津：天津人民出版社．2007．17．

⑤ 胡适．教育家张伯苓[A]．沈卫星主编．重读张伯苓[C]．北京：光明日报出版社 2006．361．

1937 年 6 月，张伯苓与南开大学经济研究所第一届研究生毕业合影

与同时代的教育领域内的一些著述颇丰的名人相比，张伯苓似乎根本无意于留下系统阐述自己丰富教育思想的文字记录以供后人研究，他甚至没有出版发表过一部在今天用以评定普通教授职称所必需的专著和若干篇学术论文，晚年也没有写一本记录日常言行的回忆录，直至临终遗言都是由他人代笔。除了带头躬身践行他的每一个主张“行不言之教”之外，作为一名“有职业的人”①（张伯苓语），口头表达能力是张伯苓作为南开学校创建人、作为南开校长、南开教师的重要本领。他的人格魅力、他的感号力还来自他在不同场合的演讲。当年的南开学子对于每周三下午修身课上校长的“训话”铭记心间，终生难忘。1916 年 10 月张伯苓在东北演讲感动了一个城市——哈尔滨，令当时 16 岁的张学良为之震撼，称张伯苓为影响其传奇一生的最重要人物。张学良晚年在台湾接受日本记者采访时，当记者问到“先生年轻时受谁的影响最大”时，他不假思索地回答：“是张伯苓先

① 在电视剧《张伯苓》中，张伯苓对蒋介石直言：“我和你不一样，我是有职业的人。”

生。”[①]他回忆聆听张伯苓演讲时的感受时说：“予之有今日，张先生一言之力也。”[②]

张伯苓的演讲魅力何在？据当事人回忆，张伯苓表述语言的方式，极具个性，很幽默，具有一种典型的天津“平民化”倾向。比如，他说“大白菜好吃（ci）不好吃（ci），它是（si）由大粪浇灌出来的”，话说得无拘无束，却又实实在在。“天津人能说，爱说，天津人语言表达能力强，这是个优点。善于挖掘语言潜能，更是天津人的生存本能。天津人说话表情活泼，话语幽默，语音动听，内容丰富[③]。”张伯苓演讲一口纯正的天津话，那绝不是被某些影视中混混儿亵渎了的天津话，那是一口极其纯朴、厚重，极具感染力、鼓动力、号召力的乡音。[④]天津话的特点就是不说官话，不打官腔，只求通俗易懂，语境准确，干净利落，要的就是嘎嘣脆。天津话为什么干净利落？人忙，潮起潮落，规定了人们的生活节奏，人走在街上头也不抬，永远匆匆忙忙。张伯苓在各种不同场合的演讲，不仅尽其最大可能彰扬了“天津人语言表达能力强的优点”，还尽其最大可能彰显了天津话语言简洁、层次清晰、表达丰富的优势。譬如，1925 年 11 月，陶行知对南开部教职员发表了《教学合一》的演讲，张伯苓主持演讲会，并对陶先生的演讲作了补充：“先生之责任不在教，而在教学生学，更要教学生行。”他遂于 12 月 17 日，在南开学校高中部周会上发表了题为《学行合一》的演讲，进一步地阐述了他的教育思想。对于他的演讲，后来有学者评论：[⑤]

> 讲演简洁明快，惜字如金。演讲伊始，张先生便三言两语，直奔议题。其悬念式的开首，一下子吸引了听众的注意力，使人们对进一步了解讲演者的“意见”产生了浓厚的兴趣。

---

①《百年南开》摄制组．至死不渝的爱国情结——拜谒张学良墓[A]．百年南开访谈文集[C]．北京：中国社会出版社 2004. 375.

② 高振凌、高龙彬．感动哈尔滨的张伯苓[N]．新晚报．2008-9-7（30）.

③ 林希．其实你不懂天津人[M]．天津：天津人民出版社 2007. 26.

④ 陈远．谢泳等著．逝去的大学[M]．北京：同心出版社 2005. 47.

⑤ 张泉君主编．著名教育家演讲鉴赏[C]．济南：山东人民出版社 1996. 151.

紧接着，张先生话题一转，道出了“我的意思”。他认为，学行应当并重，不可偏废。他所说的“行”是行为道德，也就是行做人之道。因而，他的学行合一，与我们今天所主张的德、智并举并无二致。

讲演的目的，是要说明问题，以理服人。在这方面，张先生不愧是博学多才的高手。为了阐述“我的意思”论证“学行并重”这一主题，他旁征博引，恰当列举了《论语》《中庸》之相关论述，有力地阐述论证了“教学实行”乃是中国古代教育之特点，亦应为现代教育所尊崇的教育思想。例举之恰当、阐述之简明、论证之有力、主题之明确、思想之深邃，不得不令人赞叹和佩服！

总之，这篇简短的演讲词，有层次、有力度、有技巧、有思想，的确是一难得的演讲佳作。（孙清萍）

张伯苓能讲、善讲成为在当时国运衰危、民不聊生，许多官立大学亦不免时时捉襟见肘，难以维持，而白手起家的南开学校一切经费来源都有赖于私人捐赠，能够维持下来，逐渐壮大的一种生存本能，“张伯苓能说得富商巨贾为南开捐款，他能说得军阀政客慷慨解囊……”[①]

在天津有一种说法，“凡是到过天津的朋友，如果没去过‘三不管’就等于没到过天津……天津人在‘三不管’里创造了一种生活方式，也创造了一种天津独特的文化模式。‘三不管’是天津这方水土所养育出来的一种社会现象……你几乎可以在每一个天津人身上看到‘三不管’的影响，‘三不管’文化，已经融进了天津人的血脉”[②]。虽然今天“三不管”早已不存在，但却依然留在很多天津人的记忆中，影响经久不衰。如果对天津的“三不管”没有了解，就难以深入地了解张伯苓这个地地道道的“老天津人”。

“三不管”在天津南市附近的区域，是近代天津租界地的产物。众

① 王昊. 评说张伯苓先生的话语魅力[N]. 新浪教育. 南开之父张伯苓. http://edu.sina.com.cn/l/2005-08-01/1625123946 . html.

② 林希. 其实你不懂天津人[M]. 天津：天津人民出版社 2007. 101.

所周知，天津是近代中国租界最多的城市，有英、法、美、日、德、俄、奥、意、比九国租界。“租界在开辟之初，列强是要按照其通商殖民的愿望，在这里建成一块完全独立于天津城区之外的‘飞地’，最初是不准华人入住租界的”[①]。列强划定租界地，原来的居民被赶出家，逐渐在日、法租界之间，不属于任何租界地的天津南门外集贸市场——南市附近聚集起来，成为日租界不管、法租界不管、中国政府也不管的“三不管”区域。不愿给洋人唱戏的戏班子来这里开影剧院，传统菜馆到这里开饭店，日常生活涉及的各行各业——小报馆、照相馆、服装店、鞋帽店甚至妓院、鸦片馆、杂耍地摊、小吃摊铺……一应俱全，各种恶势力——黑社会的青帮、洪帮、各式地痞流氓、青皮混混儿、坑蒙拐骗也在这里肆意滋生、为所欲为。“三不管”是天津人明知肮脏却离不开的地方，正人君子要来这里吃饭看戏，平民要来这里买日常用品，穷人要来这里“混世由”挣钱，其他各色人等要来这里找饭辙。天津人的智慧、机巧、聪明、诡诈、忍让、畏缩、粗野、横蛮，全都在“三不管”淋漓尽致地现了原形，有了用武之地。“天津人被人们看得如此精明，谁也休想骗天津人，为什么？就是因为天津人见识过的坑蒙拐骗实在是太多了。”[②]不可否认，天津租界林立的特殊环境，造就了“三不管”具有浓郁的天津地方特色文化，给了张伯苓许多处事方法的熏染。他干起事儿来总是有着天津人那股“嘎”劲儿，说起话来更有天津话的“糙”味儿。但这“嘎”和“糙”里都蕴涵着丰富的智慧和哲理。一方面在清末民初的驳杂纷乱的社会中，在军阀混战、列强横行的年代，他进能伸、退能守，运用自如地应对各种各样的人物[③]；另一方面，也使得张伯苓面对世界不同国家各种文化，通过切身体会天津平民社会世间百态，透彻了解了天津乃至全中国广大民众的优良传统和国民性的不足，潜心学习、深入对比，具有恰当取舍的分辨能力和鉴别能力。

更重要的是，作为一个“老天津人”，张伯苓在生活中形成了他

---

① 尚克强著. 九国租界与近代天津[M]. 天津：天津教育出版社 2008. 3.

② 林希. 其实你不懂天津人[M]. 天津：天津人民出版社 2007. 121.

③ 周振天. 写好 写活 写深[A]. 沈卫星主编. 重读张伯苓[C]. 北京：光明日报出版社 2006. 352.

自己颇具老庄遗风“处无为之事，行不言之教。万物做焉而不辞，生而不有，为而不恃，功成而弗居”的处事原则，“我个人是主张埋头苦干，不愿意叫外人宣扬的”[①]。这就注定了，尽管他也意识到“国民性”中的某些顽症，但他更倾向于用自己的行动，而不是像胡适等人那样，凭借“冒风头”——以“全盘西化”的激进言论去唤醒国人。比如张伯苓在开办南开大学时，顶着来自各方的批评和压力，执意不设中文系。在他看来，学文学的人，多好空谈；而他更崇尚用实际行动、真正做些事情来救国，比如像李鸿章、严复那样干实业、办教育等。在他创办的南开学校极力倡导笃实的学风，南开大学的化工、经济、社会学等在当时都能称得上是国内一流，“很多人批评他，说他固执、偏激，可你不能不承认，他办的大学是有个性的。作为一所私立大学，张伯苓的南开，发展出一种迥异于蔡元培的北大、梅贻琦的清华的‘实业兴学’路线”[②]。

20世纪30年代的南开大学

① 梁吉生、王昊. 张伯苓言论集[A]. 沈卫星主编. 重读张伯苓[C]. 北京：光明日报出版社. 2006. 423.

② 董文锋. 重塑大学风骨[N]. 广西日报. 2010-5-14（7）.

实事求是地说，李鸿章就已经意识到中国到了积贫积弱的时代，已经是“支离破碎的旧屋子”，改造需要假以时日，非一朝一夕可以做到。严复更是从理论上论证了改变“国民性”是一个长期、渐进、缓慢的过程。张伯苓对前辈们的探索不可能置若罔闻，可真正落实到行动中，在开办南开学校之初，却也难以避免存有通过学习他国先进文化强盛中国的“急切”心情，也急切地希望南开学子“把美国炼成的仙丹吞在我们肚子里”[①]“轮回教育事件”中，南开学生针对南开海归教师离开外国讲义就上不了课，不能与中国社会实际生活相联系，言必称美国，甚至不用美国蚯蚓用中国蚯蚓就上不了实验课等现象提出批评后，张伯苓也有过短暂的迷茫、彷徨。然而，随着“一步一步踏实地做”（张伯苓语），他终于发现“中国在变，这个变固然是慢的，但是却万万急不得。譬如烤面包：中国是一块生酵母，须慢慢地，长时间地烘烤，才而已逐渐熟透；若用急火，结果外面乌焦了，而里面还是生的”[②]。针对几千年传统文化积淀下来“国民性”中最大的弊端“私”，张伯苓认为只有实施“公能”教育才能使国家“日新月异”，他就从自身做起躬身践行“允公允能”—— 坚守南开“私立非私有”，不计个人得失把一生的心血倾注于南开教育；通过开办南开学校用尽一生精力极力倡导“公能”教育——重视体育、提倡科学、倡导团体组织、注重道德训练，为国家培养了无数救国、建国、强国人才，身体力行了“知中国”“服务中国”“以解决中国问题为教育目标”的教育宗旨。张伯苓是天津的张伯苓，南开是中国的南开，张伯苓用他的“埋头苦干”干出了中国的南开，干出了南开教育的“土货化”。

---

① 张彭春语. 见曹汉奇. 从南开发展过程看张伯苓校长[A]. 杨志行、李信主编. 天津市南开中学[C]. 北京：人民教育出版社 1998. 9.

② 梁吉生、王昊. 张伯苓言论集[A]. 沈卫星主编. 重读张伯苓[C]. 北京：光明日报出版社. 2006. 432.

第六章 趣味教学、立人为本

一 趣味教学

（一）会玩的学生才会读书

教学历来是学校办学的重心，“从学校全部工作的比重看，教学工作所占的时间最多、涉及的知识面最广、对学生发展的影响最全面，对学校教育质量的影响最大”[①]。几千年来教学难以引起学生兴趣，每每是学生深感痛苦的活动，因此，夸美纽斯就已认识到“学校是儿童心灵的屠宰场”[②]。教学如何能在最大程度上激发学生的学习兴趣不仅是古今中外教育学家们争论不休的话题，同样也是衡量一所学校办学成功与否的重要标志。

从古至今，司空见惯的是，学习常常被看作是一件痛苦的磨难，很多人的从学生涯都是伴随着家长和老师“天将降大任于斯人也，必先苦其心志，劳其筋骨，饿其体肤，空乏其身，行拂乱其所为，所以动心忍性，曾益其所不能”之类苦口婆心的规劝度过的。似乎所有的从学生活都意味着“寒窗苦读”——不吃苦中苦怎能做人上人，不用功怎么能比别人学得好？似乎只要是学校就不可避免地追求让学生考高分，以高的升学率在同类学校中脱颖而出，没有高分学生，没有高升学率何来社会声誉？家长凭什么花钱把孩子送进这所学校而不是别的学校？20 世纪 20～40 年代，中国校园里也流行“死读书、读死书、读书死”的说法，学生追求高分，学校追求升学率的现象也很普遍。

---

① 南京师范大学教育系. 教育学[M]. 北京：人民教育出版社 1984. 372.

②[美]杜威. 民主主义与教育[M]. 王承绪译. 北京：人民教育出版社，2002. 29.

而当年的南开张伯苓校长在总结办学主张时却旗帜鲜明地提出“本校的教育政策是‘理解’和‘自由’。所谓‘理解’者，即一切事不使学生专仗先生去推，当认清理解，自己去行，意在造出一班自动的人来，果能按理解去自动，即完全给以‘自由’”[①]。

南开昔日的学生回忆学习生涯时，给人的感觉也不是没有来自政治、时局、家庭状况、学业等方方面面的压力，但却断然不会让学生感到压抑，“南开培养人不是老师叫你干什么就干什么，而是帮助你发展自己的潜力，它这个教育跟其他学校不一样。学校从管理、教育、各种活动，想办法把你自己的本能、潜能充分发掘出来。所以，学生在那里念书感到很自如，而且也非常有意思，感到我确实有才能，而没有压抑的、老师强迫你干什么的情况，我觉得这种教育就是南开成功的非常重要的一点”（南开校友刘宝迺语）[②]。南开学子国际数学大师陈省身将毕生所从事数学研究归结为“数学好玩”。许许多多的南开学子念念不忘在求学生活中的种种趣闻乐事，让人丝毫感觉不到当年全球驰名的南开学校中有“学如逆水行舟”般在压力下学习的痛苦行径，反倒让人感受到天津地域文化中不可少的语言笑料和生活调料，天津人特有的以苦为乐，戏谑自嘲，不说不笑不热闹，说说笑笑度时光的乐观风趣。

> 在南开，听课是一种享受。每当看到当今中学生那沉重的书包，大量的作业、测试，被排名和考分压得失去了少年应有的欢乐，就感到我有幸曾在南开度过的快乐的学生生活，它给我留下了美好的感受。……老师在课堂上的讲课，像精彩的演出，把我们引入获得新知识的乐园，听课是一种享受，以至20世纪90年代，北京的南开校友在植物园聚会，特地请来还能讲课的原南开教师杨敏如先生再来给这些年过六旬的老学生们上一堂国文课。这一课给杨老师和同学们都带来了愉悦，如果其他老师知道此

① 梁吉生、王昊. 张伯苓言论集[A]. 沈卫星主编. 重读张伯苓[C]. 北京：光明日报出版社 2006. 426.

②《百年南开》摄制组. 百年南开[M]. 北京：中国社会出版社 2004. 51.

举，也会感到欣慰的。当年老师布置的作业，都能在晚自习内做完，好像不记得有需要用周日时间做规定作业。总的说来，当年的学习是快乐的。[①]（重庆南开中学 1947 级 北京首钢设计院高级工程师 宗福腴）

每天破晓六点，天还没有大亮，起床号吹得凄厉而且坚持。我们挣扎着从爬着臭虫的木板床上起来，尤其在冬天真是件辛苦的事。在操场上排成队的时候，山城的雾常常浓得看不清邻班的脸。早操之前，经常是女中部主任王文田训话。几乎每个人一辈子都忘不了她说我们："心里长草，头上冒烟！"不知为什么，多年后重提此训，大家都会哈哈一阵，开心得不得了。[②]（齐邦媛）

学生和老师开玩笑的情况相当风趣。4 月 1 日愚人节是最好的机会。同年级女生的两个组（班）偷偷互相调换教室。老师以为走错了教室，出去看看课表，又没错，进退两难，最后醒悟过来，两位老师也互换，以师生共同欢笑为结局。事后虽然受到训导主任的"训斥"，但是并没有严厉"查处"。还看另一个场面，上课的铃声刚响，一位高中女生离开座位跑上讲台，装作教师开始板书，任课教师推门进来，以为走错了，赶紧向台上的"教师"表示歉意。

文体活动也是最活泼的场所，可以拿老师开玩笑。在一次全校的同乐会上，某组男生小合唱，用一首大家熟悉的描述农家乐的外国歌曲填词，歌词是："欧！密斯特甘斗南先生上课满口是这个。这个、这个、这个、这个、这个、这个、这个、这个、这个呃！"全体师生大笑、轰动。[③]（天津南开中学 1949 级校友、北京行政教育学院教授 李凡）

……

① 宗福腴. 在南开 听课是一种享受[A]. 沈卫星主编. 重读张伯苓[C]. 北京：光明日报出版社 2006. 432.

② 齐邦媛. 巨流河[M]. 北京：三联书店 2010. 69.

③ 李凡. 中国需要更多的张伯苓[A]. 沈卫星主编. 重读张伯苓[C]. 北京：光明日报出版社. 2006. 94.

可以和老师开玩笑，课上课下俨然一个其乐融融的大家庭的南开，也有其严厉的一面：严格禁止为了考试而“临时抱佛脚”。“开夜车”拼命读书，不仅有可能会被同学们看作是“书呆子”，如果被老师捉住还要被记过。英语中有句谚语——只工作不玩耍，聪明的杰克也变傻。“会玩的学生才会读书”作为张伯苓的口头禅也是张伯苓真诚信奉的教育理念。

“玩”本意就是通过获得非直接利益来娱乐自身。没有功利性的目的、不求获取任何物质上的回报，只为使自己获得精神上的快乐。玩是人的天性，初生的婴儿，在成人看来，什么都不懂、什么都不会时就会玩，对玩具有一份难解的情结。床前的一个布娃娃，一旦拿开，他就会哭着去找寻；不到一个月大的孩子就会自己拍打玩具，可以“咯咯”地开怀大笑，并乐此不疲。玩发自人的内心本愿，受一种内力的驱使，摆脱世俗的束缚，排解世故的眼光，轻松地找到自己的生活，快乐地去做自己想要做的事情。事实上，无论做什么事情，只有轻松愉快地去做，才能取得好的效果。特别是对于世间万事万物充满好奇心的少年儿童来说，玩更重要。生活中许多知识都是巧妙地融合在玩耍的过程中的，玩是一种综合的智力开发方式。心理学研究表明，玩可以促进儿童双侧大脑半球——左半球和右半球的发育。玩可以让他们更多地了解、接触周围的世界，激发好奇心；让他们更好地了解自身，知道自己的兴趣所在，擅长的究竟是什么。儿童在和伙伴们一同玩耍的过程中，不仅可以使他们更多地了解他人、理解他人的感受，学会以适当的方式关注别人，培养与人相处的能力，激发竞争意识，还能使他们充分体会到成功的快乐，锻炼他们对于失败的承受力，锻炼他们解决问题的能力，培养孩子的自主性，使他们积累自信，培养乐观向上和创造精神，对他们未来人生发展奠定良好的基础。

（二）兴趣是成功的原动力

2002 年 8 月在北京举行国际数学家大会（ICM2002）期间，91 岁高龄的南开校友数学大师陈省身先生为少年儿童题词，写下了“数学好玩”4 个大字。在很多人看来枯燥、繁琐、无味的数学，怎么能是“好玩”的？也许我们会觉得，陈省身先生说数学好玩，是因为作为世界顶尖级的数学大师，他深知数学世界的奥妙。对于我们这样的凡夫俗子来说，数学太枯燥、太难懂，根本一点儿也不好玩。其实不然，陈省身从十几岁就觉得数学好玩。正因为觉得数学好玩，才兴致勃勃地玩个不停，后来成为数学大师——由于觉得好玩才成为大师，而不是先成为大师后才觉得好玩，只是成为大师后更感觉“好玩”。

事实上，不仅仅在数学领域，也不只是陈省身，在人类智慧所能取得辉煌成就的各种领域，都不能没有不带任何功利性目的、不求获取任何物质上的回报，只为使自己获得精神上快乐的“好玩”心态。李白作诗纯乎天然，你要强迫他，绝对没有好诗出炉；曹雪芹作为大家族的世家子弟，一部《红楼梦》不用说杂烩了多少门类的艺术，就是儒道释的思想也编织得天衣无缝，让人望尘莫及；影视剧中的最高境界的武林高手没有招数，他的招法在心中，以无招胜有招，如果是刻意的强迫，便不可能达到如此境地。正因如此，一个推论式假设才会最终得到证实：建造金字塔的不是奴隶，而是自由人。①

金字塔的建造者，不会是奴隶，应该是一批欢快的自由人！第一个做出这种语言的，是瑞士钟表匠塔·布克。1560 年，他在埃及的金字塔游历时，做出了这个预言。

2003 年，埃及最高文物委员会宣布，通过对吉萨附近六百处墓葬的发掘考证，金字塔是由当地具有自由身份的农民和手工业者建造的，而非希罗多德在《历史》中所记载的，由三十万奴隶所建造。

在四百年前，一个钟表匠为什么一眼就看出，金字塔是自由人建造的呢？自从埃及考古工作者证实了布克的判断后，埃及国家博物馆馆长多玛斯便对这位钟表匠产生了兴趣。他想知道这个人到底是凭什么做出那种预言的。

为了搞清这个问题，他开始搜集布克的有关资料。最后，他发现布克是从钟表的制造，预知那个结果的。

① 刘燕敏. 自由人和金字塔[N]. 人民文摘，2005（11 期）.

布克原是法国的一名天主教信徒。1536年，因反对罗马教廷的刻板教规，被捕入狱。由于他是一位钟表大师，入狱后，被安排制作钟表。在那个失去自由的地方，他发现无论狱方采取什么高压手段，都不能使他们制作出日误差低于1/10秒的钟表。可是，入狱前的情形却不是这样。那时，他们在失去的作坊里，都能使钟表的误差低于1/100秒。

为什么会出现这种情况？起初，布克把它归结为制造的环境，后来，他们越狱逃往日内瓦，才发现真正影响钟准确度的不是环境，而是制作钟表时的心情。

对金字塔的建设者，他之所以能得出自由人的结论，就是基于他对钟表制作的那种认识。埃及国家博物馆馆长多玛斯在塔·布克的史料中发现了这么两段话：

一个钟表匠在不满和愤懑中，要想圆满地完成制作钟表的1200道工序，是不可能的；在对抗和憎恨中，要精确地磨锉出一块钟表所需要的254个零件，更是比登天还难。

金字塔这么大的工程，被建造得那么精细，各个环节被衔接得那么天衣无缝，建造者必定是一批怀有虔诚之心的自由人。真难想象，一群有懈怠行为和对抗思想的人，能让金字塔的巨石之间连一片刀片都插不进去。

塔·布克是第一批因反宗教统治，流亡瑞士的钟表匠，他是瑞士钟表业的奠基人和开创者。据说，瑞士到目前仍保持着塔·布克的制表理念：不与那些工作采取强制性、有克扣工人工资行为的国外企业联营。他们认为，那样的企业永远造不出瑞士表。

在过分指导和严格监督的地方，别指望有奇迹发生，因为人的能力，唯有在身心和谐的情况下，才能发挥到最佳水平。

数学大师陈省身的“数学好玩”、李白作诗、曹雪芹写红楼梦、钟表匠塔·布克制作出日误差低于1/100秒的钟表、自由人建造金字塔……所有这些不过是揭示了一个朴实的道理：兴趣才是成功的原动力。

做同样一件事，不同的人可以有不同的动机，可能是受到逼迫、恐吓、强制的被动而为；也可能是为了得到他人的赞许和尊重；还有可能根本没有什么外在的目的，只是喜欢（有兴趣）通过愉悦自身而创造社会价值。具体到教育中，同样是学习，不同的孩子就会有“受逼迫”、好胜心和兴趣几种不同的动机。很显然，孩子“受逼迫”学习是最坏的，它使孩子身心疲惫，整个生活苦不堪言，剥夺了孩子生而为人本应具有的独立思考能力，直接摧残了孩子健康人格的养成，可以说对孩子的成长有害无益。受好胜心驱使的学习本是人的本性使然。杜威说人类天性中最深层的冲动就是“显要感”，但这种追求“显要感”的动机所导致的结果却是复杂的，为了追求他人的认可和尊重，可能竭尽一己之力为众人谋利益，因此，这种动机是与他人合作的基础，是人类合作精神产生的根源，是推动人类进步的重要因素；另一方面如果只是为了自己的显要而突出自己，这样的人心中只有自己，整个心灵被一些琐碎的、杂乱的小事占满，考试及格或不及格、别人怎样看待我、怎样才能超过别人、同别人相比我得到的是多是少……反反复复算计、整日患得患失的不过是事关切身利益的琐事，心里装满此类琐碎小事的人没有能力爱人，没有能力雍容大度。为了凸显自己有可能不顾他人感受从穿奇装异服到行为标新立异，甚至危害他人、危害社会，只求得通过各种媒体描述自己骇人听闻的新闻报道而获得“高知名度”，一觉醒来成为众人皆知的“英雄”，因此，爱因斯坦提出“学校和教师必须防范使用那种容易产生个人野心的简单办法去引导学生从事辛勤的工作”（《论教育》）。相比之下，以兴趣作为学习的动机来实现自身的社会价值是最值得称道的。兴趣意味着自我选择、本能、愿望、意志；意味着积极、主动、愉快，正所谓孔子所言的“知之者，不如好之者，好之者，不如乐之者”。如果一所学校能够发展学生对于玩的天真爱好和获得赞许的天真愿望，并将这些引向学生社会价值的自我实现，那么这就是理想的、成功的学校教育。

二 梁启超“趣味教学”

（一）梁启超及其影响

近代中国清末著名改良主义家梁启超首倡趣味教学思想主张。梁启超（1873—1929），出生于广东省新会县。广东地处南海之滨，是中国最早受到西方影响的地区之一，被毛泽东誉为近代最早向西方寻求真理的四个中国人中洪秀全、康有为和孙中山都出生在广东。

梁启超与天津有着“生死之缘”[①]。梁启超终年只有五十六岁，生前有十四年定居在天津，人生四分之一的时间是在天津度过的，梁启超在天津度过了他最后也是最重要的一段时光。梁启超在天津的故居“饮冰室”，在经过近一个世纪的岁月洗礼，至今仍奇迹般完整地保留下来。梁启超晚年在天津“饮冰室”寓所著书立说，“许多学术上的重大成就大都是在晚年做出的”[②]。期间，往来学界名人众多，胡适便是其中一位。胡适曾经说过，梁先生的文章有极强的感染力，能够引起人们的好奇心去探索未知的世界。他自己也是“受了梁先生无穷的恩惠”，成名之作《中国哲学史大纲》便是在看了《新民说》和《论中国学术思想变迁之大势》后萌生的想法。五四一代的新知识分子，几乎没有一位不是吮吸其思想养分而成长起来的。郭沫若在自传中谈到梁启超对他的影响：“在他那新兴气锐的言论之前，差不多所有的旧思想、旧风习都好像狂风中的败叶，完全失掉了它的精彩。二十年前的青少年——换句话说：就是当时的有产阶级的子弟——无论是赞成或反对，可以说没有一个没有受过他的思想或文字的洗礼的。”[③]

① 杜琨．梁启超的天津之缘[N]．侨报．2012-7-20（B07）．

② 孟祥才．梁启超[M]．北京：团结出版社，2011．168．

③ 郭沫若．少年时代[M]．转引自孟祥才著．梁启超[M]．北京：团结出版社，2011．36．

广东新会梁启超铜像

梁启超早年主张文体改革，他的文章，一改文言文的晦涩古奥，却不乏古体的言简意赅、生动形象，且多发自真情真意，饱含激情，具有很强的感染力、号召力和极大的煽惑性，往往为人传诵风靡，不胫而走。抗日战争时期，他的学生在比较同时代的谭嗣同、夏曾佑、章太炎、严复、林纾、陈三立、章士钊等人的文体风格后，从文体改革方面研究他为文居近代中国影响力之最的原因：

> 至于雷鸣怒吼，恣睢淋漓，叱咤风云，震骇心魄，时或哀感曼鸣，长歌代哭，湘兰汉月，血沸神销，以饱带感情之笔，写流利畅达之文，洋洋万言，雅俗共赏。读时则摄魄忘疲，读竟或怒发冲冠，或热泪湿纸，此非阿谀，唯有梁启超之文如此耳。①

① 孟祥才. 梁启超[M]. 北京：团结出版社，2011. 26.

作为近代“文名满天下”的“舆论界骄子”，梁启超对近代以来中国读书人的影响之大无人可比。袁世凯的大儿子袁克定将梁启超说成是“领袖名流”，得他一言，“贤于十万毛瑟也”。胡适曾说过：“梁任公为吾国革命第一大功臣，其功在革新吾国之思想界。使无梁氏之笔，虽有百十孙中山、黄克强，岂能成功如此之速耶！”[①]除胡适与郭沫若之外，邹容在《革命军》中大段大段引用梁启超的文章，鲁迅、林长民、陈独秀、李大钊……“五四运动的领袖几乎没有一个不曾因读了他的文字而受到启发”[②]（萧公权评梁启超）。毛泽东曾直言在读梁启超主办的《新民丛报》时，“读了又读，直到可以背出来”。他就读湖南第一师范初期，时常模仿梁启超的新文体风格，并效仿梁任公，为自己起名子任。后来，李大钊、毛泽东分别在北京、长沙建立学会，分别以“少年中国”“新民”命名[③]。梁启超对青少年时代周恩来的影响举足轻重。周恩来在1918年1月23日日记提要“男儿三十无奇功，誓把区区七尺还天公”（梁任公诗句），同日日记讲“晚读《饮冰室文集》，重有感……又拿起梁任公的文集来看，念道‘十年以后当思我，举国如狂欲语谁；世界无穷愿无尽，海天辽阔立多时’几句诗，我的眼泪快下来。忽然又想到任公做这诗的时候，不过二十七八岁，我如今已痴长十九岁，一事无成，真正是有愧前辈了”[④]。“五四”之后，清华大学组织学生投票选举“中国十大支柱”时，时为清华国学研究院导师的梁启超名列第一，蔡元培第二，胡适第七。[⑤]

（二）梁启超“趣味至上”人生哲学

梁启超自幼聪慧异常，“八岁学为文，九岁能缀前言”，12岁中秀才，是百年难遇的“神童”。他个性鲜明、热情洋溢、锋芒毕露，与时俱进，曾自谓“不惜以今日之梁启超与昔日之梁启超战”。他一生兼有政治家和学者双重身份，作为政党领袖与大学教授，面对不同的群体

---

① 傅国涌. 近代中国大转型的台前幕后：主角与配角[M]. 武汉：长江文艺出版社，2011. 168.

② 郭珊、唐蓓. 但开风气不为师[N]. 南方日报. 2010-6-2（A13）.

③ 郭珊、唐蓓. 但开风气不为师[N]. 南方日报. 2010-6-2（A13）.

④ 黄卫、米镇波、韩少华. 梁启超影响了周恩来[N]. 天津日报. 2004-1-9.

⑤ 马平. 假使全国学校悉如南开[A]. 沈卫星主编. 重读张伯苓[C]. 北京：光明日报出版社 2006. 75.

对象，他能够始终如一的襟怀坦白、以诚感人。无论写文章、作讲演，梁启超富于感情的个性总是给人们留下鲜明的印象，“开中国风气之先，文化革新，论功不在孙黄后”①。梁启超以短短 56 岁的一生却留下了 148 卷 1400 多万字的《饮冰室合集》，“是著述最多的一位学者”②。心理学研究观察发现，高智商人士的一个显著特点便是：对于自己感兴趣的东西，他们的好奇心、记忆力超群，精力集中的程度也令人吃惊，“所有智力方面的工作都有依赖于兴趣”③。纵观梁启超一生的传奇经历和深远影响，归根结底与其所信奉的“趣味至上”生活原则不无关联。“我是学问趣味方面极多的人，我之所以不能专积有成者在此，然而我的生活内容，异常丰富，能够永久保持不厌不倦的精神，亦未始不在此。我每历若干时候，趣味转过新方面，便觉得像换个新生命，如朝旭升天，如初荷出水，我自觉这种生活是极可爱的，极有价值的。我虽不愿你们学我那泛滥无归的短处，但至少也想你们参采我那烂漫向荣的长处”④。

梁启超

① 唐蟒挽联．见孟祥才著．梁启超[M]．北京：团结出版社，2011. 168.
② 吴荔明著．梁启超和他的儿女们[M]．北京：北京大学出版社，2009. 5.
③ 皮亚杰著．傅统先译．教育科学与儿童心理学[M]．北京：文化教育出版社，1981. 161.
④ 梁启超．凡做学问总要“猛火熬”“慢火炖”[N]．广州日报．2011-2-11（W4）.

“趣味至上”是梁启超的立身处世、做学问的人生观基础。“假如有人问我‘你信仰的是什么主义?’我便答道‘我信仰的是趣味主义’。有人问我‘你拿什么做人生的根柢?’我便答道‘拿趣味做根柢’。我生平对于自己所做的事，总是津津有味，而且兴会淋漓。什么悲观咧、厌世咧，这种字面，我所用的字典里头可以说完全没有。我所做的事常常失败，可以说没有一件不失败，然而我总是一面失败、一面做，因为我不但在成功里头感觉趣味，就在失败里头也感觉趣味。”他认为趣味是人生活的动力，就如同装有燃料的蒸汽机一样，不断地推动着机器运转，有了趣味，做事就会欲罢不能。“人类若到把趣味丧失掉的时候，老实说，便是生活的不耐烦，那人虽然勉强留在世间，也不过行尸走肉，倘若全个社会如此，那社会便是痨病的社会，早已被医生宣告死刑。”（《趣味教育与教育趣味》）由此可见，梁启超的趣味主义观是一种自由、美好、快乐的人生观，是一种追求人生意义，教人珍视生命，积极向上、乐观面对生活的生命哲学。

对于游历过欧洲，曾热衷于引进西学的梁启超来说，他并不讳言“趣味教育”主张是在借鉴近代西方教育理论的基础上提出的，但明显的是，他又以特有的激情进行了创新，对西方的理论有所突破，有所超越。正如他所认识到的，近代西方“趣味教育”理论是把“兴趣”作为教育教学的手段，而他则将“兴趣”发展成为教育教学的目的。“‘趣味教育’这个名词，并不是我所创造。近代欧美教育界早已通行了。但他们还是拿趣味当手段。我想进一步拿趣味当目的。”（《趣味教育与教育趣味》）

为什么兴趣不仅是教育教学的手段，还是目的？首先，趣味作为人健康生活的原动力，在于他对于生活意义的追求。单纯地喜欢做某事，不一定都是好的兴趣，比如喜欢赌博。这种好与坏的衡量不一定非要以外在的道德准则为尺度，它自有其自身的衡量标准——既有兴趣又有品位，从喜欢做开始，到体会其中的趣味，再以趣味为动力推动进一步的行动，“既已主张趣味，便要求趣味的贯彻”。此外，不能光明正大地喜欢做某事，或是以有趣开始以无趣终结，或是以别人的苦痛换得自己的快乐，或以一时的有趣获致无尽的后悔等等，都是低级的趣味。人在幼年时，对看到听到的一切都很好奇，感觉有趣，此时非常需要教育引导他追求高级趣味，而不至于陷入低级趣味中。没有受过教育的人由于缺乏正确的引导，不免会陷入低级趣味中去，但如果学生在他们所受的学校教育中感受不到有趣，也不免会受到低级趣味的引诱，会从学校教育以外或学校教育反对的事中去寻找乐趣，结果只能在碰壁、吃苦头之后，感受生活的无趣，最终沉溺于其中的低级兴趣，一生碌碌无为。梁启超倡导的趣味教育是当青少年对世界充满好奇，对各种事情趣意盎然之际，引导他们发现自己的高级趣味，并促使他们不断发展这种受用终身的趣味。如果学校教育能做到这一点，便是办得圆满，有功于个人与社会。

梁启超书法

（三）学校实施“趣味教学”

学校要是能够将发展学生的高级趣味作为教育教学的目的，必然不会用现成的知识学问来填塞学生的头脑，教师也不能用一桶水注入式地将知识“注入”到学生们的碗里，而只能是让学生感受到学习某种学问的乐趣，或者是对于学生本身感兴趣的东西通过教师的引导更觉有趣。因此，教育工作者所要做的事从积极的方面说，就是唤起学生的兴趣；从消极方面说，就是极力避免摧残学生的兴趣。根据梁启超的说法，摧残学生兴趣的教育教学有几种，最普遍的就是“注射式”教育，“把课本里头东西叫学生强记，好像嚼饭给小孩吃。那饭已经是一点儿滋味没有了，还要叫他照样地嚼几口，仍旧吐出来看。那么假令我是个小孩子，当然会认吃饭是一件苦不可言的事了。这种教育法，从前教八股完全是如此，现在学校里开工虽变，精神却还是大同小异。这样教下去，只怕永远教不出人才来”。

接下来是与学生生活完全不发生联系的学科教育，十来门功课，走马观花，应接不暇，却件件都是大门口一望便了，那教育效率就是零，原因是开始众多的学习科目或许使学生感到好奇，但却无深入的时间和机会令学生养成相对稳定的趣味。

再有就是社会上最普遍、最常见的把教育只是作为“物质利益”追求的一个手段，事实上这也是中国人国民性中体现出的一种显著特点，“中国人的人生追求相对而言十分单一，而且很在乎别人如何看自己，既然社会上以物质生活为中心，在从众心理的支配下，人们也就自然会去摆阔，以此来显示自己的成功”①。那么自然地在通过教育获得了我们所追求的高高在上的权势和足以炫耀圈内外的名车、豪宅，成为众人眼中所谓的“精英”后，再继续接受教育岂不是“犯傻”？据统计，在数学奥林匹克竞赛上获奖以后，中国学生很少有人继续从事数学研究。我国154位IMO参赛者中，将数学作为终身研究职业的仅在10位左右，其中一多半在国外发展。奥数竞赛成了为达到某种功利目的“敲门砖”，“门敲开了自然把砖也抛却，再不会有人和那块砖

① 肖功秦. 为什么我们缺少特立独行的人生态度[J]. 读者. 2012-8.

头发生起恋爱来”（《趣味教育与教育趣味》）。强迫式学习不仅不会让学生爱数学，反而会恨数学。达到目的以后，数学就会在他们的追求中“退场”。而在国外，很多曾获国际奥林匹克数学奖的人后来成了数学家，陶哲轩就是其中一位。他曾先后 3 次代表澳大利亚参加奥林匹克竞赛，分别获得铜牌、银牌和金牌，24 岁便成为美国加州大学洛杉矶分校教授，31 岁获得数学界的诺奖——菲尔茨奖。中科院院士、中科院数学与系统科学研究院研究员马志明教授说：“他不是为了金牌参加竞赛，而是出于对数学的热爱。”[①]梁启超倡导的正是不附加任何功利性物质追求的目的，单纯地“喜欢和热爱”。“我们为什么学数学，因为数学有趣所以学数学。为什么学历史，因为历史有趣所以学历史。为什么学画画，学打球，因为画画有趣打球有趣，所以学画画学打球。”（《趣味教育与教育趣味》）如同杜威的主张：教育目的即教育的过程在它自身以外没有目的，它就是它自己的目的。尽管这种主张一直以来在现实中国社会中认同度都比较低，但这也正是它的价值所在。如果任由教育一元式物质目的的功利性追求发展，社会、家长都疯狂地像比车、比房子一样比孩子，都一窝蜂地去学习，不仅仅是奥数，任何学校学习的科目都会与激发少年儿童的学习兴趣、培养其主动探索精神的初始愿景相左，变成了扼杀儿童数学兴趣、剥夺他们童年幸福的罪魁祸首。

学校教育如果真能达到“趣味教育”的目的，首先离不开教师的“教育趣味”。孟子说：“君子有三乐，而王天下不与存焉”，其中之一便是“得天下英才而教育之”，教育学生的乐趣就连获得天下称王都比不上，其实并不局限于对于“英才”的教育，有些“英才”往往是在接受恰当的教育之后才成为“英才”的。谁能预见一个又聋又哑又瞎的孩子后来能成为“英才”，写出《假如给我三天光明》；谁又能想到一个上课回答不出 3 加 4 等于几被全班同学笑话的“呆子”竟能提出“万有引力定律”。除去教育的结果，教育的趣味就在教育过程中，“比如种花的趣味，虽然自然界的美，像山水风月等等。虽然能怡我情，

① 冯丽妃. 奥数之害猛于毒品[N]. 中国科学报. 2012-7-23（A1）.

梁启超主办《新民丛报》

但我和他没有特殊密切的关系。他的美妙处，我有时便领略不出。我自己手种的花，他的生命和我的生命简直并合为一。所以我对着他，有说不出来的无上妙味。凡人工所做的事，那失败或成功的程度都不能预料。独有种花，你只要用一分心力，自然有一分效果还你，而且效果是日日不同，一日比一日进步。教育事业正和种花一样。教育者与被教育者的生命是并合为一的。教育者所用的心力，丝毫不会枉费"（《趣味教育与教育趣味》）。教育活动本质上就是人与人之间的互动，"人与人的关系，就像大山的回音，你对他喊：'我尊重你！'他的回音也是'我尊重你！'"[①]在相互尊重理解之中，学生进步了，教师自身也进步了；学生学有所成了，教师的学问也不断增长，社会的局限对

① 魏书生语．引自张武升．当代中国教学风格论[M]．南昌：江西教育出版社，1993. 370.

于其他行业人员的趣味多有限制，政治的、经济的、文化的。但因为爱和被爱，教师教育学生的趣味却可以超越许多现实的因素，在与学生的交往中自得其乐。在梁启超看来，如果一名教师体会不到这种乐趣，“我劝他立刻改行，何必在此受苦。”（《趣味教育与教育趣味》）可以想象，“每天早晨6时走出家门，晚上21时30分才能回到家里，吃完饭还要批改作业，每学期还要写出3万字的学习笔记”，这样“压力山大”年复一年的生活，如果不能体会到其中“生命和生命并合为一”的特殊趣味，此中苦痛又何堪怎是“忍受”一词了得？

（四）梁启超“趣味教学”风格

风格就是本人。[①]梁启超不仅自己主张趣味主义，“倘若用化学划分‘梁启超’这件东西，把里头所含一种元素名叫‘趣味’的抽出来，只怕所剩下仅有个零了”[②]。在教育子女和学生时也非常“注意引导孩子们对知识的兴趣”，而且一生教育对子孙、执教清华国学院、南开历史学院等做教师的经历也在总是“津津有味、兴会淋漓”，展现出一代学术大师的人格魅力。梁实秋作为他的学生，回忆时说：

> 我记得清清楚楚，一个风和日丽的下午，高等科楼上大教堂里坐满了听众，随后走进了一位短小精悍秃头顶宽下巴的人物，穿着肥大的长袍，步履稳健，风神潇洒，左顾右盼，光芒四射，这就是梁任公先生。他走上讲台，打开他的讲稿，眼光向下面一扫，然后是他的极简短的开场白，一共只有两句，头一句是“启超没有什么学问——，”眼睛向上一翻轻轻点一下头：“可是也有一点喽！”……
>
> 我记得他开头讲了一首古诗，箜篌引：
>
> 公无渡河，公竟渡河！
> 渡河而死，其奈公何！
>
> 这四句十六个字，经他一朗诵，再经他一解释，活画出一出

① 布封语．转引自张武升主编．当代中国教学风格论[M]．南昌：江西教育出版社，1993．绪论3．

② 吴荔明．梁启超和他的儿女们[M]．北京：北京大学出版社，2009．40-41．

悲剧，其中有起承转合，有情节，有背景，有人物，有情感。我在听先生这篇演讲后约二十余年，偶然获得机缘在茅津渡候船渡河，但见黄沙弥漫，黄流滚滚，景象苍茫，不禁哀从中来，顿时忆起先生讲的这首古诗。

先生博闻强记，在笔写的讲稿之外，随时引证许多作品，大部分他都能背诵出来。有时候，他背诵到酣畅处，忽然记不起下文，他便用手指敲打他的秃头，敲几下之后，记忆力便又畅通，成本大套地背诵下去了。他敲头的时刻，我们屏息以待，他记起来的时刻，我们也跟着他欢喜。先生的演讲，到紧张处，便成为表演，他真是手之舞足之蹈。有时掩面，有时顿足，有时狂笑，有时叹息。听他讲到他最喜欢的《桃花扇》，讲到“高皇帝，在九天，不管亡家破鼎，哪知你圣子贤孙，反不如飘蓬断梗。十七年忧国如病，呼不应天灵祖灵。调不来亲兵救兵，白练无情，送君王一命……”那一段，他悲从中来，竟痛哭流涕而不能自已。他掏出手巾拭泪，听讲的人不知有几多泪下沾巾了！又听他讲杜甫的“剑外忽传收蓟北，初闻涕泪满衣裳。却看妻子愁何在，漫卷诗书喜欲狂。白日放歌当纵酒，青春作伴好还乡。即从巴峡穿巫峡，便下襄阳向洛阳”，先生又真是于涕泗交流之中张口大笑了。这一篇讲演分三次讲完。每次讲过，先生大汗淋漓，状极愉快。听过这讲演的人，除了当时所受的感动外，不少人从此对于中国文学发生了强烈的爱好。先生尝自谓“笔锋常带情感”，其实先生在言谈讲演中所带的情感不知要更强烈多少倍！

他讲得认真吃力，渴了便喝一口开水，掏出大块毛巾揩脸上的汗，不时地呼唤他坐在前排的儿子：“思成，黑板擦擦！“梁思成便跳上台去把黑板擦干净。每次钟响，他讲不完，总要拖几分钟，然后他于掌声雷动中大摇大摆地徐徐步出教室。听众守在座位上，没有一个人敢先离席。①

① 邵纯．梁启超的独特风采[J]．炎黄纵横．2012-4. p. 20-21.

闻一多向他的学生们“表演”梁启超讲授古乐府箜篌引“公无渡河”。他说，梁任公先把那首古诗写在黑板上，然后摇头摆脑地朗诵一句：“公、无、渡、河”，接着大声喝彩，叫一声“好”！然后再重复地念：“公、无、渡、河”，“好”！“公、竟——渡、河”，“好”！“渡河——而死——，当奈——公何！”“好，真好，实在是好！”梁任公这样自我陶醉地一唱三叹，一声高似一声，并无半句解释，朗诵赞叹过后，就高呼道：“思成，抹黑板，快抹黑板！”黑板擦过，这首古诗就算讲完了。闻一多给学生们讲述这个掌故时，自己也是脑袋转来转去，声音激越高昂，讲得满脸发红。这一阵热烈激昂的表演过后，闻先生把声音压低，两手一摊，说：“大师讲学，就是这样！”①

他的另一位学生熊佛西回忆他讲学：

> 先生讲学的神态有如音乐家演奏，或戏剧家表演：讲到幽怨凄凉处，如泣如诉，他痛哭流涕；讲到激昂慷慨处，他手舞足蹈，怒发冲冠！总之，他能把他整个的灵魂注入他要讲述的题材或人物，使听者忘倦，身入其境。②

三 梁启超与南开

在众多学术巨擘之中，梁启超与南开有着极深的渊源。③对于自己的施教经历，他对清华国学院时常表示有所不满，自觉没有达到“当初的预期”④，而对于私立的南开大学却始终满怀希望，兴趣盎然。1917年梁启超在天津一语惊人：“……国中兴学多年，明效尚未大著，使全国学校悉如南开，则诚中国之大幸……”⑤1921年9月，成立仅

---

① 吕峥. 力与命相持 第一公民梁启超[J]. 文史参考. 2010（23）.

② 刘东. 晚年梁启超[N]. 中国青年报. 2010-8-25（冰点特稿）.

③ 侯杰、姜海龙. 梁启超：站在南开的讲台上[N]. 中国人民政协报. 2004-8-12（6）.

④ 郭珊、唐蓓. 但开风气不为师[N]. 南方日报. 2010-6-2（A13）.

⑤ 马平. 假使全国学校悉如南开[A]. 沈卫星主编. 重读张伯苓[C]. 北京：光明日报出版社 2006. 75.

三年的私立南开大学邀请梁启超参加开学式。梁先生欣然前往，并在会上发表演说，盛赞年轻的南开："……我们要希望大学能办得欧美那样好，能发扬中国固有的学术，不能不瞩望于私立的南开大学了。南开师生有负这种责任的义务，如是南开大学不独为中国未来私立大学之母，亦将为中国全国大学之母。"

随后，南开大学聘请梁启超开办"中国历史研究法"讲座中国文化史，每周一、三、五下午四时至六时举行，后来每周又增加二个钟点。学校对梁启超先生的讲座非常重视，规定此科为文理商三科必修科目。梁启超本就文采飞扬，口才又极佳，每次演讲两三个小时之久，而毫无倦容，诚可谓诲人不倦；他的演讲受到南开师生的热烈欢迎，听讲者达数百人之多，几乎倾校而动，而且还有不少天津其他各校教员、学生前来旁听。梁先生授课非常认真，凡因事误课必定补讲；并且还进行正规的考试，考试第一次便收到 121 份答卷，几占全校学生之半数。讲座结束后，梁启超还同历史班全体学员合影留念，师生关系其乐融融。

天津梁启超饮冰室故居

梁启超不仅自己亲自到南开讲学指导，还充分利用自己在海内外的学术影响力邀请国外著名学者如罗素、杜里舒、泰戈尔等以及国内学界名流如张君劢、梁漱溟、蒋方震、张东荪等来南开讲学。

此外，梁启超还同张伯苓共同谋划解决南开的“轮回教育”事件，制定“土货化”南开的办学方向，殚思竭虑筹划在南开大学创办东方文化学院，更于1927年10月间，已罹病在身还亲为南开二十三周年纪念手书“弘毅”二字，并在《祝词》中说：“本校二十三周年大庆，敬写《论语》两字奉祝。频年丧乱频仍，全国教育破产，本校实岿然鲁殿灵光。任重道远，薄海属望。愿以此两字，与多士共勉也。”

在当时，梁启超毫不讳言对清华教育诸多不满，批评其程式化机械教学，“完全偏在智识一方面”，师生间缺乏充分的接触与交流①，却为何对南开“向往多年”，赞叹其“学风之佳”，以致“悉其子弟就读南开”②？

首先，他钦佩南开学校的两位创始人严修、张伯苓和教师们为振兴国家，培育良材而付出的辛苦与心血。

同张伯苓一样，梁启超幼年在接受传统文化教育的过程中，奠定了一生的爱国主义情怀。尽管他有生之年涉猎极广、兴致勃勃、激情万丈，一生所遭遇的全部荣辱、毁誉、成败、得失，莫不根源于一个“变”字，康有为斥其“流质易变”。但他的爱国之心始终未变，“先生四十年之脑中，固绝未忘一国字”③。梁启超生于广东新会，幼年时期，他的祖父梁维清任八品教谕，掌管广东新会教育工作，经常为他讲述历代豪杰、忠臣、志士、哲人的故事，并带他去新会南部厓山的大忠祠、北帝庙，瞻仰历史上的民族英雄文天祥、陆秀夫、张世杰和二十四忠臣的雕塑画像，讲述那些激动人心的爱国事迹。对于广东新会本地的南宋英雄陆秀夫誓死抵抗蒙古铁骑、最后在厓山背负小皇帝赵昺蹈海而死壮烈殉国的故事，梁维清总是讲述得义愤填膺。文人陈

① 郭珊、唐蓓. 但开风气不为师[N]. 南方日报. 2010-6-2 （A13）. 事实上，当时梁启超所批评的清华的这种教学风气，在国内的大学中非常普遍，比如据钱昌照先生晚年留存在“回忆录”里的一则史料说：“九一八”前，我在任国民政府秘书时，蒋介石对我说，北平有几个大学办得不好，要我去看看。我到北平视察了北京大学。当参观化学实验室时，我看到灰尘堆积、整个空气不振作。这所大学奄奄无生气。我在文理学院听了课，给我的印象并不佳。在天津，我看了南开大学，和张伯苓详谈，南开大学办得比较好，秩序井然。见马平. 假使全国学校悉如南开[A]. 沈卫星主编. 重读张伯苓[C]. 北京：光明日报出版社 2006. 77.

② 马平. 假使全国学校悉如南开[A]. 沈卫星主编. 重读张伯苓[C]. 北京：光明日报出版社 2006. 76.

③ 丁文江、赵丰田. 梁启超年谱长编[M]. 上海：上海人民出版社，1983. 1204.

恭尹赞叹陆秀夫等人崇高民族气节的厓山怀古诗作“海水有门分上下，江山无界限华夷”便深深印刻到梁启超的脑海中。国家危亡、内忧外患，其时流亡于国外的梁启超还有感于陆游《书愤》赋诗“辜负胸中十万兵，百无聊赖以诗鸣。谁怜爱国千行泪，说到胡尘意不平”。

结束流亡海外生活归国后，站在中西对比的立场上，梁启超深刻认识到要想拯救、改造中国必先对中国的病源有正确的认识。1901 年梁启超写成《中国积弱溯源论》一书，断言中国“所以积弱之故，其总因之重大者在国民全体”，梁启超随即提出了改造国民性的必要。1902 年梁启超开始在《新民丛报》上连载发表《新民说》，对中国人的劣根性进行了一次彻底批判。他痛斥中国以束身寡过主义为德育的中心，不讲公德，只顾一身一家的荣华富贵，不顾国家的兴亡盛衰；只知道有天下，不知道有国家，只知忠于君，不知忠于国，甘为一姓之家奴走狗；主柔好静，不尚竞争；依赖成性，缺乏毅力；自暴自弃，自贬自损，搪塞责任，缺乏独立人格，等等。在这部论著中，他还借鉴西方思想，系统地向人们灌输一套新的道德理想和价值观念，如权利义务思想、国家思想、生利思想、合群思想、尚武精神、进取冒险精神，以及自尊自重、自治自立、平等自由观念等等，力图造就与封建朝廷的臣民完全不同的一代新国民。由此梁启超成为在中国近代化的进程中，依次经历由器物到制度再到人的现代化的艰辛探索中人的现代化探索（亦即中国近代国民性改造思潮）的始作俑者①。从此梁启超坚持“教育救国论”，放弃为政生涯，决定以著述立传，全力从事于“培植国民实际基础的教育事业”，因嫌“京师太嚣杂”，遂定居天津，并将自己天津的书斋命名为“饮冰室”。“饮冰”一词语出《庄子·人世间》：“今吾朝受命而夕饮冰，我其内热兴”，讲一位叫沈诸梁的大臣，上朝时接受了皇帝交给的重任，事关国家安危，心中万分焦急，回到家中便饮用冰水来解心中烦躁。梁启超以此为斋名，并用“饮冰子”作笔名，意在表明自己忧国忧民之心。

近代中国，梁启超和张伯苓一个“舆论骄子”一个“行动巨人”，

① 米华. 梁启超新民学说与早年毛泽东国民性改造思想[J]. 船山学刊. 2001（1）.

共同的信念、共同的追求，志同道合使得他们同声共气，相应相求。1915 年 1 月 30 日，严修“约梁任公与伯苓相聚于醒春居”[①]。此后梁启超便开始了同张伯苓和南开的一段旧日渊源，直至梁启超离世。在与张伯苓的交往中，梁启超对于张伯苓等人不甘国耻、立志振兴教育的救国行为深感敬佩，在南开做的演讲中他激励南开学子以张伯苓为榜样，成就自己，报效国家：“张校长所为之事，非他人所不能为者。使诸君亦如贵校长，以造南开之力造一己之力，其发达何可限量。而全国最坏空气，或可借斯以廓清之，此诚国家无疆之福也。”[②]

其次，在当时社会背景下，南开注重“人格”培养的爱国教育与梁启超所持的教育宗旨英雄所见略同。

南开中学 41 级校友朱光亚 2011 年度被誉为“中国之光”感动中国人物。“奋力挺起民族脊梁的两弹一星功勋科学家”，纵览全局，心系祖国，中国核事业的领航人，保卫的是家，捍卫的是尊严，显示的是中华民族的铮铮傲骨！（陈章良）……肃然起敬，卓越功勋，他代表的群英，使我们的民族——自强，自信，自力，自尊！（阎肃）……面对祖国和人民所给予的崇高荣誉，朱光亚把自己的一生概括得很简单：“我这辈子主要就做了一件事，搞中国的核武器。”并说：“核武器事业是集体的事业，所有的一切荣誉都是集体的。我仅仅是其中的一员。”儿子劝他写份回忆录，他不写，原因很简单：“向后看，永远有缺憾，我不愿看到。”在他的眼中，自己对国家的贡献永远是不够的。白岩松回忆他采访朱光亚的感受：他就像我采访过的大人物一样，看上去他们什么都没干，总是那么的平易近人。看到听到这些，熟悉南开的人不禁会感慨：如此这样的校友为什么南开会有那么多？

在 2012 年中央电视台直播的“感动中国”颁奖典礼上，朱光亚的儿子朱明远在接受颁奖时引用科学家爱因斯坦说的一句话特别令人印象深刻：“他（朱光亚）感动的力量集中体现在对科学的热爱，对大自然规律的尊重。我记得爱因斯坦有过一句话‘很多人认为一个伟大

① 侯杰、姜海龙. 梁启超：站在南开的讲台上[N]. 中国人民政协报. 2004-8-12（6）.

② 马平. 假使全国学校悉如南开[A]. 沈卫星主编. 重读张伯苓[C]. 北京：光明日报出版社 2006. 76-77.

科学家的成就是靠他的才智，他们错了，是人格’。”

有什么样的学术人格就会孕育什么样的学术成就和学术人才。当社会各界高度赞美科学家为社会奉献出的科技创新成果时，人们更加注重的是他们在科技创新过程中所呈现出来的那种淡泊名利、志存高远、脚踏实地、耐得住寂寞、守得住清苦、经得住诱惑、受得住挫折的高尚人格。

哲学家维特根斯坦也曾说过：成就更主要不是来自才能，而是来自伟大而纯粹的品格。①

这已被科学研究所证明：确实如此。当今风靡世界的津巴多心理学明确提出：人的创新能力与人的智能是不同的能力，高智商不一定意味着善于创新，历来高智商水平的人中都不乏单调乏味、缺乏想象力的个体，而在具有平常智商的人群中却能发现富于创新能力的人。富于创新的个人通常会拥有一组特定的人格特质，主要表现在下述一些方面：

独立：高度富于创新的人能够顶住遵从常规思维方式的社会行为，至少在他们富于创新的领域是这样的。也就是说他们敢于做自己。

对于某个问题具有强烈兴趣：富于创新的个人还必须对其需要创新的问题具有极为强烈的兴趣。他们的头脑总是在思考那些吸引他们的问题。因人而异外部激励也许会让某些人更加积极，但最主要的激励还是来自内部，否则他们无法维持做出创造性贡献所需的对于问题的长期兴趣。

愿意重建问题：富于创新的个人不仅与问题做斗争，他们还经常对问题的本质提出质疑。比如，在来自芝加哥艺术学院的学生中，那些后来成为最成功的创新型艺术家的学生有一个非常突出的共同特征：他们总是不断地改变和重新定义老师布置的作业。

喜欢复杂：富于创新的人似乎被复杂性所吸引，这些复杂的情况在常人看来往往是一团乱麻、杂乱不堪的。不仅如此，他们还陶醉于在复杂中寻找简单的挑战。所以，富于创新的人或许会被其所在领域

① 转引自金木. 幼儿的品格教育更重要[N]. 天津教育报. 2012-3-12（学前教育专刊第1版）.

最大、最难和最复杂的问题所吸引。

需要刺激性的交流：最高级的创新几乎总是来自富于创新的人们之间的交流。在事业发展的初期，富于创新的人通常会找到一个导师，这位导师会加速他们在事业上的发展。①

并非从心理学理论角度而是从教育救国改善“国民性”素质的教育实践中，近一百年前梁启超也像张伯苓那样推崇爱国主义的“人格”教育。

何谓“人格”？“人格”（personality）一词源于拉丁文“pesona”，意指戏剧演员在舞台上所用的面具，代表剧中人物的角色和身份。据考证：“中国古代没有‘人格’这个词，但有‘人品’‘为人’‘品格’这些词。在中国古典哲学中，有独立人格的思想（虽然没有这个名词）。什么叫独立人格？就是指人自己有一个独立意志，它不受外界势力的压制。”②现代心理学从许多角度对人格进行了定义：让人在不同情境中和不同时期都保持一贯的心理品质。一个人的人格是由其天性和教养共同塑造的。③一系列复杂的具有跨时间、跨情境特点的，对个体特征性行为模式（内隐的以及外显的）有影响的独特的心理品质。④……其中有两个基本概念是一致的：独特性及行为的特征性模式。在缺少人格测验结果的情况下，人格特质可以根据所观测到的行为做出推断。例如，人们可能会认为马丁·路德·金具有和平地抵抗不公的首要特质；诚实是亚伯拉·林肯的核心特质；而麦当娜对于多变时尚的偏好是一种次要特质。首要特质、核心特质和次要特质应和谐共存于每一个身上，构成一个人不同于他人的独特人格，然而，这并不是每个人都能意识到的，只有 通过恰当的教育而逐渐显著起来的。

梁启超对于清华任教经历表示“不满”的主要原因是：他感到在

① [美]菲利普·津巴多等. 津巴多普通心理学（原书第5版）[M]. 王佳艺译，北京：中国人民大学出版社. 2008. 291.

② 张岱年. 中国古典哲学中的人格观念[A]. 张岱年全集（第六卷）[C]. 石家庄：河北人民出版社，1996. 487.

③ [美]菲利普·津巴多等. 津巴多普通心理学（原书第5版）[M]. 王佳艺译，北京：中国人民大学出版社. 2008. 404.

④ [美]理查德·格里格等. 心理学与生活（第16版）[M]. 王垒等译，北京：人民邮电出版社. 2003. 386.

清华师生间缺乏充分的接触与交流，忽视了人格培养。他心目中理想的教育形态，应是知识教育与人格教育的统一。①

梁启超所提倡的“人格”教育又是怎样的？本着爱国主义的信念，基于“民弱者国弱，民强者国强”以及“苟有新民，何患无新制度，无新政府，无新国家”的认识，在《新民书》中梁启超系统阐述了改造国民性、塑造理想“新民”人格的“少年中国的国民性改造方案”。在他看来中国国民的落后性主要表现为：奴隶性、愚昧、为我、好伪、怯懦、无动、爱国心薄弱、作旁观者等。改变这种国民性方法有二：一是淬厉其所本有而新之，二是采补其所本无而新之。（见《新民说·释新民之义》）新民人格具体包含的内容为有公德、国家思想、权利思想、自由思想、自治力、尚武精神、合群思想、义务思想、良好的私德等现代精神，其实质为“平民化自由人格”，就是“各因其性情之所近”使社会上每一个人均成为自身发展的主体得到全面自由的发展②，（用今天时髦的说法就是“做更好的自己”）。与传统儒家学者要使人成为圣贤不同，“平民自由人格”不是高不可攀的，而是普通人通过努力均可以达到的（也许有人会说雷锋我做不了，李素丽我也做不了，但做更好一些的自己却是每个人都能做到的）。然而无论是通过提炼、继承民族传统还是借鉴和吸纳西方文化来形成这种“平民自由人格”，日常教育都是举足轻重，不可或缺的最有效方式之一，用梁启超的话说“教育是什么？教育就是教人学做人——学做现代人”③。

教育如何教人做“新民”（现代人）？梁启超认为要在日常生活中教育人发展个性和群体性，“一个人不能发展他的个性，便是自暴自弃”，人是生活在社会中的，“道莫善于群，莫不善于独。独故塞，塞故愚，愚故弱；群故通，通故智，智故强……无群焉，曰鳏寡孤独，是谓无告之民”④。

---

① 郭珊、唐蓓. 但开风气不为师[N]. 南方日报. 2010-6-2（A13）.

② 李金和. 平民化自由人格——梁启超新民人格研究[M]. 北京：知识产权出版社. 2010. 11. 相关详细论述请参阅本书。

③ 梁启超. 饮冰室合集·专集之二[M]. 北京：中华书局. 1936. 61.

④ 李金和. 平民化自由人格——梁启超新民人格研究[M]. 北京：知识产权出版社. 2010. 237.

教育如何培养兼具个性和群体性的新民？梁启超在极力倡导“趣味教育”的同时，也十分推崇同样“具有生活源动力意义”的情感教育。[①]

人是一种情感的存在。人之所以具有特殊的意义和价值，就在于人的特有存在方式——“真情实意”。梁启超在继承中国传统情感教育的基础上提出,“真情实感”是对人的各种活动具有重要影响的启动器。“天下最神圣的莫过于情感：用理性来引导人，顶多能叫人知道哪件事应该做，哪件事怎样做法，却是被引导的人到底去做不去做，没有什么关系；有时所知的越发多，所做的倒越发少。用情感来激发人，好像磁力吸铁一般，有多大分量的磁，便引多大分量的铁，丝毫容不得躲闪，所以情感这样东西，可以说是一种催眠术，是人类一切动作的原动力。”[②]因此，梁启超将激发人的“真情实感”作为培养平民主体性的一条重要教育途径。

事实证明，梁启超的“人格”教育在一定程度上是成功的。南开大学周恩来研究室专家通过研究发现，一代伟人梁启超对周恩来的影响举足轻重。而这种影响正是始于 1917 年 1 月 31 日，梁启超受张伯苓邀请，到南开学校所做的关于“立一己之人格”的演讲，当时即将毕业的周恩来聆听了演讲，并以学生记者的身份作了笔录。[③]

梁启超“人格”教育的成功还体现在家庭教育中。从梁启超的外孙女吴荔明写的《梁启超和他的儿女们》一书，可以深刻地感受到他对于九个子女的爱，体现了梁启超儿女心中的慈父形象，丝毫没有不可抗拒的“严父”姿态。从对儿女的教育来说，他总是提供合情合理的建议，在一种父子若朋友的和睦气氛中，收到了因材施教的良好效果。

在他的教育下，他的九个子女个个道德高尚，才华出众，具有爱国主义精神，后来都成为对祖国有杰出贡献的人才。

在梁启超九个子女中，先后有七个曾到外国求学或工作，他们在

---

① 李金和. 平民化自由人格——梁启超新民人格研究[M]. 北京：知识产权出版社. 2010. 232.

② 梁启超. 梁启超全集（第十四卷）. 北京：北京出版社. 1999 . 4170.

③ 米镇波、韩少华. 梁启超影响了周恩来[N]. 天津日报. 2004-1-9.

国外都接受了高等教育，学贯中西，成为各行各业的专家学者，但是，他们中却无一人留居国外，都是学成后回国，与祖国共忧患，与民族同呼吸。抗战期间，梁启超的长子、著名古建筑专家梁思成和夫人林徽因在四川过着清贫的生活且又都疾病缠身，却仍然顽强地坚持在自己的工作岗位上。

不久前，梁启超最小的儿子梁思礼接受《江门日报》记者访谈时还说，"梁启超有个非常突出的思想——爱国爱乡，这个优秀传统都遗传给了他的后代。我从父亲那里继承的最宝贵的遗产是'爱国'，父亲生前曾说过'人必真有爱国心，然后方可以用大事'这句话奠定了我一生的理想基础。"①

梁启超画像

再次，梁启超以广博的见识以及不同学校学习任教的经历，"尤其对南开'学风之佳'一赞三叹"②。

南开在严范孙、张伯苓诸先生筚路蓝缕的努力创建下，由小学而中学而大学，以朴实、精进的学风和优秀的教学质量知名于海内外，这引起梁启超的高度重视和由衷赞扬。他曾多次以南开为范例阐述对教育的意见，特别是在他承办中国公学时，便常常引南开为先导与楷模；而且他对于南开的建设、发展也多所属意，尽心擘画。早在 1921

①. 梁思礼. 人必真有爱国心然后方可以用大事[N]. 江门日报. 2012-5-25（A15）.

② 马平. 假使全国学校悉如南开[A]. 沈卫星主编. 重读张伯苓[C]. 北京：光明日报出版社. 2006. 76.

年，他亲撰《为南开大学劝捐启》指出，“大学教育之设施及扩充，为我国目前最急切之要求”，而普及大学教育，则不可不以私立为官立之助；私立大学有诸多优点，“在我国教育史上，若宋之鹿洞、明之东林，其性质皆为私立大学，而一朝文化系焉。方今百度更新，兹事需要，益如饥渴。而十年以来，完善之组织尚未有闻，斯亦士大夫之羞矣。南开大学者，其基础建设于中学之上。南开中学之成立有十七年，……学科之完善，校风之粹美，既已为海内外所同认。三年以前，主校事者鉴于时势要求，深感进设大学之必要。藉各方面有力之赞助，幸而获成，分置理商文矿四科，历级已届三年，注弟子籍者将及四百，规模粲然具矣。……某某等为公为私，皆深感南开为我教育界之一元气”。

梁启超只是说“南开校风粹美”，并未深入展开描绘，那么南开校风究竟是怎样的呢？“大学之风，无声无形；大学之风，常在常新”[①]。一所学校的学风是学校自身独特个性文化的体现，是从学校创建、发展的历史过程中不断日积月累而形成的一种精神风貌与校园环境相得益彰、融合一体的一种风格，既是有形的又是无形的，既看不见，又无处不在，很难以寥寥数语概括清楚，但却能让人感受到从学校的教师学生身上，从学校的一草一木中无不打上校风的烙印。就像在战火延续的岁月，南开师长们联手守护着南开这一方学习的净土，坚毅、勤勉，把一批批稚气孩童培养成爱国青年，在恶劣的环境里端正地成长，就像张伯苓校长说的：“你不戴校徽出去，也要让人看出你是南开的。”[②]

本着“教育救国”的信念，梁启超在许多教育问题上与张伯苓有着共识，比如：爱国主义教育、西方教育思想理论的“中国化”、改善国民性教育、人格培养教育、情感教育、趣味教学……从丰富的学校任教经历和对他自己九个子女的教育中也可以体现出梁启超教育实践的成功，而且从梁氏“家风”树立到贯彻整个学校教育全过程的庞大南开教育体系的“校风”建设来看，张伯苓的作为完全有理由得到梁启超的由衷赞叹和钦佩。

---

① 赵婀娜. 访南开党委书记薛进文：大学之风 恒久绵长[N]. 人民日报. 2012-3-16（6）.
② 齐邦媛. 巨流河[M]. 北京：三联书店 2010. 76.

梁启超的孩子们

梁启超和张伯苓无疑同属于高智商人士（梁启超少年时便有“神童”之称，张伯苓则被称“天赋奇才绝顶聪明”①），但他们凸显智商的领域明显有所不同。如果以贯穿中国文化史的“知行问题”问题来看，在中国近代，作为百科全书式的巨擘梁启超无疑是不折不扣的“超级”知识分子。然而正如明代王守仁所言“知是行之始，行是知之成”，认识到不一定行得通，“非惟不见其成，或乃受唾受骂，虽有口舌而无以自解”②。比如，尽管对民主共和制度以后的宪政前途，梁启超有着深刻而独特的认识，但终其一生而言，梁启超都是软弱的中国民族资产阶级的政治代言人和社会文化的精神代表，因之，乃师责其“流质善变”、同门笑其“司马之心”、时人斥其“阴谋家”“搞派系”、甚至辱其为“亡国文妖”③，虽有言语过激之嫌，不过梁启超自己也承认“所做的事常常失败，可以说没有一件不失败”。而张伯苓却不同，从白手创建南开体系来看，他确实是真正达到了“知之真切笃实处即

① 宁承恩．张伯苓先生天赋奇才绝顶聪明[A]．沈卫星主编．重读张伯苓[C]．北京：光明日报出版社．2006．404-410．

② 黄跃红．“过渡时代”梁启超的知行特征分析[J]．求索．2012（4）．118-120．

③ 黄跃红．“过渡时代”梁启超的知行特征分析[J]．求索．2012（4）．118-120．

是行；行之明觉精察处即是知”（王守仁《传习录中·答顾东桥书》）的“知行合一”境界。

梁启超出生于教育氛围浓厚的官吏之家，虽非大富大贵却自幼衣食无忧，加之自幼便有“神童”之称，17岁中举，为主考官所赏识，将其堂妹许配给他，可谓少年得志。尽管在从政生涯中遇到一些坎坷，但总体一生比较顺畅。在其“趣味主义”人生观指导下，总是满怀热情地求索新知，开拓新的学术领域，“开出新激流，撼动全国人心”[①]。梁启超不但感情丰富，而且时时率真而为，仿佛时时用一言一行张告世人：我就是我！不化妆，不修饰，不作假。“为人和蔼可爱，全无城府，一团孩子气”[②]。

张伯苓生于破落的商人家庭，日常生活举步维艰，天津文化的熏染，加之在政局混乱的岁月开办南开的艰辛“拓荒”经历，使他在待人接物中逐渐养成了坚毅、刚强、圆通、策略、凡事讲求成效的行事风格。他的乐观性格、远见卓识、无尽的热情、洁白无瑕的道德品质[③]……都靠着他“一步一步踏实地做”而显著起来，为世人所崇敬。

梁启超所倡导的注重“人格”培养的爱国主义教育，到了张伯苓开办的南开学校都化作了校风学风建设中每位师生日常生活中的点滴行动。

“人格”是一个整体概念，并非单纯是心理现象或伦理现象。从整合的意义上说，我们可以把人格界说为在社会实践中形成的人的内在综合品质特质及其控制机制和思想、性格、行为等的惯常模式；作为个体的人，人格就是他本身，一个人的人格是怎样的，这个人的人生形象、人生价值就是怎样的；人格问题说到底，就是做什么样的人和怎样做人的问题。每个人的人格都是独特的。正是由于来自社会实践的综合人格特质的独特性，由于人们惯常的思维模式、性格模式、行为模式等的不同，即由于个体人格的不同，使这一个人与其他的人

---

① 夏晓虹. 追忆梁启超[M]. 北京：中国广播电视出版社 1996. 262.

② 邵纯. 梁启超的独特风采[J]. 炎黄纵横. 2012（4）. 20-21.

③ [美]司徒雷登. 张伯苓是一个拓荒者[A]. 沈卫星主编. 重读张伯苓[C]. 北京：光明日报出版社. 2006. 371.

区别开来。既然不同的人具有不同的人格，那又是什么样的校风学风建设使得南开的学子具备了某种相同或相似的“人格”特征，让他们不戴校徽也会让人知道是南开的？比如，面对日本疯狂的侵略，南开每个学生都有坚定的信念“中国不会亡”，没有一个当汉奸；在被“文革”批斗时还要把脸剃干净，把背挺直；箱子、抽屉，所有的东西都是井井有条；合群善于团结人；廉洁自律，淡泊名利……

校风建设非一日之功，南开学子所普遍表现出的文化修养和精神风貌源自于张伯苓校长从生活细微处进行的日常行为习惯培养，南开制定了《学校卫生习惯自省表》和《学生每日生活的正规》等，从学生早晨起床到晚上就寝，一天的生活、学习、饮食、运动、娱乐的规范条例，使得像“今日早晚及饭后刷牙否？今日按时大便否？今日做激烈运动否？今日饮水几大杯？睡时开窗否？……6 点 1 刻醒来，想想今天应做什么事。（习惯了，到时自然醒来）7 点 20 分吃早餐……12 点午膳不要忙，要细细的嚼，食毕漱口）”①……学习生活细节均可让学生有行为标准参照执行。

当时地痞流氓到处横行，大烟馆、赌局、妓院充斥的天津“三不管”区域就在离南开不远的南市周围，为了防止南开学子受到不良习气熏染，张伯苓除了制定严格校规，将饮酒、吸烟、赌博、早婚、嫖妓等事，规定为严厉禁止，犯者退学，绝不宽恕。还鼓励学生在假期尽量留校，自行组织成立“乐群会”，开展有益的活动，过有规律的生活。学校还经常召开家长会，同家长沟通南开的教育理念，协同学校和家长的力量，培养学生好的生活作息习惯，“一好习惯，即将来之一好人格，一有用之学生”②。此外，张伯苓主张校风建设的根本在于“引导学生自动力”，南开的教育宗旨“在使学生‘自动’‘自觉’，自负责任以求上进；于是造成一种良好校风，而全校学生于不知不觉中随之亦好”③。由此，经年累月，每当新生入学，学校教师和学长的自觉行动都会在无形之中成为新生的榜样，不劳教员之管理，浸久而

① 梁吉生．张伯苓教育思想研究[M]．沈阳：辽宁教育出版社，1994. 112-115.
② 崔国良．张伯苓教育论著选[M]．北京：人民教育出版社，1997. 27.
③ 崔国良．张伯苓教育论著选[M]．北京：人民教育出版社，1997. 205.

成一完全独立之人格。

四　立人为本

（一）不戴校徽也看出是南开的

梁启超作为南开的“向往者”，在定居天津后一直保持着与南开的密切交往，以他的感号力及长期在南开从教的经历，他的“趣味至上”的人生哲学和张伯苓的“会玩的学生才会学习”互相之间很难说得清是谁影响了谁，谁被谁影响。不过梁启超将子女送到南开上学，后来均称为建设国家的杰出人才倒是成为梁启超“所做常失败”的一生中最为显赫的一个成功，这不仅是梁启超的成功，也是南开的成功。事实上，当时不只是梁启超，很多名人如熊希龄、黄兴、冯玉祥、段祺瑞、黎元洪、袁世凯、胡适、沈钧儒、叶圣陶、邹韬奋、陶行知、张学良、吉鸿昌、张自忠、翁文灏等都把自己的子弟或亲属送到南开来读书，张伯苓自己的孩子也在南开读书。无论这些名人自己最后的结局如何，他们送到南开来读书的子弟们中没有一个当汉奸的。

任何一名稍具心理学常识的教育者都不会否认，人的成长发展是由遗传和教育共同决定的。那么，是什么样的教育使得来自不同家庭、拥有千差万别遗传素质的学子们拥有了共同的特征，“不戴校徽也能看出是南开的”？这不能不说是南开教育的奇迹。

遗传和教育的作用向来是学术界争论不休的话题。尽管现代几乎不会再有人相信“历史学之父”古希腊历史学家希罗多德关于在农夫家里长大的塞罗斯（Cypselus，波斯帝国的缔造者，前559—529年在位），在12岁那年由于举止与周围环境不符的高贵而被祖父认出的故事，但我们也不得不承认人与人的差异往往是不能单纯用所受的教育环境影响所能够解释清楚的，就连俞敏洪在面对北大的同学时都不禁感慨：有的人生来就是“雄鹰”，而有的人却只是“蜗牛”。

18世纪法国启蒙思想家、唯物主义哲学家爱尔维修提出“人受了什么样的教育，就成为什么样的人”，于是人们把他与声称“可以用适当的教育将一打健全的儿童培养成为医生、律师、乞丐、盗贼”的美国心理学家华生归为同类，并冠名为“教育万能论者”。甚至，在很多我们接触到的教育学教材中追根溯源将爱尔维修作为同类“教育万能论者”中一个具有标志性的“代表人物”，进行批判。直到今天，我并不认为这种批判是错误的，因为对于教育与遗传对于人的作用需要我们有一个科学的态度，那就是，我们至少应该承认迄今为止，人类对于天生能力的分布和遗传规律依然知之甚少，或者根本上是无知。更主要的是无论是爱尔维修还是华生或者是其他一些“教育万能论者”，他们并没有做给我们看，教育是怎样成就人的，或者进一步告诉我们将一打健全儿童培养成牛顿或爱因斯坦的“适当的”教育究竟是怎样的。

“人受了什么样的教育，就成为什么样的人”，张伯苓做到了。南开不仅是走出的几位总理，多少位院士，多少位科学家……更重要的是从南开走出的每一个学生都成了不戴校徽也让人认得出的“南开人”。“很多南开校友，走在街头，掺杂于人群中，从其举止仪态也会被认出是南开的学生”①。比如，抗战初期，有一次一架飞机在兰州简陋的机场降落，它陷入泥泞。几位身穿西服的工程师一下了飞机就用力推。忽然有人问：“你们是南开的吧？”事后证明果然没有错②；人是文化的产物，只有把张伯苓个人的这一创举放入当时近代中国先进知识分子的总体之中考察，才能对这一“南开奇迹”有更加清楚的认识。

张伯苓、梁启超等一批近代先进知识分子都诞生于灾难深重的中华民族最危急的岁月，拯救民族危亡，将任由他人宰割暗无天日的中国改天换地到自己人民当家做主的光明中国视为他们义不容辞的职责。这些知识分子或出生于贫苦家庭孜孜求学成绩优秀，或出生于知识世家从小饱读诗书满腹经纶，或来自于豪门大家深感家仇国恨发奋读书，其家庭背景、成长历程各有不同，但他们都是在深深感受到人

① 康岫岩．生命因教育而精彩[M]．北京：高等教育出版社 2005. 68.

② 李凡．中国需要更多的张伯苓[A]．沈卫星主编．重读张伯苓[C]．北京：光明日报出版社 2006. 90.

民的苦难、国家的危亡，在时局混乱的年代投身救国事业的。他们怀着对中国富强、国家昌盛、对理想、对光明未来的真诚追求，尽管他们意识到或许自己来不及享受艰辛努力所获得的成果，但他们相信，因自己的艰辛努力定会拯救他人，拯救后来者，拯救未来中国，让他人享受自己艰辛努力的成果——“幸福度日、合理做人”。鲁迅所描述的“中国觉醒的人，为想随顺长者解放幼者，便须一面结清旧账，一面开辟新路。自己背着因袭的重担，肩住了黑暗的闸门，放他们到宽阔光明的地方去；此后幸福的度日，合理的做人。这是一件极伟大的要紧的事，也是一件极困苦艰难的事”[①]。这是他们共同心愿的写照，坚定的信念使他们不畏艰辛，义无反顾地做好了牺牲自己一切的准备。

立身社会全面转型时期的近代中国，在救亡图存的时代背景下，众多的知识分子大都以其敏锐的感知洞察到了救国图强只能根源于本国的社会变革，而社会变革的根本则在于人性的改造和人的变革。他们从探讨“国民性”开始，揭示旧时代国民性中的缺陷、不足是误国损人害己的根源，“幸福度日、合理做人”作为他们为之奋斗的共同目标，而前提依旧脱离不开“树立新人”。

张伯苓是个急躁的人，他不仅意识到改造“国民性”以“树立新人”的重要，而且他情愿付出一切去践行“立人”事业。他开办南开是“艰难”的，但他就是要在自己有生之年，亲眼看到在黑暗、混乱的半殖民地中国，在他亲手开办的南开这一方净土里有一群群朝气蓬勃的中国青年能够“幸福度日、合理做人”。张伯苓又是个从传统中国走出来的人，如何育人，他依旧因袭着中国文化传统的途径——己立立人、己达达人。

张伯苓的父亲张久庵自幼兴趣广泛，善于与人交往，个性突出，喜欢弹琵琶、骑马射箭等时人视为“旁门左道”的技艺，甚至到了痴迷的地步，表现出极高的天赋。他擅长骑射，精通乐器，吹、拉、弹、唱，无一不精，其中尤以弹奏琵琶堪称一绝，具有高超的演技。在艺术欣赏水平较高、对艺人表演技艺颇为挑剔的天津观众中也小有名气，

① 鲁迅. 鲁迅全集[M]. 第1卷. 北京：人民文学出版社，1980. 140.

津门时人一般都称他为“琵琶张”。但他一直在科举功名上一无所得，有研究认为，由于张伯苓祖父张筱洲生前费尽心力参加科举考试却屡试不中，最终留下年仅九岁的张久庵，落得个疯癫而死的悲惨下场，此事对张久庵造成了很深的心理创伤，导致他日后对于科举功名的不屑和强烈的排斥①。其实，今天我们根据加德纳的“多元智能”理论完全可以想象，一个音乐智能、身体动觉智能极为出色的人，不同时具备相同程度的语言智能、逻辑数学智能是一件多么正常的事，或者对于当时私塾死板教条的死记硬背教学方式产生抵触亦在情理之中。

父亲的遗传或是熏染，使得后来张伯苓和张彭春等兄弟姐妹也多有体育和文艺方面的兴趣爱好。而张伯苓在北洋水师学堂求学的经历，也使他深切感受到了中国传统教育的沉闷、僵化和西方知识文化的鲜活、跃动与实用所形成鲜明的对比：一边是整天摇头晃脑地背诵着“之乎者也”，一心只读圣贤书，半步不离教室，根本不知道社会为何；而另一边则是学习西方的语言文字和各种知识、技能，还到室外跑跑跳跳、操练起来，以军事救国为立志，孰是孰非，了然于心。他不仅自己在求学生涯中做出选择，而且他也要在南开“树立新人”中做出选择。他多次表示南开是要造就“活孩子”的，不是造就“死孩子”的。“只知道压迫学生读死书的学校，结果不过是造出一群‘病鬼’来，一点用处也没有。假如只知道抱着书本来念，只计算分数的多少，课外的事毫不关心，也无兴趣，那就成了‘死孩子’了。”②1934年南开中学在河北省会考中，学生考试成绩不佳，张伯苓全然不在乎外界的社会舆论，不仅不忧虑反而很高兴。陶行知听闻此事大加赞赏，还专程从南京到天津来向张伯苓贺喜，恭贺张伯苓南开教育志在“立人”，不以考试成绩为目标，标志着南开教育的巨大成功，“什么学校最出色，当推南开为巨擘”③。

① 侯杰、泰方．百年家族：张伯苓[M]．石家庄河北教育出版社 2004. 10.
② 马建强．中国近代新教育的先行者[J]. 2004（5）. 52-53.
③ 赵静．甘于贡献，勇于创新[J]．教书育人. 2005（1-2）. 124-126.

张彭春

当然，尽管张伯苓开办南开，用实际行动做到了“人受了什么样的教育，就成为什么样的人”，但他无论如何都不是一个“教育万能论者”，在终生对教育抱有坚定信仰的基础上，他不仅相信教育可以“树立新人”，培育救国强国人才，通过人才培养健全社会道德，改变社会状况，挽救危亡中的国家；他还相信遗传素质的差异，重视学生主观能动性在其发展中的重要作用，尊重学生的个性，并把发展学生的个性放在南开办学的突出地位。

20 世纪 40 年代张伯苓当选为国民党中央监察委员。重庆南开有个 15 岁的学生对此写了篇题为《走错了一步棋的张伯苓》的文章，发表在重庆的大刊物《新闻天地》上。张校长十分赏识这个学生：“不管他说得对不对，才念高一就敢在杂志上指名道姓地批评他的老校长。这说明他没白念南开，也说明我们南开教育的成功。”①

（二）“爱”的教育“立人”为先

尊重学生的个性，体现的是对学生的爱。没有爱就没有教育，然而只有爱也不是教育。2012 年第 2 期的《班主任》杂志上刊登了一个讨论专题：“学生总是感受不到老师的爱，怎么办？”陕西的何建提出：

① 张伯苓. 张伯苓的隽言妙语[N] 今晚报. 2004-7-10.

一项调查显示，95%的教师都说自己爱学生，但 90%的学生却认为教师不爱他们。的确有些老师不是真心爱学生，甚至不尊重学生，然而，多数老师认为自己是爱学生的，所做的一切也都是为了学生好，但就是想不通为什么学生感受不到老师的爱，反而常常把这一切看成老师是在“为难”甚至“刁难”自己，是在和自己过不去。那么，作为老师，我们到底应该怎么做呢？①

问题的根本在于：究竟什么是爱？“爱”是个抽象的词汇。不同的文化、不同的社会关系、甚至不同的情境都会赋予它不同的含义，因此，也造成了“爱”经常被不恰当地运用。不是说社会上每个人都要对“爱”进行深入研究，先了解它的本质含义之后再谈论“爱”，但现实中的确是有很多的人误解了“爱”、滥用了“爱”。

爱的本质是什么？美国心理学家罗伯特·斯腾伯格提出爱的三元素：激情、分享感情、承诺。三元素共同的基础是：相互与平等，也就是说“爱不是单方面而是双方面的”，爱的基本前提在于爱的双方都具有自己的独立性，既不过分依赖对方亦不苛求对方。②

我们经常会看到有很多人饲养宠物狗，与它交谈、玩耍、生病了会请假放下工作学习带它到宠物医院，亲切地呼它“儿子”“女儿”，买它喜欢吃的香肠、火腿、黄瓜、胡萝卜精心烹制给它吃，给它洗澡、梳毛、做衣服。特别是对于一些孤单寂寞失落的主人来说，宠物狗已经成为日常生活中不可缺少的部分，它似乎已经成了那些人生命中的一部分，这不是爱又是什么？事实上这确实不是爱，原因很简单，因为这一切都只是单方面以饲养者的意志为中心的活动。他们希望宠物狗陪伴他们，慰藉他们的心灵，寄托他们的情感，以他们的欢乐为欢乐，为他们的悲伤而悲伤，一厢情愿将他们自己的想法和感受投射到宠物狗身上。如果他们真的觉得这是一种“爱”，说到底也不过是“爱自己”，他们的种种付出不过是想要满足自己的需要而已。

为什么多数老师的爱学生感受不到？美国心理学家威廉·格拉瑟

---

① 何建. 学生总是感受不到老师的爱，怎么办？[J]. 班主任，2012（2）. 12.

② [美]菲利普·津巴多等. 津巴多普通心理学（原书第 5 版）[M]. 王佳艺译，北京：中国人民大学出版社，2008. 538-539.

（William Glasser）曾做过一个“学业失败”和“婚姻失败”的类比。老师感觉自己是爱学生的，夫妻双方也是因爱而结合的，但结局为什么会导致令人沮丧的失败？

约翰（John）14 岁，在学校表现糟糕。他憎恨任何与学校有关的事情。去年，他学业未合格，今年十有八九还会不合格，在美国 6—16 岁的孩子中可能有 500 万与约翰一样的学生。

珍妮特（Janet）43 岁，数学教师，教龄 20 年。她是自认为爱护约翰全力帮助约翰而没有成功的教师之一。了解珍妮特的人都认为她热情能干，由于对教育学生投入过多，5 年前，在结婚 15 年后，珍妮特离婚了。无疑，婚姻失败是一个很大的问题，它给人带来的痛苦甚至超过学业失败所带来的痛苦。

如果不相信约翰和珍妮特的问题具有相似性，请听听他们的说法。约翰说：“我在学校做得不好是因为没有人关注我，没有人听我说话，在学校很无聊，而且他们总试图让我做一些我不想做的事情，却从来不设法找一些我想做的事情。”珍妮特说：“我的婚姻之所以失败，是因为他对我关注不够，他从不听我的想法，我们之间的快乐越来越少，他从不想做我想做的事情，却总试图让我做他喜欢的事。”①

他们共同的感觉是“被遗弃”。为什么我们会令我们口口声声说我们爱的人产生这样的感觉？原因很简单：因为那个被我们“爱”的人不喜欢我们“爱”他（或她）的方式，因此引起他（或她）采取极端的行为。事实上他们心里很清楚：即使这么做会毁掉自己的生活、对方的生活或“爱”与“被爱”两者双方的生活，他们仍然要那样做。目的只是为了摆脱一系列的“苛求”甚至“刁难”，而这些恰恰是原本被我们自认为是“爱”而给予对方的。

现实中，有很多做事干练、事业成功的家长、老师常常对孩子对学生要求甚高。为了不让孩子输在“起跑线”，为了自己所带班级的学生成绩优秀，他们不停地指责孩子，要求学生，“手型、手型，注意手型！”“手腕别拱！”“指法！注意指法不要错！”“又错音了，重来！”……

① [美]威廉・格拉瑟. 学业失败与学业成功的新视角[A].[美]阿伦・C・奥恩斯坦等. 当代课程问题[C]. 余强主译. 杭州：浙江教育出版社. 2004. 330-331.

对于很多孩子来说，在弹琴的时候经常可以听到老师和家长这样的大声叫喊。于是有许多孩子有了这样的体验：只要一弹琴，精神就高度紧张，每一根神经都绷得紧紧的，生怕出差错。因为他们一丝一毫的差错都逃不过老师或家长的“火眼金睛”。他们被要求像一部精密的机器一样，弹琴时的每一个动作都必须是没有误差的，必须绝对精确，完美无缺。

家长、老师这样严格要求难道不是为了孩子好？难道不是出于对孩子的“爱”，可是这种爱在孩子看来却是避之不及的“苛求”。这些“高标准”“严要求”给孩子们带来反复的、枯燥无味、机械化的乏味练习，磨灭了孩子们对于学习音乐的新奇感和兴趣。一味地要求、一味地打击孩子，还会造成孩子心理上的自卑，无异于是在慢慢毁掉孩子的自信心。孩子成长进步的内部动力，来自心理上不断做出的自我肯定，过分苛求造成孩子失去安全感，心理压力增大，进而产生“被抛弃”的感觉。

一味苛求的反面是一味给予。就像母亲担心孩子营养不足，恨不得把很多高营养品一股脑塞到孩子嘴里一样，教师为了学生学习更多的知识，不顾辛苦滔滔不绝地讲，恨不得一下子就把所有重要的知识灌进学生头脑里；就像父亲花掉大量的金钱，为孩子购买满屋子的玩具一样，教师为了学生更好地掌握知识，找大量的习题让学生练习；像有的父母对孩子的一切有求必应一样，教师为了保护学生的自尊心、自信心，对学生的错误行为不敢批评，甚至不敢在学生做错的习题上打“×”。

教师无论是一味苛求还是一味给予都是把培养学生看成了教师本人自我实现的唯一途径，教师往往会觉得如果能成功地把学生培养成一名优秀的人才，就是自己做教师的成功，教师常把自己的价值完全依附于学生身上，只有学生成功了才能证明他们自己的成功，学生失败就是他们的失败。于是教师将成就自我的压力全部转移到学生身上，不管是强迫学生学习，过分苛求学生，还是唯恐伤害学生，为了满足学生的自尊心和自信心，给予学生过多，都从根本上阻碍了学生独立判断力的形成，阻碍了学生自我个性的发展。相应地，如果学生没有独立的判断力、没有自我个性，他们就很难形成独立自主的人格，很难和我们“相互平等地”分享爱的情感，甚至他们缺乏独立判断的能力，根本分辨不出什么是“爱”、感觉不到我们的“爱”。“真正的爱，不是单纯的给予，还包括适当的拒绝、及时的赞美、得体的批评、恰当的争论、必要的鼓励、温柔的安慰、有效的督促”。学生是人，人不同于宠物，爱学生根本在于为使学生真正学会自立、允许学生有独立的思维和意志，“因为真正的爱的本质之一，就是希望对方拥有独立自主的人格”①。缺乏独立自主的人格就难以形成个人独特的个性，事实上，正如爱因斯坦所说：“任何一种伟大高尚的事物，无论是艺术作品还是科学成就，无不来源于独立的个性。”②“个性的多样性、首创精神、甚至是爱好挑战，这一切都是进行创造和革新的保证……一个没有个人独创性和个人志愿的规格统一的个人所组成的社会，将是一个没有发展可能的不幸的社会”③。

一个人能够拥有独立自主的人格除了遗传因素之外，最重要的还在于他（或她）所受到的教育。教育中“具有良知的教师永远把学生人格精神的发展看作是第一位的”④。至于不同的教育者究竟如何通过教育影响人的独立人格形成，这一命题在不同的心理学分支学科的研究中各有不同的研究探索。强大的内在驱力塑造人格并引发行为，这种观点在所有心理动力学的人格理论中都很普遍。⑤也就是说，无论什么样的人格形成最终都离不开人的主动发展愿望。

因此，父母若是爱孩子就要从小放手培养他“自己的事自己做”，老师若真正爱学生们就应该首先让他们学会“独立思考”。一味苛求不是爱，一味给予也不是爱。爱，是复杂的行为，不仅要用心去爱，还要用脑去爱。真正的爱也不总是一团和气、一味顺从，还会有必要的冲突、果断的拒绝、严厉的批评。而这一切的关键不过是，首先允许

---

① [美]M·斯科特·派克. 少有人走的路[M]. 于海生译. 长春：吉林文史出版社，2007(75-76).
② [美]杜卡斯·霍夫曼. 爱因斯坦谈人生[M]. 世界知识出版社，1984. 78.
③ 联合国教科文组织. 学习——内在的财富 M]. 教育科学出版社，1996. 86.
④ 金生鋐. 教育的终极价值与教师的良知[J]. 教师教育研究 2012（7）. 1-6.
⑤[美]理查德·格里格等. 心理学与生活（第 16 版）[M]. 王垒等译，北京：人民邮电出版社，2003. 394.

对方“成为他（她）自己”。

（三）南开的“立人”教育

作为一代人师的教育家张伯苓无疑是“爱生”的典范。[①]为什么他能在南开经费短缺运行困难的时候，对于北洋政府和外国教会的大笔收购，不为所动？为什么将捐助人 5000 两银子捐助学校和其子女上学分得一清二楚？还减免贫困学生的学费？他明确表明绝不开学店、绝不把南开办成赚学生钱的产业？原因就在于南开把“立人”放在首要位置。

重庆南开中学旧貌

在张伯苓眼中，学生是最重要的。南开困难的时候，他宁愿在冬天自己受冻也要把煤留给学生取暖，南开的一切都以学生的利益为先，他对学生们的关怀无微不至，却告诉学生要像花和树一样“自己长”，要努力干，化无为有，化不能为能。

至今，很多南开校友在讲述他们的南开生活时，都会特别提到“南开学生在自由自主的环境中成长、南开学生的独特禀性”。南开鼓励学生自由思考，自由发展，自由选择，从不同方向培育人才，既人才辈出，又品种多样。以南开中学的教育为例，中学教育是不分文理科的，实施通识教育（general education），主要有三大领域，几乎涵盖了教

① 周满生. 爱国、爱教、爱校、爱生的典范[A]. 沈卫星主编. 重读张伯苓[C]. 北京：光明日报出版社 2006. 270-274.

育教学的所有科目：

人文社会学科——学习哲学、伦理学、政治学、法学、社会学、语言、文字、文学、艺术、历史、宗教等学科。

自然科学理学学科——学习数学、天文、物理、化学、地学、生物等自然科学。

商学学科——学习商业知识、经济学、簿记学、财务学、保险、汇兑、公司理财、商业英语、统计学等学科。

学生毕业后，成长为不同品种的人才，竟然不是一个模子刻出来的。南开中学学生成才走向，可以划分为许多类型：国家元首、国家总理、著名政治官员、诗人与作家、影星、大学校长、大学教授、高科技工作者、功勋科学家、各类院士、国际知名学者、名医以及为数众多的各行各业普通工作者。他们秉承南开精神，在各自的工作岗位中兢兢业业、艰苦奋斗、埋头苦干、不计得失、开拓创新，为国家的繁荣富强贡献了自己的一切。

作为一名教育家，张伯苓运用聪明才智，使南开在国共两党尖锐斗争期间，超脱于外，竭力保持南开坚定不移的爱国导向和相对独立的自由学术气氛，让师生有更多时间和空间去自由思考，自由讨论，自由选择，“南开既可以产生‘五虎’篮球队，又能培养出话剧家曹禺和张彭春。张校长常常在学生集会上称道，南开出了个周恩来，出了个金焰（20 世纪 30 年代的中国影帝），他们会演戏。这种话看来似乎很平淡，其实意义深邃，以通俗语言阐述了张伯苓教育思想的深刻内涵”[①]。

不仅如此，张伯苓的这种教育理念和实践也被众多的南开校友传承下来，并在现实生活的各个方面加以运用。比如，原南开教师老舍的儿子舒乙曾讲述过一个关于老舍和一群瞎子的故事：

新中国成立初，老舍在北京市文联工作，在他住的房子不远处有一个破旧的庙宇，里面住的全是平日以乞讨、卖艺为生的瞎子，一共近 40 名。当时全国刚解放不久，人们的生活都不富裕，正常人连养家糊口都很不易，也就很难有能力去接济瞎子们，因此瞎子们的生活非

① 刘东生. 学高为人师 身正为人范[A]. 沈卫星主编. 重读张伯苓[C]. 北京：光明日报出版社 2006. 16-17.

常艰难，挨饿受冻是常有的事情。

每次经过瞎子庙，他的心便感到隐隐作痛，想要尽自己的所能，帮帮这些可怜的人。但他也深知授人以鱼不如授人以渔的道理，简单的几次接济根本解决不了瞎子们的根本生存问题，必须得给他们找到一份足以谋生的活计。

于是，他不顾外人的反对，暂时放下手头的工作，花了近两年的时间，每天往返于家与瞎子庙之间，把瞎子们都组织了起来，并自掏腰包，买了多件乐器，将其中那些会拉唱弹奏的，组成了一个乐团，进行集中培训，给予合奏配合上的种种指导。忙了一天，晚上回到家里，他还要熬夜为乐团写歌，编排适合他们演奏表演的曲目。

等这一切完成后，他又忙着联系演出单位和场所，并说服对方给予一定的演出报酬……而对那些没有任何才艺和特长的瞎子，他则通过各种关系，不惜低下身份到处求爹爹拜奶奶，最终靠着自己的"面子"和关系，把他们一个个安排进周边的橡胶厂、皮革厂、印刷厂和服装厂里。为此，他都跑烂了好几双布鞋。

好在，他的努力和奔走有了成效，庙里几乎每个瞎子都有了一份足以养活自己的工作了，因为有了稳定收入，很多瞎子的生活状况有了巨变，先后搬出了原先破旧的庙宇，住进街上条件更好的房子里，瞎子庙也从此被废弃。

这之后，每当他很晚下班从街上路过时，住在街上的瞎子们都会不约而同地放下手中的活，点亮屋内的灯，然后站到各自的大门口前，只为跟他打招呼，问声好，为他照亮门前的那段路，如同迎接自己的亲人归来一般，而这几乎成了那条街道上的一道不变的温馨风景线，一直持续到他终老的那一天，从未错过一次，瞎子们都说，那是因为他们能听出他的脚步声。

南开具体是从哪些方面来实现其"立人"教育的？

1."开辟的经验"教学指导思想

南开从开办之日起就主旨明确鲜明，即为实现"教育救国"而"造就具有现代能力的青年"。

这不仅仅是南开的办学理念、办学思想，更是融化于一切教科书及活动之中的办学实践——以“开辟的经验”为教学指导思想，通过以动为主、学科为辅的教学方式培养学生。这种开辟的经验不同于我们通常所说的一般“经验”，不是把人的感觉作为提供知识经验的基础，而是在行动中通过主观愿望与实际遭遇间的互动而获得感知经验。

南开是如何通过“开辟的经验”培养学生“科学方法”与“民治精神”的？

科学方法即检查自然现象、获得新知识、或修正与整合先前已得的知识，所使用的一套技术，主要有“假定”“观察”“比较”“证明”等环节。在张伯苓看来，民治精神也就是民主精神，“机会均等”是民主国家的一个重要特征，各尽所能，各取所需，为国民者都以此为义务和权利。“开辟的经验”是实现民主国家的途径。

要具有科学方法、民治精神首先要见多识广。一个人整日独居斗室、足不出户，所见所闻极少，心胸不免狭隘，遇事总是只想到自己，自己的感受、自己的利益、自己的得失……看不到除我之外的芸芸众生、他们的利益、他们的感受，缺乏大局意识，认识不到自己在集体、在社会、在世界中的独特价值，整天患得患失，不知道自己究竟在乎的是什么，只能在与他周围密切接触到的人中进行攀比，凸显自身。如果自己所得名利比别人多，即使得到短暂的虚幻式满足，然而总不免会感到有比自己得到多的，于是终日叹息，愤愤不平、郁郁寡欢。“开辟的经验”就是要鼓励学生行万里路、读万卷书，从而宽广见识，丰富阅历，就会了解世界的广大，自身的渺小，懂得天高任鸟飞、海阔凭鱼跃，有助于个人在人类、社会、国家、集体中摆正自己的位置，正确认识自己的价值。每个人竭尽全力都难以达到自己探索的尽头，哪还有多余的时间精力浪费在与他人攀比、明争暗斗上？一个人越是见识少越容易固执己见，只认为自己是正确的，以自我为中心；相反，一个人见识越多自我中心的意识就越淡薄，自我也就越不容易受到威胁，这样的人就更有能力重新审视自己反省自身，或者至少愿意欣赏自我以外其他人的不同观点。

其次学会选择也是科学方法和民治精神的重要标志。大千世界无奇不有，人间百态包罗万象，一个人见到的未必全是真的，听到的也未必全是实话，辨别真伪，有时我们会向父母、师长、朋友请教，但关键还是要我们自己根据所掌握的各种证据作出判断。人的一生不是父母一生的续集，也不是儿女一生的前传，更不是老师、朋友的外篇，人的一生只有自己对自己负责，最重要的或许就是在纷繁复杂的人生中学会选择。“开辟的经验”有助于让学生自知究竟什么是自己想要的，希望做的、真正喜欢的和真心在乎的。如果学生见识宽广，阅历丰富，看问题就会比较深刻，思考也比较周密，而且对事情的发展趋势就会有远见，预测也比较正确，这样便大大减少了被假象所蒙蔽的机会，使人生少走许多弯路。“双眼自将秋水洗，一生不受古人欺”。世界是个魔方，每一个人站在自己角度看到的都是与众不同的一面，因此，每个人都应该会有与众不同的选择、与众不同的努力方向。

再次要坚定意志。真理的世界，茫茫浩浩，无际无垠，变化万千，可以越看越复杂，也可以越想越简单。看似正确的道理却不适用的时候也是有的，看似荒谬的理论被证明也是有的。时代在变化，社会在变化，世界万物都在变化。今天学习的，明天可能变化了，问题的答案如宇宙中的星辰，处在不断地变化中，“寻求确切答案的过程充满了不确定性，需要有一种风险意识，意识到恰当的行动习惯只有靠创造性地摸索于失败之中，……并且知道在这种活动中，除了自己的理智能力以外，我们是没有任何其他权威可以凭借的”①。因此在探索的过程中应志向高远，不畏艰辛，不怕失败，坚定意志，不断努力，一个努力失败了再从头努力，“‘开辟的经验’可增高个人的独创自信力。科学家之所以屡败屡蹶一再实验者，以此故也，而其极，终发阐宇宙间无穷妙理。冒险家之所以横渡大洋，风涛险恶，舟子愤恚，而终信其说之是，抵死前进者，以此故也，而其终极觅得莽莽万里之大陆。……‘开辟的经验’尚有使团体合作特别巩固之力。此理至显明，群处惊涛骇浪之中，齐丁荒漠无际之夜，不合作则皆不足以生存；能协力则同登幸福之邦”②。

① [美]尤根·哈贝马斯. 论杜威的《确定性的寻求》[A]. 童世骏译，杜威. 确定性寻求——关于知行关系的研究[M]上海：上海人民出版社. 2004. 6.

② 天津市南开中学. 天津市南开中学[M] 北京：人民教育出版社，1998. 107-108.

体育校长张伯苓

综上所述，南开所倡导的“开辟的经验”教学，不仅要开阔学生的视野，通过亲见亲为寻找行动的依据，学会独立思考，提高判断能力，还要培养学生敢于冒险、吃苦耐劳的精神以及和大自然相融合的美趣，以实现学生成为具有“科学方法”和“民治精神”的“具有现代能力的青年”之目的。

2. 课程：学生在校生活经历

本着让学生以做为主、学习知识、积累经验、提升能力的目的，南开课程设置一直不是很固定，当然这也跟南开延聘师资有关。南开老师没有铁饭碗，实行持续优胜劣汰制。当时国内很多国内名牌大学的高才生毕业后来南开应聘，张伯苓在赴美、欧等国学习的过程中也特别留心考察为南开选聘师资，一时间南开英才汇聚。南开延聘师资绝无宗派色彩，张伯苓知人善用，礼贤下士，南开中学的教师工资待遇，平均高于一般学校。新教师上任后，教务主任亲自听课并与教师座谈，指出优缺点，并广泛听取同学反映。每年五月校方发出下学年聘书，教师届时如未收到，即自谋出路；如收到聘书，但不愿续约者，亦不勉强，实行双向选择。随时间的考验、教学成绩以及同学反映，脱颖而出的名师改为信用制，无须每年再发聘书。

南开尊重教师的个性，在开设课程、选用教材上教师有很大的自主性，教师自拟教学大纲，教科书由教师们研究决定（而不是教育部的审定统一教材），可用商务、中华、开明等书店出版的教科书。任课教师甚至自编教材，比如，语文、英语教材大都是自编，初中阶段的数学也是自己编的。[①]有的教师根本不用教科书（如教化学的郑新亭老师），只用板书讲解。同一课程，每位老师都有自己的讲法，自由发挥，绝不雷同。无形之中形成了比较，一年下来，学生对老师评价不佳时，老师就知趣地自行辞职了。

南开初中高中共修六年“三三”“四二”学生均可自由选择，课程设置的依据主要源于四个方面：

社会的需要。比如在 1927 年至 1928 年，张伯苓根据当时的局势洞察到日本有侵略我国东北地区的意图，为了警醒国人，在校内组织“东北研究会”，先后两次率领师生亲赴东三省就东北的自然资源、经济、人文、地理等方面进行考察调研，根据所收集的大量资料撰写了很多研究报告，编著《东北地理》教材一部，在南开正式设立课程。

个人的需要。比如高中学生除必修课以外，还设有依据个人兴趣供选择的选修课程，比如高中三年级学生可以在簿记学、政治学、经济学、算学、生物及实验、社会学、名著选读、文学概论、英文选读中任意选修其中四门，选修课中的教材选择学生也有很大的自主性，比如选修课之一的“名著选读课”，在文学、哲学、史学、语言学四个学程的名著中，每一学程由教师开具书目，比如文学名著中一位教师开具的书目有《诗经》《楚辞》《曹植》《陶潜》《李白》《杜甫》《白居易》《南唐二主词》《中国名剧选》（吴梅选）《琵琶记》《词选》（张惠言选）《唐贤三昧集》（王士祯选）《文心雕龙》，乍看就有近二十种，比如李白流传下来的诗作近千首，每首写作背景、写作内容、写作意图有别，抒发感情各异。再加之后人对于李白诗词的研究，如若一一

① 天津市南开中学. 天津市南开中学[M]北京：人民教育出版社，1998. 257.

细加探究绝非一两年可以完成，因此，选定哪些范围进行研究、从而体会李白诗词的主要特色，便于以后深入研究时能够触类旁通、左右逢源，主要凭学生根据自身情况作出规划选择。为了给学生创造更多的选择空间，南开图书馆给学生提供各种书籍，无禁区、无禁书，不以流派、门户划分，不以某种理论或观点为准绳而排斥其他，凡是古今中外成一家之言者均收藏借阅，以便学生博览群书、广为涉猎、开阔视野、兼收并蓄，以培养独立思考、鉴别的能力。

动作中所感到的需要。南开课程的这一设置依据除体现在独有的“社会视察课”之外，理化教学都非常重视让学生亲自动手的实验课、文科和商科课程则注重与学生的实际生活发生联系，特别看重学生生活技能的培养，专门开设童子军训练课，通过半军事化的训练培养学生勇敢精神和服务于社会的献身精神。此外还有体育课、艺术训练课（比如图画、乐歌等）、职业训练课（比如金工、木工等）、自然观察课和练习自治的团体活动课，这些课不同于下午 3:30 后的课外活动，都以正式课程的形式在下午 3:30 以前进行，贯穿了德、智、体、美、劳、群的全面教育。其中以练习自治的团体活动课为“使学生多有练习做事参加活动之机会”①尤其受到张伯苓的重视，结合他所提倡的各种课外活动，南开有很多学生自治团体活动：

> 学术研究：如东北研究会、天津研究会、科学研究会、数学研究会，以及政治经济研究会等，以大自然为教室，以全社会为教本，利用活的材料，来充实学生之智识，扩大学生之眼界。
>
> 讲演：讲演目的，在训练学生说话之技术，与发表思想之能力，并可为推行民主政治作准备。其组织，或以年别，或以组分；其训练，由学校聘请有研究有兴趣之教员，为其导师。平时充分联系，定期公开比赛；其优胜者，则由学校加以奖励。
>
> 出版：学校为训练学生写作之能力，增加学生发展思想之机会，自始即鼓励学生编辑刊物，会有会刊，校有校刊，或以周，

① 张伯苓. 四十年南开学校之回顾[A]. 天津市南开中学. 天津市南开中学[C]. 北京：人民教育出版社，1998. 14.

或以季，种类甚多，于彼此观摩之中，寓公开竞赛之意。以是南开学校虽未设有新闻学课程，亦未添设新闻学科系，但毕业校友之服务新闻界、通讯社，以及文化团体而卓有成效者，为数尚不少。

新剧：南开提倡新剧，始于宣统元年（1909 年）。最初目的，仅在借演剧以练习演说，改良社会，及后方作纯艺术之研究。南开话剧第一次出台公演者，为“用非所学”一剧，由张伯苓编剧，亦由张伯苓导演。

音乐研究会：南开提倡音乐，远在光绪卅一年（1905 年）当时设备不全，仅有军乐一项，其后会员增加，设备充实，增添口琴、提琴、钢琴及大提琴诸组，著名音乐家金律声先生，亦导师之一。前后举行演奏会多次，成绩甚为美满。

体育：南开重视体育，提倡体育组织，提高普及，均所注重。除田径外，并辅导学生组织各项球队，如篮球、足球、棒球、排球、网球等，而尤以篮球为国人所称羡。其时负责教练者，即今名体育家董守义先生也。

……①

学科进程步骤的需要。比如算学学科从初一到高三由简入深、层层递进，连续贯通。从教授现实社会生活中所需的形状知识、计算常识入手，培养一般的生活技能到训练运用算学进行逻辑推理的能力，再到深入了解算学的文化背景以其对于某种特定文化发展的贡献，以及为以后个人深入研究、开拓创新算学领域的高深问题打好必要的形与数的探索途径和基础知识技能；最后还力求学生把所学的算学融通于自己的日常生活中，“养成正确、负责、节俭与彻底的习惯”②。为此，从初一到高三的教学侧重点分别为：初一以日常生活中的空间问题为中心，观察日常遇到的不同形状，某一物体的空间位置，判定自己所处的空间位置等等，帮助学生形成正确的空间概念，发展学生的

① 张伯苓. 四十年南开学校之回顾[A]. 天津市南开中学编. 天津市南开中学[C]. 北京：人民教育出版社，1998. 14-17.

② 天津市南开中学编. 天津市南开中学[C]. 北京：人民教育出版社，1998. 148.

空间想象能力，并通过活动促进学生对于控制日常空间的能力。初二以日常生活中数量关系为中心，促进学生对于日常自然界及社会现象中数量的认识和推究。初三以证法几何为中心，借以促进学生对于推理方式和能力训练。高一以介绍各种近代之算学方法为中心，促进学生对于算学能力的认识，了解近代科学文明的发展脉络。高二必修课以高等代数为中心，促进学生对于算学逻辑的认识和算学研究方法的了解。高三以解析几何和初等微积分为中心，促进学生对于形数相关性质的认识和算学研究方法的运用。

3. 名人讲演：开放环境影响

除了课程教学与课外活动，张伯苓还利用自己在教育界的声望，经常邀请不同职业领域、不同学术领域以及具有不同政见的知名人士来校为全校师生发表演讲，以扩大师生的知识和视野。在张伯苓看来，邀请各家各派社会名流来校演讲，不仅可以让师生亲睹其人、亲听其说，避免由于书籍的转述、引用、断章取义等造成曲解和失真，还可以让师生在与这些名流近距离互动交流中，得出自己的看法和结论，避免陷入“被别人牵着鼻子走”的盲从境地。

南开就读的学生是在一个开放的环境中接受德、智、体、美、劳、群的综合素质教育。在轻松、愉快的校园生活中完成学业。南开教育的各个方面贯穿的一个总体原则就是，要把学生从“死读书”和“疲劳战”中解放出来，不做分数的奴隶，不把学生培养成驯服的工具，而是把学生培养成一个具有独立人格和独立思考的“和谐发展”的人。

很多南开校友在追忆南开学校生活时，无不感谢母校的培养，感叹南开注重培养学生兴趣、使学生全面发展教育理念的先进。诗人王辛笛在追忆南开读书生活时，至今感谢南开这种开发心智的启蒙式教育，赞叹南开不仅是他文学启蒙的摇篮，也是他显露文学才华的起点。作家黄裳先生，深深怀念南开中学自由学习的良好校风，感慨那里是他扯起文学风帆的起点，坦言南开最大的好处就是学习自由，学生不受拘束，喜欢什么就发展什么，自由发挥各自的优势。①

① 《百年南开》摄制组. 百年南开[M]. 北京：中国社会出版社 2004. 22-23.

第七章　重视体育，健全人格

教育的目的是什么？是培养作为“人”的人，“从根本上讲，教育应当把人作为社会的主体来培养，而不是把人作为社会的被动客体来塑造”①。尽管现实中我们认识到“人如果不成为人，仍旧可以存在，在我们这个地球上充塞着一种‘存在物’”②，然而，毕竟人终归不只是生物学上的存在，人是生物存在与精神世界的交汇，是人的独立精神把人与生物存在区别开来。人，不是工具，不是宠物。学生是人，是应有着独立人格的、不可复制独一无二的一个个生命个体，无论哪一种“劳动者”“人才”“建设者”“接班人”“公民”……都无法涵盖作为人的教育目的，而只有促进人作为人的人格发展，使人达到独立的精神生活时，教育才有可能实现自身的理想和追求。正因如此，张伯苓提出，在南开“研究学问，固然要紧，而熏陶人格，尤其是根本”③。

一　自立人格，首倡体育

人格作为人特质的独特模式，亦被称个性。每个人作为一个独立的生命个体，其作为人的独特性与生俱来，如同世上找不到两片完全相同的树叶一样。由于人自身的特性，人在出生时并不具备像动物那样成熟的本能系统，缺乏独立生存的能力，因此似乎是“本能地”在

① 扈中平. 人是教育的出发点[J]. 教育研究，1989（8）. 33-39.
② ［美］赫舍尔. 人是谁[M]. 隗仁莲译. 贵阳：贵州人民出版社 1994. 中译者序 14.
③ 郑致光. 张伯苓[N]. CCTV-世纪学府 百年南开. 2004-5-20. 21:48.

生理上需要依附。过去人们认为出生的婴儿在生命开始的时候是一块“白板”——脑中空空如也，但是，随着现代科学的发展，这种观念改变了。科学研究证明：新生儿在出生的时候已经从基因中获得了许多不凡的能力，这些能力包括找到营养物质，与他人互动以及规避危险情况等等。他们生来就是具有自身独特性的社会动物。[①]但是，毋庸置疑，人格的发展更多地依赖于学习。其中从生理上的完全依附到精神上的独立（自立）是人在追求自身人格发展的过程中所学习的最重要的一课。

独立是西方文化中的一个重要概念，可以追溯到西方启蒙运动时的主体观念和个人自主思想。对于西方人来说，独立被认为是一种必备的人格特征，通常情况下，西方文化主要从经济的角度来界定人格的独立性，即经济独立——个人可以在经济上自我满足，不需要社会的补给——则被视作是人的独立存在。在西方，独立一般被看作是步入成年时期个人发展的关键。由此，帮助他人获得独立也是学者和社会工作者（比如教师等）有责任关注的问题，因为独立与否不仅是一个成年人作为人的基本标志，同样“追求独立也是促进人在不同发展阶段身心健康的重要因素”[②]。

由于中西方文化的差别，西方式的人格赖以产生的个人主义文化注重个体的需要，而中国式的集体主义文化则注重团体的需要。因此，中国传统文化不太注重独立，而是强调一个与之相近的概念“自立”。“自立”一词作为中国传统概念，从春秋战国时就开始出现在各类文献中，具有很强的文学、哲学意味，含义及其广泛，涉及个体和社会生活的诸多领域。“中国古代文献中，‘自立’涵盖了个体自立、事物自立、针对它物与他人的自立以及国家自立等诸多方面”[③]。个体自立、事物自立是针对个体、事物（包括具体事物与抽象事物）自身的“立”，比如，孔子所言“儒有席上之珍以待聘，夙夜强学以待问，怀忠信以

① [美]菲利普·津巴多等. 津巴多普通心理学（原书第5版）[M]. 王佳艺译，北京：中国人民大学出版社，2008. 119-123.

② 夏凌翔、黄希庭. 西方独立研究的现状与思考[J]. 西南师范大学学报（人文社会科学版），2006（2）. 1-7.

③ 夏凌翔、黄希庭. 古籍中自立涵义的概念分析[J]. 心理学报，2006（6）. 916~923.

待举，力行以待取，其自立有如此者"。(《礼记·儒行》) 说的是个体的自立；"嗟哉寄生树，微根不自立"《全宋诗·寄生树》说的是事物的自立。针对它物与他人的自立则是主体施与它物与他人而导致的"立"，比如"唐末，中原多事，其国遂自立君长"。《曾巩集·卷三十一·札子》。国家自立则是与国家有关的"立"，既涉及国家自身的独立自主，也涉及主体使国"立"。譬如，"盖若契丹残忍，欲自立国"(《续资治通鉴·卷九十二·宋纪九十二》)"外以德自立，内以力自备"(《论衡卷十·非韩篇·第二十九》)。

当前"自立"主要指个体从自己过去依赖的事物那里独立出来，自己行动、自己做主、自己判断、对自己的承诺和行为负起责任的过程。①这是一种独立自主精神的追求。自立是构成健全人格的基础，一个人只有在身体上、心理上都能站立得起来之后才谈得上人格健全的问题。个人如此，国家也如此，"我们要想在世界上立足，能存在，有地位，最要紧的，是自己先能自强，然后才能自立"②。自立是一个非常中国化的概念，国外没有相同的概念。自立在中国自古就是一个用于描述理想人格的重要概念，而且通过千百年来的历史演变，已经成为我国民族精神的重要组成部分。1949 年 10 月 1 日，毛泽东在天安门城楼上庄严对世界宣告"中华人民共和国成立了，中国人民从此站（立）起来了"则是中国传统文化中有关国家"自立"意向的突出体现。由此"自立"在中国已经演化为是一种应该弘扬和培养的民族精神。在西方文化中，孤傲、极端、自我中心等与依赖完全相反的特征容易被人们看作是独立人格的典型特征；中国文化中自立人格的典型特征通常具有灵活性，同时具有独立、自主、依赖、依恋等人格特征中的那些适应性的因素，善于寻求帮助以利于自己的生存与发展。

从人类发展的角度来看，无论中西方个体人格的"独立"与"自立"有何种不同，人都是生活在社会中的，每个人的发展都是从生理上的完全依赖到身心发展逐渐摆脱依赖的连续发展过程，绝对的"独

① 黄希庭、李媛. 大学生自立意识的探索性研究[J]. 心理科学，2001（4）. 389-392

② 梁吉生、王昊. 张伯苓言论集[A]. 沈卫星主编. 重读张伯苓[C]. 北京：光明日报出版社 2006. 415.

立”人格是不存在的，在高度发展的现代社会，一方面没有人能够完全依靠自己去解决一切问题、万事不求人；另一方面或多或少个体在社会生活中都会受到一些限制，必须遵守基本的社会规范，与他人和谐相处，因此，绝对的独立人格既难以做到也不可取。

从概念上说，“自立”与“自强”是两个不同的概念范畴。自强是以自立为基础建立起来的人格特征。自立一般主要指个体自身的身体状况与经济收入能够使自己在基本生存与发展上摆脱对他人的依赖与依附；自强是建立在自立基础上的更高层次人格发展，个体的潜能得到更大的发挥。

然而在我国不仅是民众，很多学者也常把自立与自强连用，一些学者还用自强来界定自立，或用自立来界定自强。根据有关学者的调查显示，很多被调查者直接用自强来描述自立，从内容分析上看，公众调查结果中自立与自强有很多相同或类似的表现，如坚持性、自我控制、积极主动、进取、勇敢、果断、乐观、宽容、坚强、责任性、健康成熟、自尊自信和聪慧等，这些特点在被调查对象描述自立者与自强者时是同时强调的。[①]之所以会出现这样的普遍认识与“己立立人”的中国传统观念不无关联。“己立立人”所表达的是一种芸芸众生人格平等的含义、理想、追求，在自身不依附他人的基础上，承认并帮助他人和我一样有自己的生存空间、活动自由，通过克制自我而使得我不去凌驾于他人之上。

“自立立人”中的“立”作为一种人格的写照，不只是自己要站得住还要使别人也能站得住，自己要树立良好的社会形象也要帮助别人树立良好社会形象，同时兼有“自立”“自强”的含义并有所超越，先“自强立人”然后才能算得上“自立”——要使自身有意识、有能力自尊自爱，在自己生存与发展中尽力发挥自己最大的潜能，要帮助别人具有自尊自爱的意识和能力，帮助别人在生存与发展中发挥出最大的潜能。因此这种人格特征不仅是现实教育实践的需要，同时还是一种人格理想、一种不懈的追求。

---

① 夏凌翔、黄希庭. 典型自立者人格特征初探[J]. 心理科学，2004（5）. 1065-1068.

人不仅是一种生物的存在，更重要的是人是一种精神的存在。中国传统的“自立”人格更侧重精神上的自立，强调不仅仅是在生活方式上而且在思维方式上摆脱了“被奴役”的状况，追求人生的更高境界，正如陆游诗中所言“吾儿早自立，所惧非饥寒”。既然人是生物与精神的融合体，以积极的态度不断追求精神生活，克服其非精神的本质就是人区别于动物的特有属性。人的精神生活是内在的，它不是根植于外部世界，而是根植于人的心灵中；它又是独立的，不只是被动地接受别人的价值观念，被他人的精神所奴役，“它能超越主观的个体，可以接触到广袤的宇宙和真理，人在以自身的行动追求真、善、美时，他就是在追求自由自主的人格；只有人在追求自由自主的人格时，才能到达独立的精神生活”①。

南开啦啦队

①[德]鲁道夫·奥伊肯著. 生活的意义与价值[M]. 万以译. 上海：上海译文出版社 1997. 中文本序 3.

从依附到自立是一个发展的过程，在这个过程中，人需要不断地摆脱外在的各种禁锢，更重要的是人需要摆脱来自自身内在的心灵的禁锢。对于人特别是现代人来说，对于维持自由生存的物质需求可以很少，但我们却常常难以摆脱幼年时期出于本能对于物质和他人的依附心理，人为地被自己的习惯和惯性禁锢起来，使自己不能自由自在地生活、思考。我们的心里塞满了各种琐碎的、细小的事关切身利益的小事，导致自己整日的所作所为都为解决各种不成问题的问题而劳神费力。也许我们获得了很高的文凭、得到了很多的利益，明白了很多的"道理"，但我们的心灵无论怎样费力挣扎也难以摆脱自身的禁锢。我们依旧渺小、心智不全、恐惧畏缩，因为我们所做的一切都不能超越渺小的自我：谋一己之私利、解决私己的问题、追求自己的成功。当我们周围遍布这样的"受禁锢"的人时，我们的所作所为就会在彼此那里不断碰壁、受伤、怨怼，我们看不到希望、找不到生活的意义和人生的价值。

摆脱由本能产生的追逐无尽私欲的惯性，超越渺小的自我，获得心灵的自由，需要自身的领悟，更需要教育的引导。然而如果教育的引导者自己还生活在自我禁锢之中，不能从与切己利益相关的琐碎事务中解脱出来，又怎么能指望他为受教育者提供广阔的视野，自由自在的思考氛围？因此，在教育中不仅需要众多知识丰富、高学历、高业务能力的教师，更需要一批能打破自我心灵禁锢，具备自立立人人格境界的教育家。因为只有这样的教育家才愿意并且能够为学生们创建一种真正自由的成长环境，引领学生们在真正自由的气氛中通过自由的怀疑、追问、探究、去寻找自己真正喜爱的事物，引导学生形成自己的自立人格，免于被迫从事自己厌恶的事情、不喜欢的事情。"只有喜爱才能创造奇迹，只有做自己喜爱的事，人生才有真正的价值。人生有时就是这样，很难说哪种活法更好。人与人的比较，许多时候真的是没有多少意义。当一个人用心去追求别人在追求或达到的目标时，他可能是已经迷失掉了自己人生的方向了。"[①]

①[美]汪翔. 奥巴马大传[M]. 湖北：长江文艺出版社. 2008. 170.

个体从自己过去依赖的事物那里独立出来，自己行动、自己做主、自己判断、对自己的承诺和行为负起责任的自立过程，首先体现在身体逐渐摆脱对于他人的依赖，只有在身体上自立才能进一步实现行动自立、经济自立和精神自立。英国教育家洛克提出“健康之精神寓于健康的身体”。

为什么不同的人在面对同样的压力和刺激时会有截然不同的反应，在某些人看来可能是毁灭性的打击，另一些人却看得云淡风轻，能够泰然处之？大量的科学研究证据表明：人的身体健康状况与人格因素密切相关。

奥地利心理学家奥佛雷德·阿德勒（Alfred Addler）曾通过自身的成长经历说明，疾病如何使人产生心理上的畏惧与自卑。阿德勒在出生不久患上了软骨病，这个病伴随了他整个艰难而不幸的童年时期。疾病使得阿德勒幼小时各种行为活动极不方便，父母只能对他特别关照，但他弟弟出生，父母关心的焦点便转向了其弟。3 岁时他的弟弟死在他旁边的床上，令他感到非常惊恐。4 岁时他又得了肺炎，加深了他对于死亡的恐惧，他回忆这个时期的感受：

> 我记得到学校去的那条路通向一个墓地，每次我都非常害怕，都紧紧地跟在其他孩子的后面，使自己不去注意那个墓地，但我的每步都伴以恐惧的情感。由于我的这种极端的恐惧心理，我便讨厌自己比他人缺乏勇气，我下决心要结束这个恐惧的思想，我走得比同学远了一些，把书包放在了离那块墓地的墙很近的地方，连续跑了好几次，直到我感到已经能控制自己的恐惧心理为止。
>
> 然而实际情况却是，那里根本没有墓地，所谓的墓地只是阿德勒恐惧的幻想。
>
> 另外，他的软骨病使他在与同伴的竞争时总是失败，而他哥哥身体很好，他打着绷带躺在床上，难以独自完成任何一个小动作，他哥哥躺在他对面，可以毫不费力地跳跃、走动。这种生理上的劣势使阿德勒感到非常自卑，几乎影响了他的一生，并影响

到他关于自卑、优越等心理学概念及幻想等心理学理论的提出。[①]

由于自身的特殊经历和感受，阿德勒在师承弗洛伊德的过程中，提出对于弗氏“性冲动是个体精神与生活的基础”的反对，毅然与其决裂，提出他自己的“人格心理学”。他明确提出“人生活在世上，不是孤单的一个人，他是活在一个社会里，他要生存，要面对别人和种族的延续。人是社会动物，群居而生，社会感是与生俱来的种子，而这个种子在人生中如何充分发展，便是一个个性、人格或说生活风格的问题”[②]。人格的形成最终是人自我来决定的，他最终形成的人格是在一定的社会条件下和他自己的才能范围内取决于他自己的。一个人人格形成的最初动力来自于他对于自己身体的态度，事实上，不只是有缺陷的身体，人从出生起就注定存在着无法与动物相比的身体缺陷，不能独自生活在世界上，但“身体器官的曲线造成的许多阻碍，绝不是无法摆脱的命运。如果心灵主动地运用其能力设法克服困难，则个人可能会和原先负担比较轻的人一样成功。事实上，身体器官有缺陷的儿童，尽管遭受到许多困扰，他们却经常比身体正常的人有更大的成就。身体障碍是一种能使人迈进的刺激”[③]。为了使自己的身体不成为无法配合环境、无法满足个体发展的阻碍，不成为心灵成长的负担，越是身体存有缺陷的人越需要有意识地从事体育活动，锻炼身体、不断克服由于身体因素造成的种种困难，不断迈向成功。比如张伯苓正是由于从小体质孱弱，在进入北洋水师学堂后，格外重视这所军事院校开设的体育课程，击剑、跳高、拳击、哑铃、足球等等体育科目成绩都很好，尤其喜欢并擅长爬竿（即爬桅科目），速度极快，在校内颇有些名气，连校长严复都知道“张小辫爬竿最快”。通过体育锻炼不断强壮身体，不仅没有因此耽误学业，反而使他更加精力充沛地投入到各门知识的学习中，终以全校第一的优异成绩毕业。特别是，在后来他广泛游历欧美之后，更是深有感触地认识到，“强我种族，体

① 郑希付. 现代西方人格心理学史[M]. 广州：广东教育出版社. 2007. 124-125.

② [奥]阿德勒. 阿德勒人格哲学[M]. 罗玉林等译. 北京：九州出版社 2009. 出版前言. 1-2.

③ [奥]阿德勒. 阿德勒人格哲学[M]. 罗玉林等译. 北京：九州出版社 2009. 73.

育为先。提到强国便有一种联想，就是军队、军火等，其实不然，乃是我们个人身体的锻炼”[①]。更重要的是，他从自己的种种亲身经历中，认识到学校体育的重要，成为他日后力倡“教育里没有了体育，教育就不完全”的直接动因。

二 强国先强种 强种先强身

自幼深受“国家兴亡，匹夫有责”的中华文化熏陶，作为一个弱国平民，张伯苓从弃军从教开始，就明确意识到国家的强弱固然与国家整体的文备武治有关，但更重要的是国民个体的健康体魄与健全人格，中国欲强首要在于有一个个强健的国民，“我们每个人都要自强，中国就亡不了。我们必须有这么想的气概，不管人家怎么说，自己要有这种信念”[②]。信念作为一个常见的心理学名词多用来指人按照自己所确信的观点、原则和理论去行动的个性倾向。这种个性倾向一般是由内到外表现出来的，世界观、人生观、历史观、学术观等内在的信仰指导了像夸父追日、精卫填海、愚公移山等坚定不移的外在行为志向。正是出于“每个人都要自强”的坚定信念，张伯苓重视教育在健全学生人格中的作用，“教育一事非独使学生读书习字而已，尤要在造成完全人格”[③]，他根据自身的经历，对于体育在培养学生健全人格中的作用尤为重视。

由于作为人格载体的现实个体的人的复杂多样，由此形成了现实生活中千差万别的人格特征。体育锻炼内容丰富，形式多样，既不乏有深刻的寓意和趣味，又富有挑战性的魅力。其宽阔的容纳空间，对具有不同动机、不同能力、不同类别的人格特征的个体具有普遍适应性。每个人都可以参与其中，或体验、娱乐、观赏、竞技。

在参与体育活动的过程中，不仅能够练就强壮的体魄，促进身体

① 孙海麟主编. 中国奥运第一人张伯苓的故事[M]. 北京：人民出版社 2008. 10.
②《百年南开》摄制组. 百年南开[M]. 北京：中国社会出版社 2004. 375.
③ 孙海麟主编. 中国奥运第一人张伯苓的故事[M]. 北京：人民出版社 2008. 9.

健康，养成良好的生活习惯，锻炼人的意志，培养良好的心理品质、适应能力，有利于健全人格的形成，同时还能应付挑战，经受成功与失败考验的过程，培养克服困难，战胜困难的意志品质，团结互助的集体精神。

此外，参与体育活动还是衡量一个人人格的重要尺度，也为健全人格培养创建有利的教育时机。从一个人在体育活动时的表现，可以看出一个人的人格个性方面很多深层次的东西。许多人在与人交往时，都在隐藏自己的真正个性，特别是比较差的一面，而尽可能表现自己比较好的一面。但在运动场上，许多隐藏的弱点会在有意和无意之中暴露出来。于这些细节之中展开教育，对于人格的健全可以起到至关重要的影响。

张伯苓正是从自身的经历出发，认识到体育在健全人格中的作用，在国家强盛中的作用，从而重视体育的。张伯苓创建南开的目的很明确，旨在救国，那么途径呢？重视体育为关键，“我之教育目的在以教育之力量，使我中国现代化，俾我中华民族能在世界上得到适当的地位，不至淘汰。欲达此种目的务须对症下药，即注重体育，锻炼健强制国民。”在他看来，“国民体魄衰弱，精神萎靡，工作效率低落，服务年龄短促，原因固属多端，要以国人不重体育为其主要原因，……外国人四五十岁是正当工作的时间，我们中国人三十岁以后便做正寿，大概四十岁便入黄土了。体力、脑力不充足，做事的效果如何能好？……这不是个人的不健全，乃是我们的历史使然，一代一代地传下来，形成了我们危弱的身体，所以我们身体的健壮是要紧的。我们的身体强不见得是要打仗，就是做事也很要紧”。他还列举几个南开矿科大学毕业生在美国生活的情况说明，“他们都是在美国 Ford 车厂做工的，并且在我们大学时非常强壮。中国人中之矫健者，这次他们都感到体力的缺乏，身体不如外国人，工作效率不能与外国人相较”[①]。

鉴于张伯苓的行事风格，他的每一个教育主张都会尽最大可能不折不扣地落实于行动上。从教之初，在仅有十余个学生的塾馆，没有

① 孙海麟主编. 中国奥运第一人张伯苓的故事[M]. 北京：人民出版社 2008. 9-10.

体育器材，几乎不具备任何从事体育活动的条件，也难不倒他，“他依照北洋水师学堂的体操用具，绘制哑铃及木棒图样，请木匠制作，供学生使用。练习跳高没有竿、架，他就用椅子架一条帚竿。学生的辫子起初常把竿碰掉，他们后来索性盘起辫子、脱下长衫去跳。练习木马，他就让学生曲身，两手撑地，代做木马练习腾跃”①。通过这种张伯苓式的“硬干”，他在严氏塾馆便把西式体育教学实践带入了古老的中国教育大门中，硬是先于清末《奏定学堂章程》中把体育课规定为五年。

今日之重庆南开中学

创办南开学校后，张伯苓又进一步提出，“不懂体育的，不应该当校长”。作为南开校长他特别强调：“南开学生的体质，决不能像现在一般人那样虚弱，要健壮起来”②。

在南开，每个年级都要开设每周两小时的体育必修课和以学生自

① 孙海麟主编. 中国奥运第一人张伯苓的故事[M]. 北京：人民出版社 2008. 8.
② 程海宏编辑.“南开之父”张伯苓：住在天津大理道的教育家[N]. 渤海早报. 2010-1-26(43).

愿主动参与的课外运动。体育必修课在令学生明白各种体育活动的价值意义（如检验身体的意义、健康的意义、正常体重的重要、露宿的价值、运动的价值、运动中的仁侠精神等等），基本规范练习方法（田径运动规则及练习方法、各项球术规则练习方法等等），体育问题的研究探索（如体育问题之报告和讨论），基本动作练习（归队、散队、立正、稍息、看齐、报数、原地转正、应用走步法、快走、各种穿花跑、体操基本动作、韵律基本动作、田径基本知识和各球类基本知识）等的基础上，力求给予学生最大程度的自由选择自己喜欢的体育运动，让每位学生都参与其中，“南开学校提出用‘自动’的精神参加运动。……规定本校运动会要尽量使人人都能上场。由于规定明确、形式多样、要求严格，每个学生每天都能自觉自愿去操场锻炼，‘一校之内运动会团体之发生不可胜数，各班有各班运动会，各会有各会运动会。析而小之有所谓各寝室运动会、私人运动会，扩而大之则有全级联合、各寝室联合、各会联合、诸运动会诚所谓一日之内、一场之中而种类各殊’……张伯苓校长看到操场上一个个南开学生生龙活虎的样子时，抑制不住内心的喜悦赞叹：‘有了好身体，才能有坚强的意志，担起建设国家的重任。身体若不好就失掉做事的本钱，什么也谈不到了’”①。

健壮的体魄、坚强的意志无疑是培养健全人格的根本，但还不是健全人格的全部内涵，在“以德立人”为悠久文化传统的中国，张伯苓更加强调南开体育良好的道德风尚。特别是在20世纪20年代，南开学校体育课程逐渐自成体系后，张伯苓明确将南开体育的教学目标从“能使身体各部平均发育，训练端正之姿势；使各器官之功能完全发达，增进全身之健康；使一切动作敏捷正确，精神愉快、发生美感”，直至最终归结到“养成能守纪律，重协力，尚仁侠之健全价格”②。

张伯苓强调体育的道德风尚也与当时的社会环境有关。中国自古就有以重视“养生为主”的体育传统，但通过体育来“健身”的实践者较之西方却少之又少，加之缺乏西方体育以科学精神为指导的科学

① 孙海麟主编. 中国奥运第一人张伯苓的故事[M]. 北京：人民出版社 2008. p. 23. 8.
② 孙海麟主编. 中国奥运第一人张伯苓的故事[M]. 北京：人民出版社 2008. 23.

方法，再有科举制度的长期影响，造成了国人普遍不重视健身体育的状况，似乎体育只是一些深山僧道、陋巷义侠之类的修行而已。到了近代，中国体育就是与日本相比，相差都很远，更不用说欧美，因此加强体育就不再是某一个人的事情，而成了张伯苓所说的“全民族问题”。当然在近代教育中意识到这一问题的不止张伯苓一人，当时有很多教育人士都提出了这个问题，国民政府也把学校在各项体育赛事上取得名次规定为衡量一所学校综合实力的重要标准。但具体到学校中，应该如何具体实施体育，不同的学校有不同的做法，其中较为普遍的是，学校为了少投入、快见效，盛行争夺“体育选手”，即瞄准那些能够为学校获得比赛名次的选手进行训练，甚至到处挖运动员，免去考试直接入学，也不管他们在校的学业状况，只要求他们在各种比赛中取得名次，为学校争名夺利，就可以顺利毕业。在学校这种赤裸裸的功利主义影响下，学生中间为了取得名次，不惜弄虚作假、投机取巧的做法盛行一时，败坏了体育风尚，反而对中国体育事业的发展产生了很多不利影响。

张伯苓创办南开体育之初就要通过体育培育学生的健全人格，形成南开良好的道德风尚，并通过南开体育对改变当时的社会风气产生影响。张伯苓始终坚持南开体育的目的在于使每个学生的体魄更加强健、道德人格更加完善，从而对自己的学业起到促进作用。南开的运动队是在学校里人人参加体育锻炼、健体强身、完善人格的基础上组建起来的。南开校刊记载，“运动员必经校医之检验认为做激烈运动无妨碍，所习功课完全及格，且能恪守指导员之命令者，始能被选中。凡违背此项规定，或取消其选手资格，或令其选修普通体育。至于选手之待遇则一如其他普通学生，即所著运动衣亦须各选手自己出半价购买之。此为本校与他校迥异之点，亦本校注重运动而不陷于恶习者也”[①]。每一个学生经过学校组织的体检，根据不同的年龄、体重、身高，都会得到一个体检计算出的健康指数，学校再根据这个指数制定出每个学生各项体育项目的达标标准。每个学生对于自己的情况都

① 孙海麟主编．中国奥运第一人张伯苓的故事［M］．北京：人民出版社 2008. 44.

南开篮球队 1927 年合影

心中有数，怎么锻炼、锻炼什么、达到什么标准，每个学生都会根据自身情况，自行努力。通过自己的努力能够成为运动员在南开是十分荣耀的，其他同学亦会心悦诚服。秉持“德智体群”全面发展的原则，如同张伯苓不主张只学好文化课一样，南开的运动员也从不搞特殊化，比赛归比赛、学习归学习、道德归道德，绝不以一害其他。运动员比赛归来，照样要上课，还要把因比赛落下的课都补上，各项文化考试一项不能少，行为不当违反校规也不会因比赛取得名次而姑息，照样该处分就处分，该留级就留级。比如，“南开学校足球队有一名优秀的守门员，是 1915 年南开球队取胜的关键人物，他的守门技术堪称一绝，很少有人能攻破他的十指关，但是他的文化考试有不及格科目，张伯苓依然没让他参加 1916 年的足球比赛”①。

为了有效地促使南开运动员养成良好的体育品德，张伯苓指导制定了一系列南开体育运动规章、制度、方法，《运动员资格》《运动员

① 孙海麟主编. 中国奥运第一人张伯苓的故事[M]. 北京：人民出版社 2008. 49.

须知》《运动队建制》《运动员标准》《裁判规则》《对裁判员的正确态度》《奖励运动员规定》等，通过参加体育竞赛对运动员学生进行道德教育，明确说明运动员应具有的品德：

首先，坚决杜绝在比赛中以不正当的手段侵害对方。比赛中，每个人都有战胜对手的强烈愿望，但不能因此而采取不正当举措，凡举之，“幸德胜人，于道德已有碍已”①，因此最宜切戒。

其次，坚决杜绝在比赛中以虚诈和投机行为获胜。在张伯苓看来，以虚诈投机取胜是自损人格，难逃众人耳目。犹如林肯所言：You can fool all the people some of the time, and some of the people all the time, but you can`t fool all the people all the time.（你可能在某些时候欺骗所有人，也可能在所有时候欺骗某些人，但你却不能在所有时候欺骗所有人）。

再次，不应该把比赛取胜看得最重要，运动员的品德才是最重要的。品德比胜负更重要：“运动所争，胜负而已。苟一战而负，负而已矣，人格上固犹在也。若夫人格一有损伤，则虽胜又岂值得如许代价哉？”②

又次，比赛中要体现出运动员个人的团结合作精神和公平竞争精神。在张伯苓看来，体育本身就是培养学生团结合作精神和大公无私精神的重要途径。比如篮球、足球、排球等比赛的胜负绝不是取决于某一两个“明星球员”的表现，必须依靠全体队员的共同努力即合作，体现全体队员间的默契与配合。而田径、游泳等又要以守规则为最高原则，投机取巧必为人所不齿，这就体现了体育的公平。

最后，参加国际赛事，一定要以国家的尊严与荣誉为重。捍卫国家尊严最重要的就是运动员要以道德为根本，光明磊落，要有百折不挠的精神为国争光。

此外，张伯苓还为其提倡的“仁侠”运动员提出了很多具体规范，“无论对待本队，还是敌队，抑或是观众都要有一个节制的态度，时时

① 张伯苓语. 引自孙海麟主编. 中国奥运第一人张伯苓的故事[M]. 北京：人民出版社 2008. 49.

② 张伯苓语. 引自孙海麟主编. 中国奥运第一人张伯苓的故事[M]. 北京：人民出版社 2008. 49.

表现得义气、诚实、公平、谦恭；每个运动员除始终遵守运动规则，服从队长及教练员指挥外，还有百折不挠的精神，失败了不气馁，胜利了不炫耀；而一名高素质的运动员只求以自己的运动技能和力量胜人，除此之外，别无所求；对于本队则要一切以集体利益为重，勇于牺牲自己的荣耀，以求全队的胜利，更要同舟共济，同心协力；对待竞争对手不仅要友爱相待，恭敬有礼，而且要光明磊落，绝不能以欺诈的方法，对手取胜也应表示祝贺；对于裁判员应始终服从和尊重，即使有不公之处，也只有队长才能质询，尤其不能靠裁判员的疏漏取得不公正的利益”①。

为了切实保证学生对上述规范、制度的高度重视，南开体育课的考试，除了各项运动项目之外，还设有笔试，专门对从事体育运动的规则方法进行考核。

此外，张伯苓还通过言传身教感染学生重视体育，在南开教职工运动会上，张伯苓带头参加，还曾荣获过百米赛跑的第一名。他还经常与学生一起踢足球，带领学生参加比赛。对于不重视体育、不尊重体育老师的行为绝不姑息。比如，南开中学曾经有个学生，学业很优秀，但一直不太重视体育，经常无故不上体育课，毕业时学校根据规定没有发给他毕业证书。再比如，有次体育课上，一个学生顶撞体育老师，张伯苓校长得知后大发雷霆，坚持要按校规给该生“不准在校住宿”的处分，后来还是体育老师向他求情，最后由那名学生向体育老师赔礼道歉才罢休。在南开长期欠债办学的情况下毫不吝惜地投资体育设施建设，“20 世纪 20 年代中期，南开在校学生不过千余名，但整个学校就有 15 个篮球场、5 个足球场、6 个排球场、17 个网球场、3 处器械场和两个带有 400 米跑道的运动场”②。

① 孙海麟主编. 中国奥运第一人张伯苓的故事[M]. 北京：人民出版社 2008. 50.
② 孙海麟. 中国奥运先驱张伯苓[M]. 北京：人民出版社 2007. 83.

奥运先驱张伯苓

通过一系列踏踏实实的“干”，南开体育取得了丰硕成果，据 1935 年统计，南开体育团体有 182 个、网球队 66 个、篮球队 50 个、足球队 44 个、排球队 11 个、垒球队 10 个、田径队 1 个[①]，南开学校体育居“全国之冠”。

1935 年以南开队主力队员和北宁队组成的中北足球队，在参加“爱罗鼎杯”比赛中，连续挫败在天津的英国队、俄国队和世界队等，获得冠军，成为我国有史以来第一次战胜洋人而夺标的足球队。张伯苓高兴地宴请了全体队员，席间他激动地说：西洋人嘲笑我们是“一盘散沙”，做事是“五分钟热度”，事实是最好的反证。足球比赛是一种团结合作性很强的运动，全队必须团结一致，顽强奋战，才能有取胜的希望，我们以此来克服“一盘散沙”，不失为一副良剂。足球比赛的时间长，紧张而激烈，必须具备坚韧不拔的精神，如以此作为服务于社会的准绳，就不会被人嘲笑我们是“五分钟热度”了。[②]
当时的《体育周刊》评价“南开学校的体育，在全国是占有重要的地位。按照以往的成绩说，几乎全国没有不知道南开的，而尤其是篮球

① 孙海麟主编. 中国奥运第一人张伯苓的故事[M]. 北京：人民出版社 2008. 25.
② 郑致光. 张伯苓[N]. CCTV-世纪学府 百年南开. 2004-5-20. 21:48.

一项，尽人皆晓，其他各项运动中，也造出不少的优秀人才。差不多每项选手一出场，均能得一般人的景仰及好评。这不仅是在技术方面的超越，而确是因为她的精神道德所得来的代价”[①]。同样重视学校体育的近代教育家蔡元培先生称南开体育“已臻佳境”。张伯苓也成为当时中国体育界所公认的领军人士，担任了历届全国运动会、华北运动会的总裁判长，中国运动员出国参加国际比赛的总领队，后来还被推选为华北运动会会长、中华全国体育协会会长。由于他是提出中国要参加奥运会的第一人，是中国到现场观摩奥运会的第一人，是将奥运引入中国的第一人，是把奥林匹克教育列入体育科学教学大纲的第一人，是大量促成我国运动员第一次参加奥运会，为在中国传播与践行奥林匹克精神进行了不懈的奋斗，当之无愧地被称为是中国奥运第一人。

① 孙海麟主编. 中国奥运第一人张伯苓的故事[M]. 北京：人民出版社 2008. 51.

第八章　南开历史名校研究启示

1993 年 2 月，中共中央颁布《中国教育改革和发展纲要》，在发展基础教育指导方中明确提出：中小学要“办出各自的特色”。2010 年 8 月《国家中长期教育改革和发展规划纲要》（2010—2020 年）中，再次申明要“鼓励普通高中办出特色”，“到 2020 年，高等教育结构更加合理，特色更加鲜明”等等。然而，所谓教育，不过是人对人主体间灵肉交流活动。[①]离开了人教育就不复存在。有人就有个性，有个性就应该有特色，今天我们的学校教育缘何还需要国家明确颁布的文件三令五申要“办出特色”？

在近代中国国家危难之际所创建的以南开为典型的诸多天津历史名校为何能够个个“独具特色”？通过研究“特色鲜明”的天津历史名校，今天我们建设天津特色的教育应该借鉴什么？

一　加强地域特色责任感教育

特殊的地理位置，通达便利的水陆空交通体系，使天津教育成为近代中国最早受到世界多元文化冲击的前沿阵地，对此，近代天津各历史名校中的各式风云人物似乎普遍具备一种放眼世界，积极学习吸取各方文化、开放积极的“宽容心态”，之所以能够如此，与他们所共同秉持的强烈的社会责任感不无联系。

张伯苓校长曾多次在不同场合演讲时都曾让听者亲自示范：“把

---

①[德]雅斯贝尔斯. 什么是教育[M]. 邹进译. 北京：生活 •读书 •新知三联书店出版社. 1991. 2.

筷子一根一根地撅断，极容易就一下子撅断几十根，但是十几根筷子捆在一起，还能那么容易撅断吗？”[①]事实证明，在天津这个以具有强烈社会责任感的早期移民军人为主要构成成分的城市里，这种社会责任感教育是非常重要的。

一个人再伟大，在历史的长河中都注定是渺小的，不仅是力气，还有智慧以及在社会生活中生命运行的轨迹走向。一个人即使有撬动地球的思维和智慧，仅凭个人的力量也只是一种妄想和狂想，不是那么随便就可以实现的。历史上曾有过多少想称霸世界的战争狂人最终都成了漫漫历史长河中的匆匆过客，淹没在历史中。

人只有把自己作为社会的一员融入社会中，具有强烈的社会责任感，才会摒弃私心杂念，才有可能培养自己虚怀若谷的谦虚精神和情怀，时时看到自身不足，才能对他人、对他者多一些包容和宽容，最终成就自我。近代天津历史名校的许多创办者之所以能够深刻认识到中国文化的不足、不辞辛苦远涉重洋、丝毫不为个人名利学习各种外国文化，与他们所具有的强烈社会责任感应该不无关联。

认真研究天津近代历史名校校史就会发现，天津耀华中学名誉校长钱伟长教授、扶轮中学校友陈省身教授、文昌宫小学校友李叔同……几乎所有历史名校的各式人物与他们所在的学校在其成长、发展的过程中都离不开社会责任感的激励。

然而在有着深厚社会责任感传统的城市天津，作家航鹰却感叹：与西方国家“相比之下，我们的教育缺少了对责任感的强调”。[②]天津尚且如此，全国可想而知。

时移世易，在倡导教育“以人为本”、一些学校大力宣传“一切为了学生、为了学生的一切”、“个性”受到前所未有地重视的当今中国，社会责任感的教育是否已过时，与时代精神不符？恰恰相反，2001年中国社会科学院社会学研究所副研究员张宛丽参与撰写了《当代中国社会阶层研究报告》一书，2007年，她撰写了《当代中国社会处于

---

① 梁吉生、王昊. 张伯苓言论集[A]. 沈卫星主编. 重读张伯苓[C]. 北京：光明日报出版社 2006. 422.

② 航鹰. 教育的“第五目的”——责任感（上）[J]. 天津教育. 2005（1）. 19.

发育期的“新中产阶层”正在遭遇“精英陷阱”》，专门对当今中国社会的“精英群体”进行了研究，结果表明，在中国，“精英”的概念随着时代的变迁，虽有变化，但其中以“社会责任感”为核心的“道义精神”“批判意识”等要素始终未变。①

陆学艺主编的《当代中国社会阶层研究报告》社会科学文献出版社 2002

2009 年环球人物记者采访调查表明：无论是专家、学者，还是精英本身，都不断强调着“社会责任”之于精英身份的重要性。中科院国情研究中心研究员康晓光就曾公开表示，在一个健康的社会里，大众必须拥有权利，而精英必须承担责任。②

社会上普遍期于让孩子成为有权、有钱、有豪宅、有名车、有一定名气或头衔的“精英”以及由此而产生的“精英教育”“超人教育”“状元教育”，实在是由于对“精英”的误解，而导致的对教育的误导。

如果只是以一种物质的、表面的、肤浅的标准衡量“精英”，忽略精英的“社会责任感”“平民精神”，生活在大众注视下的所谓“名

① 肖莹. 专家深度解析精英人士特质[N]. 环球人物 92 期. 2009-12-11.

② 肖莹，李婧，白菊梅，李光敏. 当代精英生活调查[N]. 环球人物 92 期. 2009-12-11.

人”，难免会被名利套牢，有的更以俯视众生的傲慢肆意贬损他人，最终必会为大众所唾弃，成为大众的“笑柄”。“从精英到笑柄，实际上只有一步之差。”（张颐武语）[①]

现实教育中很多人都在感叹，为什么生活条件越来越好了，孩子们什么也不缺了，有书看，有玩具玩，有幼儿园上，有好吃的好玩的，有各种学习的机会，有各类学习的科目，加上现在总在提倡孩子自由民主发展，提倡给孩子最大的尊重和理解，顺从孩子的心理发育特点，可是孩子们却越来越不快乐。难道是家长们“望子成龙”、老师们教导学生“勤学苦练”，学校追求“卓越教育”都错了吗？对于“减负”，为什么尽管各级教育行政管理部门乃至各级各类学校都十分注重减轻学生学业负担，宏观上有规定，微观上有措施，但中小学学生们却依然在宣泄着不满：“书包最重的人是我，作业最多的人是我，起得最早的人是我，睡得最晚的人是我，最辛苦的人是我，是我是我，还是我……”摆脱了学习压力的大学生也不快乐，良好的学习环境，衣食无忧，可“郁闷”却始终是时下大学生最流行的口头禅。经常被邀请到各大高校对学生们进行心理辅导的陕西阳光心理研究所心理咨询师刘瑶将大学生普遍“郁闷”的原因归结为：“学习生活无目标，人际交往有困惑、太以自我为中心，而另一面又过于自卑。”咨询师认为，如不针对上述原因进行疏导即便有优越的学习、生活条件，学生也不会快乐。[②]其实，上述大学生不快乐的原因并不是他们到了大学才有的，“生活的意义是什么”是许多孩子从小就感到困惑、迷茫的问题。为了不让孩子“输在起跑线上”，甚至从进幼儿园开始就被教育要“好好学习”，可是为什么呢？难道仅仅是为了长大成为有权、有钱、有豪宅、有名车、有名气的“精英”一族，而不做扫地的清洁工？“人活着除了物质生活外，还要有精神生活，而且在一个比较富裕的社会里，精神生活往往比物质生活更为重要。”[③]美国作家塞格林在20世纪50年代就曾经针对美国教育中出现的类似现象做出入木三分的揭露，在其

① 肖莹，李婧，白菊梅，李光敏. 当代精英生活调查[N]. 环球人物92期. 2009-12-11.

② 大学生为何不快乐[N]. 健康网. http://www.jk265.com/a/xl/cz/2/19482.html. 2010-7-19.

③ [美]J. D. 塞林格. 麦田里的守望者[M]. 施咸荣译. 南京：译林出版社. 2010. p. 2.

著作《麦田里的守望者》一书中，塑造了当代美国文学中最早出现的反英雄形象之一的中学生“霍尔顿”——“他为什么不肯用功读书，被学校四次开除？那是因为学校里的老师和他的家长强迫他读书只是为了‘出人头地，以便将来可以买辆混账凯迪拉克’！”[①]

“一切为了孩子（学生）、为了孩子（学生）的一切”，良好的“以孩子（学生）为本”的动机，可能在促进每个孩子最大程度发展的目的背后，也在客观上使得他们“太以自我为中心”，却忽视了“我”对于他人、对于集体、对于社会、对于国家、对于人类应负有的责任，最终甚至失去了“我”对于自身所作所为负责任的意识和能力，使得“我”不懂得厚待他人就是厚待自己，不懂得如何与周围的人交往，做不到站在他人的角度为他人着想、宽容他人、理解他人。因为缺乏以“教育强国”为己任的社会责任感，高瞻远瞩、放眼世界就成了空谈。

社会责任感能够丰富人的精神生活，是一个人在社会中快乐生活的重要源泉。一位心理医生史塔勒，通过对很多好莱坞有钱、有势、有影响力的明星进行心理咨询后发现很多“名人”的生活远非一般人想象得那般快乐。由此他对经历过多次不幸婚姻却从没有看过心理医生的赫本很关注，专门进行研究发现赫本是一位具有巨大责任心的演员，无论是成名前还是成名后，她总是尽量早地赶到片场，在一旁默默揣摩角色，把所有的台词一字不落地背下来。赫本强烈的社会责任感还体现在她曾做过 67 次亲善大使，在 1956 年到 1963 年间，她几乎每个月都到码头、监狱和黑人社区做义工。有一次，她谢绝了贝尔公司每小时 5 万美元的庆典邀请，去医院给一位小男孩做免费护理服务。对于这一发现史塔勒医生很重视，他推而广之，对很多热心公益的名人进行研究发现，这些人很少有怪癖及不良记录，他们同赫本一样，几乎没看过心理医生。由此得出史塔勒定律：当一个人付出的劳动没有得到金钱和物质的回报时，必定可以得到等值的精神愉悦，即一个人付出的没有金钱和物质的劳动等于得到的精神与心理方面的补偿。“一个人从事公益活动，必定可以得到等值的精神愉悦。你帮助别人的

① [美]J. D. 塞林格. 麦田里的守望者[M]. 施咸荣译. 南京：译林出版社. 2010. p. 3.

越多，自己获得的快乐也就越多。”[①]

培养学生的社会责任感，首先要放手让学生真正做到“自己的事情自己做”——让学生在自由自主自我负责的环境中成长。比如明确提出要培养学生“服务社会之能力”的张伯苓校长，十分重视让学生自己组织课外群体活动，这种课外活动可以使学生多方受益，更是培养学生社会责任感的重要途径。比如南开有“许多学生自发的活动组织，如各种球类运动队，其中有，够 5 个人就可以组成一个篮球队，预定比赛球场，挑战寻找比赛对手，……参与体育锻炼，丰富了课余生活，也培养了组织能力和未来进入社会所需要的集体美德，例如比赛运动中的公平竞争、公共道德、团队合作精神等，这些教育往往是书本上、课堂上学不到的东西。……会玩的学生才会读书。张伯苓教育的成功，正是由于这一部分起着关键的作用”[②]。“南开课外活动，学校提倡支持，并提供场所、器材设备和少量的活动费用。学生们完全自主选择。自由组合组建社团、自选领导、自订章程、自聘指导、自筹经费、自己开展活动。这种完全由学生独立自主开展活动的方式方法，培育了民主协商、合作共事、互尊互信的群体精神，增强了关爱集体、维护集体的集体主义思想，锻炼了创新能力、组织能力、办事能力。”[③]事实上，孩子的成长离不开日常生活的一件件具体的事，只有出于自身的意愿，计划了、努力了、做出结果了，才能真正从中吸取经验教训，才能明白这件事的意义所在，一件件“有意义”的事情，亲自体验过，增加了阅历，才能一步步思考人生的意义，真正过自己的生活。也只有在不停地自发组织做事过程中，才能体会个人力量的渺小，体会到融入集体、社会的重要，才能培养出“团结、合作、互相激励、互相帮助、不自外于人、工作能力强”[④]的服务社会之意识和各种能力。

---

① 张洁海. 赫本为啥一辈子不用看心理医生[N]. 广州日报. 2007-11-7. A17 版.

② 刘东生. 学高为人师 身正为人范[A]. 沈卫星主编. 重读张伯苓[C]. 北京：光明日报出版社 2006. 16.

③ 周传仁、苏先基、穆一勤、周文. 中国教育的一份丰厚遗产[A]. 沈卫星主编. 重读张伯苓[C]. 北京：光明日报出版社 2006. 52-53.

④ 刘东生. 张学高为人师 身正为人范[A]. 沈卫星主编. 重读张伯苓[C]. 北京：光明日报出版社 2006. 17.

二 加强价值观导向情感教育

不同国家、不同民族的人民是在各自不同的文化基础上构建起自身的精神生活的。提倡在具有深厚社会责任感传统的城市天津重视社会责任感的教育，应该以什么样的具有天津特色的文化传统为根基？

近代天津历史名校南开的产生离不开当时特殊历史背景下中西方文化的碰撞。也许当时“国破山河在”的沉痛对于教育的影响我们今天难以体会，然而在多元文化的并存与发展越来越成为当今世界文化发展一个重要趋势的前提下，我们依然面临着面对西方文化的冲击我们的教育究竟应该如何选择取舍的问题。

中西方文化具有不同的特质表现，“中国人重情，西方人重理。长期以来，中国人主要生活在情感文化之中。在情性生活方面，中国人所积累的文化可以说是世界上最伟大的文化财富之一。对适意的情感生活的普遍认同构成了中华民族的文化主流”①。

有趣的是，今天西方学者激烈抨击西方文化对西方教育的负面影响，“受过教育的人们变得抽象，而非实际，他们富有逻辑但缺乏感性，善于分析但缺少对他人的信赖，他们变得冷酷而不再热情。……一位英语教授会在学生向他求救的绝望的信中用红笔标出语法错误；一位全神贯注于思考针尖上适合的角度的神学研究者会无动于衷地从街边的乞讨者身旁走过；一位经济学家会对任何事物的价格了如指掌，但对它们的价值却一无所知。受过教育的人们不会发出兴奋的呼喊声，不会放声大笑，相反，他们对会这样做的人嗤之以鼻。他们看上去越是枯燥乏味，他们自己就越喜欢。”②

那么，与“冷冰冰”的西方文化截然不同的“具有同情力量”的中国文化中，“完全过一种心灵的生活——一种情感的生活”的中国人

① 马育良. 情性本位：关于中国文化和中国儒学特质的理解[J]. 合肥学院学报（社会科学版）2006（2）. 1.

②[美]丹尼尔·科顿姆. 教育为何是无用的[M]. 仇莅玲、卫鑫译. 南京：江苏人民出版社 2005. 5.

是否在教育领域将这种世界上最伟大的文化财富之一的“产生于我们人性深处——心灵的激情或人类之爱那种意义上的情感”充分借鉴继承、发扬光大了呢？①

如今中国教育领域在谈到中西方文化的差异时，广泛流传着一个中国妈妈和美国妈妈分苹果的故事：

> 有个罪犯（中国人），在讲述自己如何走上犯罪道路时说，小时候，妈妈给他们兄弟分苹果，他一眼就看中了那个又大又好的，可是还没等他说出来，他弟弟便抢先说出了他想说的话，结果妈妈狠狠批评了弟弟，说“好孩子要学会把好东西让给别人，不能总想着自己”。他马上灵机一动，改口说：“我要最小的，把大的留给弟弟吧。”他受到了妈妈的表扬，也拿到了那个又大又好的，妈妈为此还亲了他一口。他得到了他想要的东西，但也从此学会了说谎。以后，他又学会了打架、偷、抢，为了得到想要的东西，不择手段，直到最后被送进监狱。
>
> 与此对照的美国妈妈分苹果。美国一位心理学家调查了 50 位成功人士，请他们谈谈母亲的影响。一封来自白宫一著名人士的信中，谈到了小时候妈妈给他们分苹果。信中写道：有一天，妈妈分苹果。苹果“红红绿绿，有大有小”，他和弟弟们都想要又红又大的。当时，“妈妈把那个最大最红的苹果举在手中”，对他们兄弟说：“这个苹果最大最红最好吃，你们都想得到它。很好，现在，让我们来做个比赛，我把门前的草坪分成三块，你们三人一人一块，负责修剪。谁干得最快最好，谁就有权利得到它!”比赛的结果，他“干得最快最好”，赢得了那个“最大最红最好吃”的苹果。从此，他懂得了，应该做一个诚实的永远努力力争第一的人。你想多得吗？那你就要多付出。你想胜过别人，比别人得到的多、得到的好吗？那你就要强过别人，比别人干得多、干得好。正是有了这种意识，经过不懈努力，他才终于有了今天，

---

① 辜鸿铭. 中国人的精神[M]. 黄兴涛、宋小庆译. 桂林：广西师范大学出版社 2002. 28.

成为白宫的著名人士。

从上述“分苹果”故事在中国教育领域的广泛流行可以看出，在对比西方教育观时，中国教育完全没有认识到自身文化传统的优势所在。如果说在“国将不国”的近代，胡适等人提出“全盘西化”主张出于急切地想要唤醒民众的主观意图，还有情可原，那么在今天多元文化趋势不可阻挡——“一种文化本身的价值观在于宽容他人”[①]，我们已经认识到文化不能简单移植，变革只能来自传统——“文化的改革并不能一切从头做起，也不能空地上造好了新型式，然后搬进来应用，文化改革是推陈出新。新的得在旧的上边改出来”。[②]我们的教育依然不能以一种平和的心态来看待自身的文化传统，怎么能够谈得上“宽容他人”？

事实上，谈中西教育观的差异，离不开对中西文化根基的考察。西方文化的根基在于保护个人最大利益，在此基础上建立了西方社会运行的一整套“理性”机制，比如民主议会制、较为健全的法制等等，形成了典型的美国精神、德国精神、法国精神、英国精神等。中国文化的根基则在于由己及人的情感体验——“（人）道始于情、礼作于情——中国传统社会是一以家族为中心的宗法社会，因此亲情是维系家族的基础，由此推而广之，亲情也是维系整个社会的基础”[③]。

中国传统文化重视情感产生的源泉——人的现实生活、重视人一生中各种情感阅历、重视对情感所表达出的人性的研究，“中国人的全部生活是一种情感的生活——这种情感既不来源于感官直觉意义上的那种情感，也不是来源于你们所说的神经系统奔流的情欲那种意义上的情感，而是一种产生于我们的人性深处——心灵的激情或人类之爱那种意义上的情感”[④]。强调任何伦理道德的基础均在于“由己及人”

① 联合国教科文组织．文化多样性与人类全面发展——世界文化与发展委员会报告[M]．张玉国译．广州：广东人民出版社 2006. 1.

② 费孝通．乡土重建[M]．转引自金耀基．现代化与中国现代历史[A]．罗荣渠、牛大勇编．中国现代化历程的探索[C]．北京：北京大学出版社 1996. 21.

③ 汤一介．“道始于情”的哲学诠释——五论创建中国解释学问题[J]．学术月刊 2001（7）. 40.

④ 辜鸿铭．中国人的精神[M]．黄兴涛、宋小庆译．桂林：广西师范大学出版社 2002. 28.

的自己确确实实感受到的情感体验。“在人的道德过程中，任何一种道德诉求，只有诉诸受教育者的‘真心内动’，才能获得道德认知和行为上的驱动力。”①

对此，现代著名新儒家唐君毅先生在《病里乾坤》所辑《民国初年的学风与我学哲学的经过》一文中所自述的对他学术思想形成的一些重要经历中的“个人情感一时变成了普遍的情感”便是中国特色的“由情入智”——认识事物方式的典型的一例。

> 唐君毅先生少年时从四川远赴北京求学，他的父亲亲到河边送他登船。面对此情此景，他顿时涌上了“一种离别的情感，一下子觉得很悲哀，而此悲哀突然变成不只属于我个人的，也不是由读书来的，忽然想到古往今来可能有无数的人在这里离别，也有无数的人有这种离别的悲哀，一下子我个人的悲哀没有了……。这个普遍的悲哀充塞我的心灵，这古往今来离别的悲哀不知有多少，这是无穷无尽的，不只过去有人离别，将来也有人离别，甚至中国有，外国也有，此时，即把个人情感变成了普遍的情感”……②

由此情此景的“个人真实情感体验”，推想到类似情景下的个别他人，再到所有人，由此升华为一种普遍的情怀，一种普遍认识——正是传统中国文化一条认识事物的途径。

中国儒家文化是非常重视“情感”的。史书中虽无记载孔子直接讨论“情”的言论，以及对弟子专门进行“情感教育”，但孔子对于弟子施教的“仁义礼智信”中很多观点主张来自孔子日常言行中的情感流露。孔子幼年三岁丧父，童年生活很不幸，“吾少也贱，故多能鄙事”（《论语·子罕》），母亲是唯一的慰藉，十岁又丧母，“父母在，不远游，游必有方”（《论语·里仁》）是一个孤儿对于父母深深的眷恋之情发自

① 马育良．情性本位：关于中国文化和中国儒学特质的理解[J]．合肥学院学报（社会科学版）2006（2）．6．

② 同上．

内心的表达。一生以从教为志向的孔子，正因品尝过过早失去父母之痛，所以对待弟子像自己的孩子，留下了很多对弟子表达深情的言行，比如：孔子弟子伯牛和颜渊在众弟子中德行均受到孔子的高度赏识，“伯牛有疾（据考为麻风病——作者注），子问之，自牖执其手，曰：‘亡之，命矣夫！斯人也而有斯疾也！斯人也而有斯疾也！’”（《论语·雍也》）“颜渊死，子曰：‘噫！天丧予！天丧予！’”（《论语·先进》）“颜渊死，子哭之恸。从者曰：‘子恸矣！’曰：‘有恸乎？非夫人之恸而谁为？’”（《论语·先进》）还有因子路被砍成肉酱而死，此后孔子就不忍心食酱，并最终悲痛而死。

中国传统文化中道家常被看作是儒家的对立面，道家对儒家礼教有很多批判，其中最尖锐的批判就是儒家将“仁义礼智信”提升到“教条”的高度，其对个体生命本然个性的压抑和禁锢，甚至演化为统治阶层的强权和智术的“虚伪性”。但是道家并不反对产生“仁义礼智信”的根基——“个人真实情感体验”，因此道家根据其“仁义其非人情乎”“任其性命之情”（《庄子·骈拇篇》）的论断提出，“人法地，地法天，天法道，道法自然”（《老子·第八章》），一切道化德教均应“自为、自主、自发”地以“个人真实情感体验”为基础自然而然地实现。这或许也就是道家虽批判儒家却不批判孔子的原因所在。

不仅如此，道家还特别重视强调“情感”的“真”。“真者，精诚之至也。不精不诚，不能动人。故强哭者，虽悲不哀，强怒者，虽严不屯，强亲者，虽笑不和。真悲无声而哀，真怒未发而威，真亲未笑而和。真在内者，神动于外，是所以贵真也。”（《庄子·马蹄篇》）

由此可见中国传统文化中“己欲立而立人”“己所不欲勿施于人”“老吾老及人之老、幼吾幼及人之幼”“上善如水，水善利万物而不争”“人饥己饥、人溺己溺”……这些都是从自己心灵的内在感受为起点，绝不是虚伪，是真情。从个人在某一具体场景中产生的真切情感通过“由己及人”的无限推演变成普遍的“道理”，是中国传统文化的核心特质，是儒、释、道各种不同学派所共同秉持的价值取向，是各派学说之所以能够相互宽容、相互融合的基础，也是中华文明强大包容力的根基所在。

具体到天津，中国传统文化底蕴非常深厚，天津人有着浓重的历史情感，他们豁达豪爽、不拘小节，幽默风趣、平等务实、灵活低调，热心肠、讲义气。天津历史名校南开由于其所处的特殊地域环境为中国文化所特有的情感性涂上了个性化特色，使“中国人具有的同情力量”[①]得到了充分的显现。

有很多天津历史名校中的各式人物如：普育中学校长温瀛士、天津民立第二小学校长林墨青、天津两等模范小学校长刘宝慈、天津“卢氏小学”和“木斋中学”创办人卢木斋、耀华中学校长赵天麟、扶轮中学校友陈省身等等，他们和性情、爱好、专攻领域等等都大相迥异，然而作为天津近代历史名校中的杰出人物，都同南开张伯苓校长一样，他们所表现出的强烈的、深沉的、由己及人的情感对于今天从事教育工作的我们同样具有很大的震撼力。

比如，台湾学者齐邦媛在《巨流河》一书中回忆南开张伯苓校长：

> 张校长的身影永远留在学生心里。在沙坪坝那八年，他住在校内宿舍，每天早上拄杖出来散步巡视，看到路旁读书的学生就过来拍一拍肩、摸一摸头，问衣服够不够，吃得饱不饱。南开的学生都必须住校，在他想，这些孩子都是父母托给他的，必须好好照顾。他那时不知道，他奋斗的心血都没有白费，他说的话，我们散居世界各地的数万学生都深深记得，在各自的领域传他的薪火，永恒不灭。[②]
>
> 周恩来总理说：“我是爱南开的。”

在天津这个“平民化”的城市，张伯苓校长早年生长于破落商人家庭，生活贫困，开办南开学校又常因为缺钱陷入困境，最困难的时候，他说过，在南开校园里走看到雨滴在小草上落下来，感觉就像自己的心在流泪。正是出于这种由己及人的情感体验，南开能够对待学生像自己的孩子，能够做到在资金非常困难的情况下，体谅困难学生

---

① 辜鸿铭. 中国人的精神[M]. 黄兴涛、宋小庆译. 桂林：广西师范大学出版社 2002. 28.

② 齐邦媛. 巨流河[M]. 北京：三联书店 2010. 65.

的苦处，减免困难学生的学费。

天津耀华中学名誉校长钱伟长教授正是由于在日军侵占下的耳闻目见，出于对同胞的深切同情，在 1931 年的 9 月 18 日，日本发动震惊中外的“九一八事变”、侵占了东北三省后，被视作“国学天才”的他毅然决定“为国而学——不读历史系了，要学造飞机大炮，决定要转学物理系以振兴中国的军力”，最终成为享誉中外的物理学家，我国近代力学奠基人。即使在“文革”期间被误解、被批判后依然没有丝毫怨言始终如一对祖国对人民充满深情厚爱。

相比之下，当前我们的教育对于传统价值观导向的情感教育重视得还不够。尽管当前新课程改革强调：课程要面向学生、面向社会、面向生活，课程内容要贴近实际生活、源于生活、回归生活、高于生活；新课程标准的价值取向要求教师成为决策者而不是执行者，要求教师创造出班级气氛、创造出某种学习环境、设计相应的教学活动并表达自己的教育理念；特别是各种版本的《语文新课标》都以要求学生在阅读中“注重情感体验，……发展个性，丰富自己的精神世界”为目标。然而，笔者在天津一些中小学听课调研，感受最深的恰恰是绝大多数教师课堂教学缺乏价值取向的情感教育，找不出任何错误、教学目标明确、教学设计科学合理、各种现代化教学设备运用恰当……然而整节课下来却像喝“白开水”，没有激情，引不起兴趣，更谈不上激发好奇心、想象力。比如一位教师在听一节高一语文课《窦娥冤》后发表感想：

> 老师让学生齐读第三折全剧矛盾冲突的高潮部分，《滚绣球》一曲：“有日月朝暮悬，有鬼神掌着生死权。天地也，只合把清浊分辨，可怎生糊突了盗跖、颜渊。为善的受贫穷更命短，造恶的享富贵又寿延。天地也，做得个怕硬欺软，却原来也这般顺水推船。地也，你不分好歹何为地？天也，你错勘贤愚枉做天！哎，只落得两泪涟涟。”我不是语文学科教师，但是我被关汉卿这段指斥天地高亢激越，冤气冲天的文字强烈地感染了。听着学生毫无激情、毫无急促的节奏，像念经一样的读着这段文字，哪里有

窦娥“感天动地”的控诉，哪里会招致“六月飞雪”“亢旱三年”。我推断语文老师一定会指出不足并示范，或亲自领读，或找一个学生领读。但出乎我的预料，老师没说什么，只是让学生又齐读了一遍，然后老师说：“这一遍读得熟多了。”这是一次多好的感受语言之美、悲怆情感之深的契机啊！这又是一次多好的情感态度的教育契机啊！为什么就放过了呢？（一位中学校长）

在听课中类似的现象还可以举出很多。笔者近日听一位重点小学骨干教师上《狼牙山五壮士》第二课时教学，尽管课标中多处要求学生有表情地朗读课文，可是由于课文和学生的生活实际有距离，学生朗读几次都很难读出感情，甚至在教师提问学生“五壮士为了部队和群众的安全引开敌人，选择走上绝路时是什么心情”时，有学生竟然回答“喜悦”，对此，教师以置之不理而了之，而只是将学生中回答“对敌人的仇恨”“对人民的热爱”“坚定”“义无反顾”等等作为正确答案加以肯定。课后，教师坦言学生课堂回答“喜悦”不妥，笔者问教师为什么不直接指出？或让学生把自己想象成五壮士中的一个人物，来让学生回答当时的体验？教师回答，尽管对生的渴望是人之常情，却不敢在课堂上讲出来，因为害怕与课文中“勇于献身”英雄气概的“正确价值取向”不相符，而犯错误。而如果让学生把自己想象成五壮士中的一个人物来让学生回答当时的体验，每个学生的感受很可能一个人一个样，更容易“出错了”，如果“出了错”这节课就全“砸”了。毕竟，她说，“教师要首先保证传授知识的正确”。这样的处理削弱了对“生我所欲，义亦我所欲，二者不可得兼，舍生取义”的深度理解以及学生以后的人生中对他人和自己生命的敬畏感方面引导就被放在次要的地位，而后者无论是从新课标的要求还是学生一生的发展来看，恰恰可能是更重要的。

在笔者同一些中小学教师的访谈中，对于“你是否在将自己的价值观贯穿于教学中”的问题，绝大多数教师的回答是否定的。许多教师可以创造性地借助各种教学手段、教学媒体向学生展示教学内容，但将自己的感情融入所教内容中，对大多数教师来说却是难题。固然传统的“师道尊严”思想有一定影响，有教师“不屑于”让学生了解自己的想法，但更多的教师主要顾虑会“出错”。如果一个教师在教学中没有感情的投入，即便他们的教学具备了高水平教学要求的其他特征——形象性和创造性，最终也难免会让人觉得“他们的话语在面前某个地方漂浮着，就像动画片中的气球在讲话”①。因为情感的缺失，教师在教学中与他们所教的内容不是融合的而是分离的，他们不能将他们自身的感受贯穿于他们所教的内容之中，因而对学生来说缺乏说服力、感染力，很难使学生产生兴趣、受到影响，致使最终教师与他们所教的学生之间彻底分离。用学生自己的话来说，“老师和他讲的课成为‘背景’，我们各自各行其是。”

随着《国家中长期教育改革和发展纲要》的颁布，作为素质教育发展的重要方向，“个性化教育”也得到了社会各层面的广泛关注。然而，无论是学生“审美情趣”的培养还是实施“个性化教育”都与教师对所教内容和所教学生投注的感情息息相关。对所教内容或所教学生投注感情不是只停留在想法和口头上的，而是以实际的行动和真正为此而付出大量的时间和精力为衡量标准的。一名好的教师与某学科著名科学家或某类型出色的专家不同之处就在于，教师对其所教内容和学生的感情付出总是相互交织在一起，彼此协调互相促进，一方面教师越是出于对自己所教内容的“喜爱”，花费大量时间精力进行钻研，他就越希望自己的学生能够很好地掌握自己所教的内容，甚至希望学生能够同样喜欢自己所教的内容与自己产生情感上的共鸣；另一方面教师越是“喜欢”自己的学生，深入了解他们的生活，关心他们的成长，就越希望自己采用贴近学生生活和真实感受的方法使所教的内容对学生未来发展产生深远的影响。

教师对于所教内容和学生投注的感情是教师本人生活态度的生动展现。如果一名教师对生活充满热爱，了解自己的个性并依据自己的个性对所从事的教学工作做出正确选择，能够正确对待自己的种种人生经历，对于自己生活中一些不如意的事情，能以宽容的心态对待

① [美]奥恩斯坦等著、余强主译. 当代课程问题[M]. 杭州：浙江教育出版社出版，2004. 98-99.

别人，对于生活中种种不合理的现象不是一味抱怨而是尽最大努力去改善，那么，他自己就不会泯灭对于世间万事万物的好奇心和所教内容的求知欲，就会对学生敞开自己的精神世界。在尊重自己生活经历的基础上，将自己的生活经验融会贯通于所教内容之中并不介意对学生讲述自己的经历、体会，力求能使学生从中得到启发，而不是对学生百般挑剔，无休止地限制和苛求。相反，如果教师总是感到生活在无法摆脱的压力之中，感到日常生活、工作索然无趣，每天做各种事情疲于"应付"，总觉得学生"一届不如一届"，对于生活中种种不合理现象只是抱怨却无能为力，将生活中所遭遇到的不如意总是归罪于他人，对生活、对事业、对学生缺乏应有的热情，反映到实际教学中就难免会"情感缺失"，结果使整个教学过程"干巴巴"。

教师的真情实感不是产生于课程标准或什么文件的规定，而是源自于自身的生活经历。教学作为教师日常生活的重要组成部分，既是教师体验生活形成感受的重要因素，也是教师在日常生活中表达情感的主要途径之一。比如有研究者将特级教师魏书生的教学风格总结为"关键还是在于是否真诚"①。善于将自己的真情实感融汇于所教内容中，以学生乐于接受的方式展示给学生。教师的真情实感来源于现实生活，与所教内容融合，又高于生活，因此容易使学生产生情感上的共鸣；教师对生活的感受有赖于他独特的人生经历和个性品质，不同的人对同样的事会有不同的感受，"一千个读者眼中就会有一千个哈姆雷特"，因此教学具有独特的个性化；不同的人对于不同的感受又会采取不同的表达方式，因此教师会采用不同于他人"不可复制"的教学方法和手段，形成自己独特的教育风格。这也是南开学校教育成功的一个重要方面。比如南开校友齐邦媛对于地理教师吴振芝和国文教师孟志荪的回忆②：

> 最感到幸福的是高二那年，吴振芝老师又轮到教我那一班的世界人文地理，那门课融合了世界历史的重要源流和变迁。吴老

① 张武升主编. 当代中国教学风格论[M]；南昌：江西教育出版社. 1993. 377.
② 齐邦媛. 巨流河[M]. 北京：三联书店 2010. 76-77.

师似乎更侧重历史与现实发展，有时她在黑板上画世界地图，希腊、罗马、迦太基；讲述英国的伊丽莎白一世和西班牙无敌舰队，哥伦布航海路线、南北极的探测、印度和中东、非洲的落后与神秘……每一堂课都似瀛海传奇深深吸引住我们的目光。课本内容原已相当丰富，老师还常常带些当时稀有的大本洋书和图片给我们传阅，她声调低沉但充满了 feelings（只是“感情”是不够的），常似在检视偌大地球的沧桑。也许我们那班女生懂得，那二十三四岁的年轻老师刚刚经历了人间至痛才有那样深沉的声音吧。在成长岁月中读了这样一门课，使我日后对阅读、旅行都有适当的期待，借着少年时代的知识基础和渴望，可以探索别人文化的深度，而不甘于浮光掠影式地盲目赶路。

……

他（孟志荪）那时大约五十岁，在我们眼中，已经很老了。他长年穿深深浅浅的哔叽长衫，既不漂亮，也不潇洒（偶尔换黑或白色中山装）；他的声音带着相当干涩的天津腔，但当他开始讲课，立刻引人全神贯注。他的语言不是溪水，是江河，内容滔滔深广，又处处随所授文章诗词而激流奔放。五十年后，重庆南开同学纪念母校的书，写得最多的是国文课，几乎全写孟老师，有一位《激情孟夫子》详记我们国文教材之成功全由于孟老师主编的态度，讲课“生动精彩，充满激情，任何人听他的课都会被他吸引，感情随他的指引而回荡起伏，进入唐诗宋文的境界，下课铃响后，才如梦初醒，回到现实”。他又说，可惜孟老师抒发感情、嬉怒笑骂的瞬间激情，女生班都看不到。虽如此，但那时我已长大成人，又逢国难，……从南京到四川这一趟千百里的流亡经验，也让我深深明白为什么孟老师教杜甫诗时，竟声泪俱下，教室里弥漫一股幽愤悲伤，久久难消。

我常想，在今天我们学校里从事不同具体科目教学的老师们如果读到这些，是否也会生出很多感想和感慨？！

三 面向民众的"平民教育"

在天津这个"平民化"的城市中，历史名校南开成功的办学经验还在于，真正扎根于广大民众中，办好各式各样为许许多多普通平民服务的"草根"教育。"天津没出过状元，天津没有文渊阁、文溯阁，天津没有白鹿洞，没有岳麓书院，但天津却是中国近代教育的发祥地。何以天津选择了近代教育？近代教育何以选择了天津？"①原因之一就是天津文化的草根特质——只有面对广大民众办教育才会有顽强的生命力。

中国传统文化有其优良之处，当然也不可避免地存在负面影响，比如强烈的"权威崇拜意识"在某种程度上使得科举考试制度盛行了几个世纪，导致了筛选式的"精英教育"经久不衰。中国式的"精英教育"最大的弊端就在于它使人失却了"平常心"，受教育从一开始就是"不要输在起跑线""争当第一""光宗耀祖""出人头地"，去做极少数所谓"人上人"的精英。只有这样才是"成功""成才"，否则就是做人的失败，"不好好学习将来就让你去扫大街"是日常生活中父母教育孩子的惯用语，潜在的含义就是做一个普通人就注定了一生的失败，"精英"一词本身就意味着它将绝大多数的普通人抛弃了，意味着一个人不可能幸福地去做一个快乐的清洁工，一个农民、一个企业职工、一个护士，一个接待员。甚至即使我们历尽千辛万苦在别人看来成为"精英"之后，还是同样感到不快乐，因为在你之上总是可恨地有那么多人比你更成功，相比之下，自己依旧还是一个普通人，实现成为自己所希望的"精英"依旧那样高不可攀，遥遥无期。于是我们开始抱怨，为什么自己生不逢时、为什么领导不能慧眼识才、凭什么有人比我得到的多，同事不合作、朋友不帮忙、同学难相处，就连父母也"皆祸害"！这样的"精英教育"使人再也看不到平凡的快乐、感

① 林希. 其实你不懂天津人[M]. 天津：天津人民出版社 2007. 10.

受不到普通的幸福，甚至危害到整个社会的和谐。

在天津这样一个早期由军人、商人和苦力为主组成的移民城市，看不起广大劳动人民就是看不起自己的祖先、就是看不起自己，“权威崇拜意识”较为薄弱，使得近代历史名校开办面对广大民众的“平民教育”具备了得天独厚的优势。

天津很多历史名校的管理者具有深厚的“平民情怀”。很多历史名校管理者同平民出生的南开校长张伯苓一样从教之初就立下志愿“终身办教育不做官”。他们从中国教育最薄弱的环节——创办女学开始，始终关注广大弱势群体的教育，在资金困难的情况下，减免贫困学生的学费。从教学团体组织、科目设置、教学方式、教学目标等等各个方面，总是立足于平民的立场，从平民的需要出发，教学生踏踏实实做好自己应做的每一件事，将来无论在社会上从事何种平凡职业均能“当无不胜任愉快也”①。张伯苓不仅自己不想通过办教育“升官”，也没有对自己的学生施与将来升官发财的期望，甚至还明确教育女学生说：“女生将来结婚，相夫教子，要襄助丈夫为公、为国。不要要求丈夫升官发财。”②张伯苓深厚的平民情怀还表现在即使是在成就显赫中外知名之时，依然不愿脱离自己的平民身份“我个人是主张埋头苦干，不愿意叫外人宣扬的”③。与现时某些教育者言谈中常常流露出的看不起平民百姓，尤其看不起生活在社会最底层的平民，如农民、清洁工、企业工人、修鞋补锅的、捡垃圾的等不同，张伯苓还明确提出“从戏剧里面可以得做人的经验。会演戏的人将来在社会上必能做事，戏剧中有小丑、小生、老生等等，如果在戏剧中能扮什么像什么，将来在社会上也必能应付各种环境”④。事实上，历数不同时期的伟人、专家、学者等有成就的人物，无一不是怀着对人民群众的

---

① 喻鉴. 南开学校三三课程[A]. 杨志行、李信主编. 天津市南开中学[C]. 北京：人民教育出版社 1998. 87-88.

② 梁吉生、王昊. 张伯苓言论集[A]. 沈卫星主编. 重读张伯苓[C]. 北京：光明日报出版社 2006. 420.

③ 梁吉生、王昊. 张伯苓言论集[A]. 沈卫星主编. 重读张伯苓[C]. 北京：光明日报出版社 2006. 422.

④ 梁吉生、王昊. 张伯苓言论集[A]. 沈卫星主编. 重读张伯苓[C]. 北京：光明日报出版社 2006. 422.

深厚感情。比如毛泽东“站在受压迫人民的立场上，特别欣赏释迦牟尼放着王子不做，却‘和老百姓混在一块儿’，同他们一起去解除众生的痛苦这样一种立场和思想境界。这同他一再强调的知识分子应转变‘阶级立场’，转变思想感情，同人民大众一起为人民的解放事业不懈奋斗的主张，是完全一致的”①，毛泽东终其一生对于社会底层民众的苦难遭遇都抱有深切的同情。至死胸前佩戴着“为人民服务”像章的周恩来总理一生都把人民群众的疾苦放在心上……

“国运兴衰，系于教育”，国家的发展最终要靠提高全民的素质。“平民教育”从根本上说就是提高所有民众素质的教育，让每一个人都接受“做人”的教育，实现人人公平受教育的权利，是适合普通人需求的教育，是使受教育者将来有能力愉快胜任任何社会职业的教育。每一个人都是独一无二的、每个人身上都有与众不同的闪光点，每个人都应该通过接受教育不断提升自己、提升生活品质、提升道德修养，使自己通过自己的努力与付出幸福快乐地生活在这个世界上。“平民教育”既不是以“当官发财”为目的的“贵族教育”，也不是“我平庸，我快乐”的“平庸教育”。

平民有平民的志向、平民的修养和平民的骨气。“只有永远的平民，没有永远的官”，世界上绝大多数人是平民，中国更是一个平民大国，教育应使每一个人都能对生活中每一件应做事情抱有“凡是值得做的事都应做得尽善尽美”的态度，具备积极上进、不断努力、精益求精的精神追求，“不必人人做大事，但须做善事而使之精良耳”②，本着“只问耕耘、不问收获”的精神，安心苦干，时刻以一颗“平常心”对待人生的起伏，禁得起挫折和失败，无论身处何处，始终用最积极的方式去思考、用最乐观的精神和最丰富的经验支配和把握自己的人生，与时俱进，这就是成功人生。“日新月异是说每个人要接受新事物，而且能成为新事物的创始者，不但赶上新时代，而且还要走在

① 何显明. 超越与回归——毛泽东的心路历程[C]. 上海：学林出版社 2002. 39.

② 梁吉生、王昊. 张伯苓言论集[A]. 沈卫星主编. 重读张伯苓[C]. 北京：光明日报出版社. 2006. 423.

时代的前列，这是南开精神”[①]，也是身为一介平民应有的精神。天津诸多历史名校成功的办学经验在于，他们使一批批学子以平凡、积极的心态看待自己的人生，无论对于多么平凡的工作——哪怕在别人看来是再平凡不过，甚至是低贱的工作，只要你充分珍视它，投注全部热情和精力来干——“傻不济济地干”，它也会因你的热情和付出的精力而变得高尚起来，满怀信心地投入可以使最平凡的工作高尚起来，使最普通的平民的人生闪耀成功的光环，就像张伯苓在不同场合不止一次总结自己:“我个人数十年的经验就是不断努力，靠这点儿傻力量，就有成效。”[②]万丈高楼平地起，庞大的南开系列学校更是“像是用芝麻累积成的一座黄金塔”[③]，没有理想人就会缺乏前进的动力，而没有脚踏实地做好平凡事情的行动，做不好一个“平民”就不会有成才的希望，不会有成功的人生。

做好一个“平民”，需要必要的“个人修养”教育。“平民”生活在社会中，生活在众多的普通人中间，“善群”是平民的必备素质，善群就是善于在群体中生活。不喜孤独，需要辅助是人的天性，《西塞罗文录》中写道：“假如一个人独自升天了，他看到宇宙的大观，他看到群星灿烂，但他并不感到快乐，他必须找到一个人向他诉说他所见的奇景，他才能快乐。”人是社会性的存在，“善群”是个人自我更好地存在和发展的必要条件，“自我，本质上是一种社会结构，并且产生于社会经验，我们无法想象一个产生于社会经验之外的自我”[④]。“善群”既是个人情感的需求，也是个人成功所不可忽视的。张伯苓校长在教育学生时，总是强调要尽力克服中国人传统“私心太重”的缺陷，发扬“善群”的优良美德，团结一致，抵御外辱，“团体精神，较物资百倍可贵，维持之，发扬之，应尽其力之所能及”[⑤]。

① 梁吉生、王昊. 张伯苓言论集[A]. 沈卫星主编. 重读张伯苓[C]. 北京：光明日报出版社. 2006. 428.

② 梁吉生、王昊. 张伯苓言论集[A]. 沈卫星主编. 重读张伯苓[C]. 北京：光明日报出版社. 2006. 423.

③ 杨坚白. 母校重光[A]. 孙海麟、周鸿飞、武佩铃主编. 津门教育家杨坚白[C]. 北京：人民教育出版社. 2008. 4.

④ [美]乔治・H・米德. 心灵、自我与社会[M]. 赵月瑟译. 上海：上海译文出版社. 1992. 125.

⑤ 梁吉生、王昊. 张伯苓言论集[A]. 沈卫星主编. 重读张伯苓[C]. 北京：光明日报出版社. 2006. 420.

天津扶轮中学、南开大学老校友陈省身教授，生于乱世、一生钟情于数学，以宽容乐观的心态面对生活，回顾自己的一生总是说；“我从小没有吃过多少苦。”[①]以至于传记作家感叹“陈先生的传记不好写，……陈先生的人生道路一帆风顺，没有经历过叱咤风云的政治事件、说不上有多少跌宕起伏的人生经历，更没有罗曼蒂克、笔墨官司、个人恩怨之类的逸事”[②]。然而，陈先生几乎长达一个世纪的生活经历中却处处表现出一个显著的个人修养“善群”——“我有一个优点，和许多人都谈得来，而且一下就搞熟了”[③]。在家庭中是父母心中的骄傲“儿曹鹤立”（其父陈宝桢语）；婚姻美满，“家里一切大小事情，全由夫人打点，撒手不管，却是称心如意”；慈爱儿孙，“女婿朱经武认为，他做出的一些成绩，大部分荣誉应归功于岳父母的支持与鼓励”[④]。生活中如他自己所言“朋友很多，没有和我对立的人”，“为数不清的青年学子写推荐信，改变他们的人生道路，和许多饭店的厨师、大师傅称兄道弟，其他如固有亲朋，早年邻居，他都会亲近和关注”[⑤]。当然，陈先生的“善群”最显著的体现还是在数学领域，直到自己成为世界数学大师，还总是念念不忘在不同场合感念早年的学生生涯中得到很多师友的提携与帮助。此外，陈先生还有与他数学生涯关系密切的六位终身挚友，华罗庚、吴文俊、胡国定、A.韦伊、格里菲思和西蒙斯。

陈省身先生“善群”的根源何在？德国数学教克林根伯格（W. Klingenberg，1924—）回忆陈省身时说：“像俗语说的，他就是我仁慈的教父。我觉得他身上体现了一个真正的世界公民的品格，只能来自于他的民族所特有的智慧和宽容的伟大传统。”[⑥]与一般人们心目中数学家被想象成一种“只知道冷冰冰的数理逻辑，不懂人情世故，刻板古怪、离群索居，缺乏文学情调，人文素养的怪人”不同，陈先生自

① 张奠宙、王善平. 陈省身传[M]. 天津：南开大学出版社出版. 1992. 1.
② 张奠宙、王善平. 陈省身传[M]. 后记. 天津：南开大学出版社. 1992. 440.
③ 张奠宙、王善平. 陈省身传[M]. 后记. 天津：南开大学出版社. 1992. 258.
④ 张奠宙、王善平. 陈省身传[M]. 后记. 天津：南开大学出版社. 1992. 5. 199. 200.
⑤ 张奠宙、王善平. 陈省身传[M]. 天津：南开大学出版社. 1992. 258.
⑥ 张奠宙、王善平. 陈省身传[M]. 天津：南开大学出版社. 1992. 185.

己也曾明确表示“一个中国数学家不可以没有中华文化的涵养”①。正是由于深厚的中国文化素养和天津“平民文化”的熏陶，陈省身一生追求简单，淡泊宁静，自上学读书开始就从未看重过地位名誉，晚年还发表文章“数学没有诺贝尔奖是幸事”。正是由于甘于平淡，甘于做好一介“平民”，他一生豁达，从不把时间和精力浪费在纠缠于个人恩怨中。

数学大师陈省身

甘于做好一介“平民”，并不是做一个毫无主见的“二等公民”。平民教育不是单纯的农民教育、贫民教育，不是专门针对贫穷老百姓的“低层次教育”。当然“平民教育”更应该关注那些生活较为贫穷的、那些不能享受优质教育资源的农村孩子，但平民教育本身并不是只是针对穷人或农村孩子的教育。平民教育是相对于贵族教育而言的，是为绝大多数平民百姓服务的教育。教育学生“善群”也不是要他们没

---

① 张奠宙、王善平．陈省身传[M]．天津：南开大学出版社．1992．248．

有自己的喜怒哀乐、好恶爱憎，做墙头草随风倒。平民有平民的骨气，敢于坚持自己认为是对的，也敢于对种种丑恶、邪恶和罪恶的现象表达自己的愤恨，首先需要通过教育使学生对道德和伦理问题能进行批判性的独立思考，具有独立判断能力。[①]这就需要教育者在日常教学中鼓励学生敢于向书本、向老师、向名家、向一切“权威”说“不”，教育学生“憎爱分明——对于缺乏人性、缺乏良知、缺乏道德的丑恶、邪恶及罪恶行径表达愤恨”[②]。陈省身先生一生“善群”，可其爱恨情感却自幼分明。童年初入小学堂第一天，因看到教师体罚同学，用戒尺打手心，第二天就再不肯上学堂，一生只上了一天小学。少年时期，目睹祖国被列强瓜分发表过诗词《雪》

雪啊！
你遮着大地，
何等洁白，
何等美丽。
何以为人们足迹所污染？
负了造物者的一片苦心，
我为你惜！
我为你恨！

一生只钟情于数学、不关心政治的陈省身，回顾在南开上学的情境：“我从河北区宙纬路到南开上学，要经过海光寺。海光寺是日本的兵营。看到日本兵端着枪，耀武扬威的样子，很是讨厌。”[③]这是一名

① 南开校友李世斌在回忆南开中学时，总结通过一百多年的实践，从数以万计的毕业生的成长和业绩中可以得出结论——南开教育已达到的 8 项目标之首即为：学生对道德和伦理问题能进行批判性的思考，具有判断能力。其他 7 项分别为 2. 具有强烈的爱国思想和对民族文化的自豪感；3. 了解世界各国的文化、历史及现状的全貌，能客观地理解，并与之友好相处；4. 具有不断获取新知识的能力，熟悉先进的工具和手段；5. 具有解决不同领域的各种问题的能力；6. 掌握定性、定量分析的能力和语言、文字的表达能力；7. 力求“博”（know something about everything）“专”（know everything about something）的协调。见李世斌. 七十年前的几个侧面——我所就读的南开中学[J]. 教育参考. 2009.（12）.

② 吴康宁. 教育要使学生学会爱 也学会一点“恨”.

③ 张奠宙、王善平. 陈省身传[M]. 天津：南开大学出版社. 1992. 248.

普通平民学生真实情感的表达，这种表达让人感到的是一介平民应有的尊严和骨气。

国运兴衰，系于教育，国家的发展最终要靠提高全民的素质。对学生进行远大的理想教育时，首先应对他们进行平民教育。在天津这个“平民化”的城市，实施“平民教育”有着显著的地域优势，浓厚的文化氛围，长期积淀的传统经验。当前时期，更应该把教书育人、道德教育和提升素质紧密结合起来，注重教育公平，开辟一条具有天津特色的平民教育之路。

四 提高国民素质的诚信教育

当前时期社会中出现的种种丑恶现象，毒奶粉、地沟油、瘦肉精、彩色馒头、“小悦悦事件”等，特别是近年来频发的大学生自我伤害、伤害他人事件，高校同学间的投毒事件，使舆论的焦点直接指向了“中国人的道德”问题。而教育历来被认为对于国民素质的提升、社会风气的形成起着至关重要的作用。如果说中国社会出现了道德滑坡、信任危机，如果真像人们所戏言的：当前中国社会中，生产地沟油的人可能孩子正在喝着有毒奶粉，生产有毒奶粉的人可能正吃着“瘦肉精”的猪肉，往猪肉里添加“瘦肉精”的人也许正在品尝彩色馒头，而制作有色馒头的人也许正在享用地沟油……那么教育也不可避免地受到社会风气影响：家长不信任教师、不信任学校；教师不信任学生、不信任家长，甚至家长不信任自己的孩子，学生不信任家长、不信任老师……那么面对如此怪圈的形成，无论怎样分析社会各方面、各层次的原因，归根结底，教育自身一定是难逃其咎，而改善现状，教育又起着关键作用。

1. 教育中的信任危机

走进当前教育实践，随处可以感受到社会生活中“信任危机”的影响：家长不信任老师，不仅是那些刚毕业的老师会遭到家长的“下马威”，甚至是所有年轻教师，学校里的所有老师。

“把孩子交给年轻老师我不放心，现在的大学毕业生自己都是孩子，又怎么能教育好学生呢？”（天津河西区一名小学生家长）

“孩子所在班级学校让一个刚刚走出校门的大学生来当班主任，太不负责了。”（天津红桥区一名初中学生家长）

“我孩子的班主任年龄偏老，只有本科学历。我担心她的教学方法过于老套，跟不上现代形势的变化，心里总觉得不放心。”（广州天河区一名高中学生家长）

事实上，这些“不信任”并非是家长无事生非，在当前的社会氛围中，似乎有着“充分的”理由：媒体中不断出现的中小学校，由于教师惩罚学生不当造成的伤亡事件，特别是，幼儿园中层出不穷的虐待幼童事件更是让家长们整天提心吊胆，不敢轻言“放心”。

家长“不信任”教育机构，“不信任”老师，学校、幼儿园和老师同样也“不信任”家长。“宁可让学生坐死，不让学生跑死”——日前，在长沙举行的第5届全国亿万学生阳光体育冬季长跑启动式，有部分孩子在绕着田径场行进一圈，立正站立不到半小时后，一下场就瘫倒在地。从1985年开始，我国进行了4次全国青少年体质健康调查，结果显示，中小学生的肺活量、速度、力量等体能素质持续下降。以2008年为例，学生肥胖率比5年前增长了50%，眼睛近视的比例初中生接近60%，高中生为76%，大学生高达83%。“新东亚病夫”的出现是否还是杞人忧天？面对青少年体质的大幅度下滑趋势，很多学校和教师依然不顾国家政策、不顾家长的要求和学生从事体育活动的强烈愿望，强行取消体育课或体育锻炼走过场，最主要的原因是，家长来找学校麻烦，把学校找怕了。尽管体育锻炼出事故的概率很小，但是万一出了事故，家长纠缠起来，“学校真就吃不了兜着走了”（某学校体育教研室主任）①。

学生得不到家长、老师的信任也是现今教育中较为普遍的现象。

① 邱晨辉．宁让学生坐死，不让学生跑死[N]．中国青年报 2011-10-31（03）．

教育研究调查显示，与一般教育者所认为的学习成绩好坏使学生烦恼不同，学生最烦恼的事是父母和老师的不信任。[①]对待出现“问题”的学生，老师动辄以不让学生参加体育活动，不让按时回家、罚站、罚抄为惩戒，家长则以打骂之类的简单方式对待孩子，此类父母和老师与学生的教育沟通不良已对学生心理健康构成威胁。

学生不信任老师、父母的现象更是比比皆是。其实我们今天不必为“父母皆祸害”——拥有上万成员的网络小组名称感到“惊悚”，“家是世界上最没法谅解的地方”——近二十年前就有研究者通过调查表明，学生在家庭、学校或其他社会场所受到伤害后，最信任的求助对象往往不是父母，更不是老师，而是同辈群体——同学或朋友。[②]

“父母皆祸害”网络小组

事实上，中国社会中的诚信问题由来已久，并非始于当前。近代天津在世界格局中的地位急速下滑，民族危难深重时期，很多具有世

① 郑锦杭．学生最烦恼的不是成绩好坏[N]．钱江晚报 2008-1-10（A0013）．

② 据有关调查，我国中学阶段的青少年学生中有 31%的人经常出现苦闷情绪，64%的人有时出现苦闷情绪，而当他们出现苦闷情绪时，除了“闷在心里，不与别人说”的学生之外，向伙伴求助者最多，与向父母求助相比，差异十分显著，而向教师求助的少之又少。肖汉仕．少年也知愁滋味——现代中学生心理调查与启示[J]．转引自 吴康宁．教育社会学[M]．北京：人民教育出版社 1998．230．

界眼光的爱国志士，对中华民族国民性都进行了深刻的自省。具有几千年传承，人力、物力、财力在全世界具有显著优势的文明大国缘何在近代几场战争之后，便于顷刻间变得不堪一击，成为任人宰割的“鱼肉”，以至于就连无力出兵的欧洲小国比利时都在中国天津拥有一块“海外飞地”——租界地？很多研究都将造成这种局面的原因归结为财力的匮乏导致了军事实力、国民体质下滑——远至郑和七下西洋近至鸦片输入、战败求和、割地赔款……国家大量钱财被消耗，到了积贫积弱的境地，以至于军事武装、国民体质远远落后。果真如此吗？就拿国人倍感耻辱的甲午战争来说，当时中国的经济、军事实力并不比日本差，从经济上看，甲午战前日本的重工业还比较薄弱，轻工业中也只有纺织业比较发达。钢铁、煤、铜、煤油、机器制造的产量都比中国低得多。当时日本共有工业资本 7000 万元，银行资本 9000 万元，年进口额 1.7 亿元，年出口额 9000 万元，年财政收入 8000 万元，这些指标除了进口量与中国相当外，其他都低于中国，说明当时日本的经济实力和中国一样并不强盛。从军事上看，日本在甲午战前的一二十年里，竭全国之力提升军事实力，尤其重视海军建设，到 1893 年，拥有军舰 55 艘，排水量 6.1 万吨，与中国海军主力北洋舰队相当（中国还有广东、福建水师）。日本常备陆军 22 万人，总兵力不到中国的一半，武器装备也相差不大。很显然，中日军事力量对比，有的方面如海陆军总量中国还略占优势。也就是说，甲午战争中国之败，并不是败在军事力量上。

再看看八国联军的入侵，清政府在抗击失败后，相当多的中国百姓表现麻木，帮助八国联军攻打北京城，很多人和洋人合影，全无丧国之耻。一些爱国志士对此深有体会，比如张伯苓等人经过切身体会均认识到，近代中国灾难的根源在于中国民众的“国民性”，甲午海战期间的种种见闻使张伯苓认识到“海军不能救中国”，“余时在北洋水师，感触种种国耻，知我之不如彼者，由于我之个人不如彼之个人。故欲改革国家，必先改革个人”[①]。鲁迅先生也在其很多杂文比如《药》

① 李冬君. 中国私学百年祭[M]. 天津：南开大学出版社 2004. 183.

《藤野先生》《父亲的病》……中都揭露了国民的麻木不仁，在《藤野先生》中鲁迅写到日本人杀中国人的时候，其他围观的有一群中国人，他们甚至还欢呼！于是认识到，医学救不了中国。

此外，严复、胡适、李大钊、陈独秀、梁启超、辜鸿铭等等，他们几乎都不约而同地对国民性进行了深刻的自省——认识到其中最严重的问题就是“诚信问题”。张伯苓指出，近代中国落后的根源就在于国民缺乏“诚信”，“中国人没有至诚，不诚恳。中国人不如人的，不能合作，不能诚诚恳恳地干一下子”[①]，事实上，国民性中的很多弊端——愚、弱、贫、麻木、奴性、迷信等等都与缺乏诚信直接相关，与缺乏诚信密切联系的是“私”——不能合作。“私”表现在中国人的日常生活中，“中国人只知道，你的是你的，我的是我的，而把公家的事务认为是不属于任何人，大家随便可以拿，有机会就偷，有机会就贪。只要是公家的，大家不去给他加东西，不爱惜他，结果把他摧残了，毁坏了”[②]。

追古抚今，现在再来揭露、指责麻木的国民，“诚信危机”的社会道德状况，在很大程度上不过是重复前人的认识观点，对于改善现实并无多大裨益。更重要的是，我们应该审思造成国民性不足的根源究竟是什么？通过何种途径才能不断加以改进？

几千年文化的源远流长，中华民族的国民性自有善良、宽容、勤劳……优良品性，那么究竟是什么原因使得已经富有起来的很多普通国民至今依然勤劳善良却不善合作？或许问题涉及国家社会、文化、政治生活的方方面面，然而，如果从教育的视角入手，从科举考试开始延续至今几千年的“精英教育”模式，则成为促使国民性中种种弊端特别是“诚信危机”产生的关键因素。不可否认，科举考试的出现，因体现出公平竞争、唯才是举的理念与以往的世袭官职相比有着无可比拟的优越性，于是读书、进考、中举成为普通百姓最优先的选择，“万般皆下品，唯有读书高”为的就是“朝为田舍郎、暮登天子堂”。

---

① 梁吉生、王昊. 张伯苓言论集[A]. 沈卫星主编. 重读张伯苓[C]. 北京：光明日报出版社. 2006. 422.

② 梁吉生、王昊. 张伯苓言论集[A]. 沈卫星主编. 重读张伯苓[C]. 北京：光明日报出版社. 2006. 421.

然而这种貌似公平的制度本身存在着巨大的不公平性，考试科目、考试内容、评分标准究竟由谁来掌控？当唐太宗赞叹科举制度使得“天下英雄尽入吾彀中”，他可能并没有意识到，除了“状元”之类凤毛麟角的中榜者之外，科举给绝大多数的“天下英雄”贴上了“失败”的标签。如果说，读书是为了做人要争气，不做牛和羊，那么科举的落榜无疑只能最终使人“失去尊严地”活着。不要埋怨百姓麻木，作为社会所淘汰、被抛弃者、失败者、没有尊严的人、长期处于食不果腹甚至朝不保夕的处境中，除了“有一口饭吃就行”的世俗生活之外，还能奢谈什么“超越意识”、什么“终极关怀”？此后，虽然教育体制进行了很多变革，真正触及科举传统的“精英教育”模式的变革却很少（尽管新中国成立后初期尝试过“与生产劳动相结合”的教育，但对于“绝对公平教育”的追求却从根基上摧毁了中国教育[①]），以至于至今“状元”教育、“精英”教育、“卓越”教育、“天才”教育依旧盛行不衰，甚至大有越演越烈之势。这些教育的实质为何？有人曾做过精彩的比喻：

> 有一天动物们决定设立学校，教育下一代应付未来挑战。
>
> 校方订定的课程包括飞行、跑步、游泳及爬树等本领，为方便管理，所有动物一律要修全部课程。
>
> 鸭子游泳技术一流，飞行课的成绩也不错，可是跑步就无计可施。为了补救，只好课余加强练习，甚至放弃游泳课来跑步。结果磨坏了脚掌，游泳成绩也变得平庸，校方可以接受平庸的成绩，只有鸭子深感不值。
>
> 兔子在跑步课上名列前茅，可是对游泳一筹莫展，甚至精神崩溃。
>
> 松鼠爬树最拿手，可是飞行课的老师一定要他自地面起飞，不然没法给分，弄得他精神紧张，肌肉抽搐。
>
> 老鹰是个问题儿童，必须严加管教。在爬树课上，他第一个

① 相关论述请参见杨东平. 艰难的日出——中国现代教育的 20 世纪[M]. 上海：文汇出版社，2003；程晋宽. “教育革命”的历史考察[M]. 福州：福建教育出版社. 2001.

到树顶，可是非用自己的方法，不按老师的要求。

学期结束，一条怪异的鳗鱼以高超的泳技加上能飞能跑能爬的成绩，反而获均分第一，被校方作为“状元”“精英”“卓越人才”，号召大家都向他学习，还让他代表毕业班致辞。

再有地鼠抗议学校未把掘土打洞作为主修课，集体抵制，决定与土拨鼠合作另设学校。

显而易见，被贴上“状元”“精英”“卓越人才”标签的鳗鱼没有什么特长、靠均分获第一，很难成为某一领域的“创新人才”，更难以得到普遍认可（可以想象动物们每天担负着远远超过自己能力的学业负担，承受着身体上、精神上的双重痛苦、面对平庸的成绩，被教育向他们永远也无法企及的“天才”——鳗鱼学习时，心里对鳗鱼有一点点怨恨，难道不是很正常的情绪表达？），普通大众的素质也不可能因接受这样的教育而得以提升，应付未来挑战更是空谈，然而这恰恰一直就是从科举至今的“精英”教育最根本的弊端所在！而这绝不是发生在动物世界的童话故事，它至今仍普遍存在于我们当前的教育中，甚至是人生最初的基础教育——幼儿园教育中。

笔者曾到某幼儿园调研，听音乐特长班的训练课。班上的孩子均是自愿报名的，笔者从家长口中了解到，这些孩子有的节奏感好、有的乐感好、有的善记歌词、有的喜欢唱歌有事没事就爱哼唱小曲，当然也有完全听从家长意愿的，但这种情况非常少，二十多个孩子中只有一两个。一个学期的训练课，每次上课除了区区几分钟的练声之外，主要就学了一首歌曲——周杰伦演唱的《千里之外》，为什么要选此歌曲，根据教师的说法是有难度，到期末表演时，会让家长感觉钱没白交，确实学到了东西。一开始上课教师就宣布，这首歌需要两个男生领唱——谁唱得好就让谁来做领唱。课程进行了大约一个月之后，教师从学生中选出两个领唱的男孩，原因是，他俩眼睛睁得大、表情好、声音大，几番试唱之后，很多伴唱的孩子早已失去了最初的兴趣和好奇，无精打采，只盼着快快下课，教师试图鼓励大家再努力坚持一下，“好好合作”把歌唱好，于是引导式地问其余伴唱的孩子们，“这两位领唱的小朋友是不是表情很好？唱得很好呀？”一阵抵触式的沉默之后，一个四岁左右的小女孩说，“他们的声音太粗了，不好听”，于是不可避免的这个小女孩因缺乏“合作精神”受到了批评。看着那些所有伴唱孩子们，他们或因眼睛不够大、表情不过好、声音太小或者仅仅因为是女生就被排除在“唱得好”的行列之外，只能做伴唱，想想他们是什么心情，不满的情绪表达又受到压抑，他们除了麻木还能怎样？！一百年前张伯苓说中国国民性中“孩子大人一样，总不愿别人好。大家在一块谈，谈到别人的坏处，大家精神百倍；说人好处，就不高兴了，好像不愿中国有好人，这就是亡国的根源”①，至此笔者也似乎找到了一点缘由——说别人好就只能意味着我不好，说别人行就等于说我不行，别人成为“领唱”我就只能成为为其伴唱的众多陪衬者之一，胜者王、败者寇，这就是“精英教育”残酷的“淘汰”逻辑！

这种具有全民参与性质的“精英教育”及其理念盛行几千年，也从根本上整塑了中华民族的国民性。既然无论怎么努力也做不了“精英”、既然纵使做了别人眼中的“精英”依然不快乐，那么我为什么要帮助别人成功，让别人快乐？别人不愿与我合作，我也没有义务与别人合作。既然是胜者为王，那么为了我的成功，我的快乐，通过不正当的手段打击别人，实现我的目的似乎也在情理之中。

就这样，一个以“重情”为显著特征的民族，以“己所不欲，勿施于人”“己欲立而立人”等等“由己及人”的真实情感体验为一切伦理道德基础、以“宽容”著称于世的中国人，前半生一心只为自己成为“精英”，后半生消弭在不停地埋怨抱怨中，终其一生只为着一己的“私念”再也体会不到合作的乐趣。即使保留着“忍”和“让”的美德，还是在国民性中还是不可避免地显现出“愚”“弱”“贫”“散”等诸多负面特征，出现了“诚信危机”。

事实上，当今社会中所暴露出的国民性中诸如：缺乏诚信、冷漠麻木、自私贪婪、见不得别人好等等种种问题的根源均与各种“人为”

---

① 梁吉生、王昊. 张伯苓言论集[A]. 沈卫星主编. 重读张伯苓[C]. 北京：光明日报出版社. 2006. 422.

制造出的稀缺教育资源的竞争密切相关，“领唱”只有一两名，“冠军”只有一个，考试只有一个第一名，“状元”只有一个，享有高等教育资源只有一条途径——高考，个人成功的方式只有一种——接受学校教育，每个省市仅有一两所重点中学、全国只有区区可数的所谓“一流大学”。一个人要成功就意味着要在受教育的不断竞争过程中无数次地击败别人，不能有任何一点闪失、差错，只能一贯毫无悬念地（必要时可以采取“不诚信”的手段，只要不被识破即可）保持胜利者的地位，才有可能最终成为别人眼中的“精英人士”；学校通常牺牲掉学生、教师的幸福，有时甚至还要不惜代价地造假才能脱颖而出成为“重点”“一流”，保住“重点”“一流”的地位，我们的教育太强调“竞争”却忽视了与竞争同样重要甚至更重要的“合作”。诚信意识、社会责任感、同情心、人格理想都在这样的教育过程中一点点泯灭了。

整个国家的发展进步离不开普通公民个人素质的提升。很显然，没有国民素质的整体提高，每个人每天生活在怀疑、嘲讽、不被认同的社会环境中，创新只会被扼杀在摇篮里——“枪打出头鸟”。今天我们所倡导的创新人才培养就会举步维艰，创新人才终究难以出现。国家进步、民族发展也会因此而遭受阻碍。

问题发生在哪里，就应在哪里解决。以科举为肇始的传统“精英”教育对于国民性的种种负面影响，归根结底还要在教育中解决。事实上，为了改善现状，当前已经制定实施了很多措施：在学生中大力宣传“诚信”教育、国内知名高校有把“孝顺”作为入学的必备条件、有把“三代无大学生”家庭的学生优先录取的……暂不论这些举措效果如何，应首先看到，培养学生的“诚信”意识、“团结”精神，要从具体的事情做起，不然，只有宣传和标准，就有可能成为空谈或为达到标准采取各种“不诚信”手段的始作俑者。

特别遗憾的是走进现实中的教育，大多数中小学学校里，课堂教学过程很少表现出师生间、生生间相互合作与相互依赖的特征，特别是幼儿园和小学教育更是如此。为了不让自己的孩子、自己的学生“输在起跑线上”，家长和教师似乎格外重视培养孩子的“竞争力”，很多家长、教师苦口婆心地告诫孩子“一定要在回答老师提问时争先举手”，

“一定要抓住每一次自我表现的机会”……而事实上这种过分强调竞争的教育在很多时候只会制造不和谐的气氛以及学生间的敌意。试想在高度竞争的课堂氛围中，你作为一名知道正确答案的学生，老师却指名让另外一名同学回答，你可能就会希望他答错，这样你才有机会在老师同学面前展示自己的正确；而那个答错的学生，还有众多由于各种原因没有得到这一“宝贵机会”展示自己的学生也可能会怨恨你，因为是你“夺走了”那唯一的机会。久而久之个别“赢在起跑线上”的优秀生在老师不断的表扬声中信心十足，表现欲更强；而大多数学生却在无数次的呵斥下战战兢兢，他们不敢多嘴，怕被别人讥笑，怕被老师棒杀，怕说不好给自己带来一些不快，于是干脆充当“看客”，什么也不说。

事实上，上述在中小学课堂教学中几乎普遍存在的现象事实上是可以得到改善的。比如笔者在幼儿园调研时曾听过一节课“让小熊跳起来”，教师先为一小班约 30 名孩子准备了 10 多条长方形布单和玩具布熊，然后让孩子们完全自由自愿地组成小组，每个小组的孩子们协同用力拽布单让放在上面的小熊弹起来，先是练习，到一定阶段后记录出每个小组小熊弹起的高度，然后让每个小组在练习中不断发现问题、总结经验、加以改进，目的是让本组的小熊弹得高一点、再高一点、更高一点，到下课时看哪些组弹得高、进步大、发现问题多、改进方法多……最后几乎每个小组都能得到一个奖。开始的时候，孩子们组成小组的过程有些盲目，有的两个人试图成为一个小组，有的五六个孩子试图组成一组，可随着真正开始练习孩子们慢慢“发现”4 人组成一组，每人拽一个布角效果更好些。每个小组的几个孩子表现也很不同，有的孩子擅长发现问题——“老师，我发现如果我们均匀用力，小熊会弹得更高”，“如果我们一样高，小熊会弹得更高”……有的孩子善于组织，“铮铮你太高，弯点腿”，“我来喊一二，我们一起用力”……每个孩子都诚心诚意地帮助别人、改进自己，目的是“我们”能够做得更好，近两个小时玩下来，孩子们还意犹未尽。

再有一位中学教师在川教版八年级历史下册《“一国两制”与祖国统一》的合作教学设计：首先将这一课学习的主要内容分成六个部

分：1. 香港问题由来；2. 澳门问题由来；3. 台湾问题由来；4. 统一之策——“一国两制”的构想；5. 回归之路——香港、澳门回归；6. 海峡两岸关系的发展。然后，根据不同兴趣学生的要求将全班学生分为六组，其中每一组的学生各自分别主要负责学习本课内容的一个部分，之后是组内讨论交流向本组同学讲述，这样本组的每一名学生学习的都是本课内容的六分之一，必须认真听取本组其他同学的发言才能全面掌握本课内容，最后是六组各派代表在规定的位置简明扼要地写出本课内容的基本要点并在六组之间展开讨论、交流。期间教师有针对性地对学生中存在的一些问题进行分析指导，更好地帮助学生，交流之后教师进行简要测试，以达成教学目标的完成。经过这样的教学，同学们感受到没有他人的合作交流，谁也不可能很好地掌握本课内容并在测试中取得好成绩。类似的课堂合作教学方法在欧洲、非洲、中东和澳大利亚等地被冠名为“拼图法”已广泛地加以运用，涉及从小学到大学不同层次的学生，都取得了很大的成功。①

联想到张伯苓主持的南开学校，每到下午 4：00 所有教室空无一人，但不锁门，学生全部都到运动场上或者会所进行课外活动，运动场最热闹，田径、球类……任学生自由选择、自主组织比赛，挑战对手；在校方支持下成立了校军乐队、武术学会、青年会、各种读书活动，一直持续到晚饭时间，学生们开会的开会、办刊的办刊、唱歌的唱歌、拍戏的拍戏……每个人都自由自愿自我负责地选择参加自己感兴趣的活动，别小看了这种选择活动的权利，比如，不会开步走、总和同队人合不上节拍，不停倒左右脚的陈省身，体育、音乐活动一概不选，独独选中了南开大学理科学会。深入研究陈省身进入南开后选择数学的过程，会给我们今天的教育很多启示，“如何发掘一个人的潜质和兴趣，给学生自由选择的权利，是今天教育的一项迫切任务”②。事实上南开的课外活动不仅达到了使学生强身健体、丰富生活，锻炼学生自知知人的能力、组织能力、合作能力的目的，还培养了学生社

① E·阿伦森. 社会性动物[M]. 邢占军译，缪小春审校. 上海：华东师范大学出版社. 2007. 259.

② 张奠宙、王善平. 陈省身传[M]. 天津：南开大学出版社出版. 1992. 28.

会生活的种种美德：公平竞争、团结协作、公共道德。“在南开的学习中，大约 2/3 的时间用于正课学习（正课中也有体育），大概 1/3 的时间用于课外体育活动和社团活动，这 1/3 玩的时间辅助了正规教育，给学生以全面的公民素质教育——德、智、体、群、美、劳、创业和服务，全面发展。张伯苓教育的成功，正是由于这一部分起着关键的作用”①。现在想来，当时南开为什么就不怕学生出事，家长找学校的麻烦，轻轻松松就做到了今天学校只有不顾一切地“豁出去”才敢让学生在校进行的自由活动？（当时南开的学生不少出身中上层家庭，还有许多达官显贵的子女，在家中也免不了娇生惯养）无论如何，今天我们能够听到看到的只有无数年迈的南开校友在深情回忆母校时，常常会提到自己健康的体魄得益于当年在南开课外活动中从事的各种锻炼。

南开大学校钟

张伯苓校长的教育理念至今不灭，百年前他对中国教育寄予厚望，“解决中国之问题，为教育”；他对中国教育改进国民性寄予厚望。“希望（通过教育）能使国人除尽私心，普及体育，一切均应团结合作”，难道这不同样也是对我们今天中国教育的警示与厚望吗？

① 刘东生. 学高为人师 身正为人范[A]. 沈卫星主编. 重读张伯苓[C]. 北京：光明日报出版社. 2006. 16.

五 以人为本教育

近代天津历史名校的盛誉遍及世界时期，出现了同样彰显天津人骨气的爱国行为“望海楼事件”国际影响却大相径庭。“望海楼事件”中，曾国藩下令为了平息外邦的愤怒最终以将命抵命的方式下令处死18名天津爱国平民，他对生命的蔑视不仅引起广大中国人民、天津人民的民愤，甚至为外邦人士包括当时事件中涉及的法国教士所不齿，认为曾国藩不过是“徒有其名”。被誉为“中兴名臣”的曾国藩一世英名尽毁此案，遭到了来自上至官场、下至民间国内国外的大量谴责与诟病，一年之后即抑郁而终。抛开当时曾国藩处理此案时的种种无奈不讲，对比彰显中国人骨气的天津历史名校在国际上享有极高声誉的关键还在于“以人为本”。

2003年，党的十六届三中全会提出“坚持以人为本、全面协调可持续的发展观”，并指出“以人为本”是科学发展观的本质和核心。从20世纪80年代后期开始，我国众多的教育批判矛头指向了教育和教育学中存在的“人学空场”现象[①]，在新的历史时期、新的历史条件下进一步发展成为教育领域对于“以人为本”的呼唤！然而，在当前我国教育研究与实践中从根本上说，“以人为本”，似乎还停留在从教育管理者角度提出的一种自上而下的管理策略，对于真正置身于现实教育中的“人”——教师和学生来说，从自身个体的角度出发，对于教育“以人为本”究竟意味着什么？教育“以人为本”等同于教育“以学生为本”吗？“以教师为本”与“以学生为本”对立吗？等等相关的一系列问题的全面认识就成为现实教育中真正实现“以人为本”的重要前提。

教育“以人为本”是中国教育发展到当前阶段时代发展的诉求，它针对中国教育研究与实践中“人学空场”现象、“应试教育”弊端充

① 鲁洁：教育人学——当代教育学的人学路向（序）[M]. 王啸. 南京：江苏教育出版社. 2003. 11. 1.

分暴露、社会各阶层人士几乎无人满意现实教育状况而提出的，具有强烈的现实针对性和解决教育实际问题的迫切感。然而，如果仅仅将教育“以人为本”停留在教育管理层面，不能真正从教育中“人”的角度出发理解和践行，教育“以人为本”就很容易在教育研究中成为空谈，在教育实践中产生偏差。

一方面从教育管理者角度来说，教育“以人为本”中“人”侧重的是“群体”的人，教育管理的方法、规章制度应为教师群体、学生群体中的每个人公平地提供发展的平台，创设发展的机遇、开拓发展的空间，比如，某地区、某省市、某个学校为了从整体上提升教师的专业化水平而为教师群体提供专业进修的机会。再比如，班级管理中，教师会采取各种方式教育学生，目的在于“不让一个学生掉队”。“以人为本”中的“本”指涉的是大到整个国家、全社会的教育发展，小到一所学校的发展，都要以“依靠师生”“为了师生”“服务师生”为基本出发点，各级教育管理工作的成败都应以教师和学生的发展为衡量标准。

另一方面，从教育直接关涉的“人”——教师和学生自身来讲，教育“以人为本”中“人”就是每个人自己，是“个体”的人，每一位教师和学生从自身状况出发，不空谈和坐等上一级的管理者“以人为本”，少一些从众依赖心理，多一些主动发展精神。不论是教师还是学生，教育中的每个人都应该通过自我教育，为自身的发展负起应负的责任，无论别人对自己的发展起到何种促进作用，最终自我的发展还要落实到自身的行动中，有勇气、有能力做更好的自己才真正是“以人为本”的“本”——根本所在。

应该说，只有对上述两个方面同时加以重视，教育“以人为本”才会真正落到实处，发挥应有的作用。不难想象，如果只是管理者单方面努力，师生缺乏主动发展精神，“依靠师生”就会成为空话；管理者总是越俎代庖，被管理者存在依赖心理，“尊重师生”也会大打折扣。因此，后一方面从某种意义上说应该更为重要，毕竟“真正的教育是自我教育”——无论多么好的教育管理策略只能为“师生”发展提供条件，而不能从根本上代替“师生”自我的主动发展要求与行动。

然而，教育“以人为本”在当前教育研究与实践中存在的问题恰恰是，由于偏重于从管理者角度倡导教育“以人为本”，相对比较忽视从师生个体的角度进行探讨研究与实践，在实际的教育工作中难免走入误区。

误区一：“以人为本”等同于“以学生为本”迁就学生

由于学生处于学校管理的终端，是被管理者，而教师则不同，虽然相对于学校管理人员来说，是被管理者，但相对于学生来说，教师又是管理者，若要提出“以教师为本”就好比一个国家的管理即便不是以领袖为本，也是以部长、省长为本，或一个建县的管理即便不是以县委书记、县长为本，也是局长、科长什么的为本。因此从侧重管理者的角度理解教育“以人为本”似乎就是办教育、办学校都只能奉行“以学生为本”这一宗旨，而不可能是“以教师为本”。

一味从管理者的角度强调“以学生为本”，学生心理、身体都被过度保护起来，稍有不慎，出了事故，便要追究学校、老师管理的责任。为了学生安全，春游取消了，学校不再组织集体校外活动，有些体育老师甚至不敢在室外上体育课。为了学生“个性”的充分发展，教师生怕扼杀了“牛顿”，夭折了“爱迪生”，导致赏识教育泛滥，有些学校明文规定不准批评学生，只能对学生进行赏识，甚至有报道要求教师不准在学生做错的题下打“×”，而要以“？”来代替，以保护学生的自尊心[①]。而在某校一节政治公开课，教师问：“在红绿灯路口，夜间没有警察值勤的情况下，你是怎么做的？”很多学生回答如何将遵守交通规则变成自觉行为。有一名学生说：“只要保证安全，可以不按红绿灯指示来行走。”“好样的，敢说真话！”教师的回答让人大跌眼镜。这样放弃原则的赏识不但模糊了学生的认知，而且会养成不良的习惯。[②]不仅如此，这种出于管理角度过度迁就学生的“以学生为本”结果往往是学生在过度的保护下，心理承受能力往往只会越来越脆弱，

① 武汉市江岸区在《小学教师批改作业要求》中宣告“×”正式退出小学生作业本[N]. 武汉晚报. 2003- 11-2

② 陈继扬、彭泽平. 学校对教育“以人为本”的认识存在诸多误区[N]. 中国教育报. 2006-8-29（6）.

经不起一点挫折。

误区二：漠视作为“人”的教师

学校生活以日常教学为主，而教学中教师是管理者，因此，从管理的角度来看“以人为本”，教师就被排除在外了。教育“以学生为本”——似乎是说作为学生的管理者教师就要对学生的发展负起责任。教育方面出了问题，教师似乎都难逃干系，学生成绩差了，是教师的错；乱收费了，是教师的错；学生心理脆弱跳楼自尽了，是教师的错……教师要无私地爱学生、要做学生的表率，要求学生做到的教师要首先做到，教师是“完人”、是“神”——不可以犯错误，只知道工作，不知道生活，只需要劳动，不需要休息，只可以奉献，不允许索取，只能够和气，不可以生气。各种政策、法规也齐出台，“不许伤害学生的自尊”，可教师的自尊呢？作为教师，不管是上级主管部门、教研部门，还是学生家长、社会闲人，谁都可以来要求你，谁都可以来指责你，谁都可以评价你。

与“育人”相比，对教育质量、教师的生命质量具有决定性意义的——教师如何“育己”，却通常被人忽视。[①]现实生活中，将教师职业只作为一种“谋生手段”而非“生活方式”，成为教师中间普遍流行的职业观，且被社会宽容地赋予合理性。在日常的教育教学中，很多教师缺乏主动进取的热情，只是疲于应付各种检查、被动完成学校规定的学生成绩合格率、升学率的任务，教学过程单一重复，缺乏新意，从而钝化研究意识和创造精神，引发职业倦怠。

误区三：将“以学生为本”与“以教师为本”对立

“红烛”“春蚕”“蜡烛”等等传统的有关教师形象的隐喻，似乎都在暗示着学生的良好发展需以教师的自我牺牲为代价。由此，在谈到教育“以人为本”时，人们自然而然地觉得如果教师不付出各种精神的或物质的代价，做出牺牲，教育就不可能“以学生为本”。不知不觉中将“以学生为本”与“以教师为本”相互对立起来，似乎教育如果“以教师为本”就不可能再“以学生为本”，反之亦然。

① 叶澜等. 教师角色与教师发展新探[M]. 北京：教育科学出版社. 2001. 10. 3.

如何处理好“以教师为本”和“以学生为本”成为摆在学校管理者进行日常教育教学的一道难题。比如，要承认教师在教育教学中的主导作用，似乎就无法倡导建立民主平等的师生关系，将教育“以教师为本”和“以学生为本”从逻辑上进行分析，则又会将二者完全对立起来。在“以教师为本”和“以学生为本”这两个概念（命题）中，一方面如果将“以学生为本”，作为结论或者说是目的/目标（特别是在当前教育中，通常将学生的各种考试成绩、升学率作为衡量学校办学水平的重要指标的状况下），那么，“以教师为本”只是一个大前提或者说是措施而已（并非是唯一的）。因此，若将“以学生为本”作为目的，似乎就意味着教育管理者完全可以采取别的手段或措施达到目的，而非“以教师为本”，甚至从根本上漠视教师的利益。或者，反之，另一方面，如果将“以教师为本”，作为结论或者说是目的/目标，那么，通常“以学生为本”则是达到目的的一个前提条件，因此，“以教师为本”则意味着，教师可以不考虑学生的实际情况，随意占用学生的休息时间、活动时间，任意加课、补课，以命令的形式为学生提供有偿家教等等，甚至采取各种不合理不合法的手段达到自己个人的目的。

……

凡此种种，现实教育中确实存在的有关“以人为本”的误区，产生的原因应该有很多，但是，无论如何，发展自我是人之所以为“人”的基本权利和义务，仅仅从教育管理者的角度看待教育“以人为本”，而参与到日常教育教学中的“人”——教师与学生在教育“以人为本”发展中“维权意识”的相对缺失则是误区产生的一个很重要原因。教育“以人为本”不仅仅是从教育管理者的角度出发，依据教师和学生的特殊身份属性，创设民主、开放、宽容的教育氛围，更重要的是把教师和学生真正当作日常生活中具有独立人格、自主意志与选择愿望的“人”来对待，把他们自身发展的决定权交给他们自己，让教育“以人为本”成为师生的自主愿望，真正落实到师生日常教育教学行动中，从我做起，为自身发展负起应负的责任，使教育中的每个人都努力“做更好的自己”，教育管理者和教育被管理者的对立。

学会选择，为自我发展负起应负责任。作为“人”，责任感是反映人最基本特性的一个重要维度。什么是责任感呢？责任感是一个人对自己、自然界和人类社会，包括国家、社会、集体、家庭和他人，主动施以积极有益作用的精神。在责任感所包含的很多方面内容中，一个人对自身的发展能否负起应负的责任，则是衡量其有无责任感最基本的标志。责任感应从小培养，“儿童只有从小逐步树立责任感，长大了才能和谐地融入社会，出色地工作，快乐地生活，儿童只有从小形成对小事负起责任的优秀品质，长大了才能担当起社会重任，受到人们的尊重。……西方人和日本人特别注重责任感的教育。……相比之下，我们的教育缺少了对责任感的强调”[①]。

从学生来讲，天职就是学习，学习是压倒一切的大事。而对于身处当前社会，根据自身特点，反思学习的东西是什么？有什么事情更需要学习？而哪些是可以慢慢来学习的？为了更加有利于自身的发展，现实生活中还有哪些事情与学习同等重要，甚至比学习还重要，需要去做、去行动？其实，不仅仅是一般的中小学生，就连很多大学生们，甚至是很多教师们面对这些问题，都感到很困惑，难以给出明确的答案。在当前高中新课改中最突出的一个问题就是，选修课程中教师不知道根据自身的实际情况究竟应开设什么课，学生不知道该选什么课，比如，美国人泰勒·本－沙哈尔在哈佛大学开设的最受欢迎的“幸福课”，在我们的教师和学生看来，即便不是异想天开也是难以想象的。很多学生和教师都把教学当作是“生存的方式”而不是“生活的方式”，从而缺失了应有的幸福感，主要的原因就在于，他们在很多时候放弃了生活所给予他们的作为学生和教师的自主选择权利，而把决定自我发展方向的权利交给了上级管理者，交给了“学生好好学习——取得好成绩——上大学——找好工作”的社会公认的单一成功模式。事实上，成功对于不同的人来讲具有不同的含义，成功可能是你创造了新的财富或技术，可能是你为他人带来了快乐，可能是你在工作岗位上得到了别人的信任，也可能是你找到了回归自我、与世无

① 航鹰. 教育的“第五目的”——责任感（上）[J]. 天津教育. 2005（1）. 19.

争的生活方式。每个人的成功都是独一无二的，通往成功的路是多种多样的，条条大路通罗马，可以说有多少个人就有多少通往成功之路。而要想获得属于自己的成功，首先要选对适合自己的成功之路，因此，无论对于学校里的学生还是老师来讲，学会选择——就成为自我发展的首要条件。

“选择”从根本上说是“学会”而不是“教会”的，无论是多么娴熟精练的“教”如果不能激发学习者内在的“学”的愿望，都不可能达到“会”的境地，再者，选择不是能够一学就会的，无论怎样用心学习，选择过程中间总难免会有不妥、犯错误，导致失败，失败了重来，也是学会选择的必修课。如果一次选择没有通向想象中的成功，只有发自自己内心愿望的选择，才会使选择者甘愿承担选择的后果，而不是归咎于他人。

因此，学会选择是学会为自身发展负起应负责任的必要前提，而学会为自己发展负起应负责任是学会选择的结果。

如果说站在教育管理者角度提倡教育“以人为本”，其衡量的最终标准主要体现在“以学生为本”，那么，从教育中的“人”自身出发，“以人为本”则意味着：无论是教师还是学生，在日常平凡生活的每一天，都应该有胆量、有智慧、有勇气“做更好的自己”。美国作家威廉·福克纳说过：“不要竭尽全力去和你的同僚竞争。你应该在乎的是，你要比现在的你强。”从这个角度来说，无论是教师还是学生，“育己”都应是自我发展的首要环节。

首先，要意识到自己作为一个人的独特存在，认识自我，善待自己的独特个性，在了解自我特长和兴趣的基础上，弘扬自己的个性。一个人想要获得成功主要是由他自己决定的，弘扬个性是成功的先导。心理学研究表明：一个人做他感兴趣的事，可以发挥智力潜能的80%以上；而做不感兴趣的事情，则只能发挥智力潜能的20%左右。因此，知道自己的兴趣和特长所在，是弘扬自己个性的基础。如何了解自己的兴趣特长？一般来说，很喜欢做某事，即使遇到困难也不愿放弃，从自己的主观条件来说，很向往去做，也比较容易通过努力获得成功，容易学会其中的各种规则，从心里喜欢去做，能让自己感到满足和快乐，做这样的事便是兴趣所在。

其次，根据自身个性与现实条件，树立做人的目标。社会要求我们学习雷锋、学习焦裕禄、学习李素丽……我们应学习他们做人积极向上，为社会、为人民做贡献的精神。但从根本上讲，由于自身个性，各种条件的差异，我们不可能成为雷锋、成为焦裕禄、成为李素丽……。我们只能成为我们自己。但我们可以在自身条件的基础上，根据所学、所见、所闻、所做，不断丰富自己、发展自己，成为“更好的自己”——不论是你想进修一个更高的文凭还是选修一门课程、或是成为一个受欢迎的人……任何目标都必须是实际的、可衡量的目标，不能只是停留在思想上，喊几句口号或空话。制定目标的目的是为了进步，不去衡量你就无法知道自己是否取得了进步，是否变得“更好”。所以，你必须把抽象的、无法实施的、不可衡量的大目标简化成为实际的、可衡量的小目标。

最后，成为更好的自己是靠自己“做”成的。“人与生物不同，他不是因为仅仅具有了人的遗传素质就可以成为‘人’的，人并非天生的。人所具有的本质属性（或称之为人性）不是与生俱来的，而是由他自己造就的。人的遗传生命只为他‘成人’提供了可能，由可能的人转化为现实的人，要通过人的实践。人们常说‘做人’，说明人是在‘做’中才成就为人的。”[①]实践性是人的本质规定性。成为更好的自己，只能通过实践，脚踏实地，一步步培养拓展自己的兴趣特长，逐渐提升自己的能力，发挥自己的个性优势，才会最终做成最好的自己。

教师与学生的关系说到底是一种人与人之间的关系，人与人之间的关系是相互的，人既是手段又是结果。人与人之间的理解、宽容、信赖、尊重等等都是相互的，站在现实教育中“人”——师生发展的角度来看，“以教师为本”与“以学生为本”不仅不相互对立，而且是相互补充、相辅相成的。

师生间的交往是一种基本的人际交往，以相互间的理解与尊重为

① 鲁洁. 做成一个人——道德教育的根本指向[J]. 教育研究. 2007（11）. 5.

前提。事实上，“不理解自我是不理解他人一个十分重要的源泉”[①]。一个人只有更清醒地认识到自身的独特个性，明白自己的兴趣特长、缺陷弱点所在，才能更好地理解别人为发挥自己兴趣特长所做的努力，并有针对性地给别人以帮助；能坦然地面对自己的缺陷弱点，不苛求、不掩饰，才能对他人的缺陷弱点给予更大的宽容。师生交往应遵循相互尊重的原则，在相互尊重彼此差异的前提下，构建一种相互理解、共享知识、彼此信任、两相符合的主观实际相互依存的“学习共同体”，使处于这种共同体中的师生之间、同学之间能够更加自由、深入地交流。

师生的发展又是相互促进的。很显然，“如果没有教师生命质量的提升，就很难有高的教育质量；没有教师的精神解放，就很难有学生的精神解放；没有教师的主动发展，就很难有学生的主动发展；没有教师的教育创造，就很难有学生的创造精神。……只有当教育者自觉完善自己时，才能更有利于学生的完善与发展”[②]。教育是要让人有尊严地生活，一个享受不到职业尊严的教师，又如何让学生获得尊严？教育是要让人创造梦想和幸福，一个感受不到职业快乐的教师，又如何激发学生生命的激情？教育是要培养健全的人格，一个不知职业的尊严和快乐的教师，又如何有兴趣丰富学生的心灵？正因如此，教师同学生一样有着属于自己的权益，他们的权益同样应当受到重视和维护。

---

① [法]埃德加·莫兰. 复杂性理论与教育问题[M]，陈一壮译. 北京：北京大学出版社，2004，77。

② 叶澜. 教师角色与教师发展新探[M]. 北京：教育科学出版社. 2001. 3.

结语：谁是教育家

1898 年张伯苓任教于严氏塾馆，1904 年与严修合力建敬业中学堂，1906 年迁入南开校舍，改名南开中学，1919 年设大学部，1923 年设女中部，1928 年加小学部，1931 年建立经济研究所，1932 年建立化学研究所，1937 年校舍惨遭日军轰炸后，再建重庆南开中学，南开大学与北京大学和清华大学在昆明合建“西南联大”，直到抗战结束后南开复校。在近代中国历史上，南开以其特有的办学风格向世界展示了一种中国教育的精神品质，成为近代中国的一面旗帜。长期担任南开校长的张伯苓历尽艰辛，“40 多年，为教育、为中国，辛辛苦苦，劳碌奔波，到处碰壁，失败了再起来，起来了又失败，愈失败愈奋斗”[①]，以他天津人特有的务实精神“苦干、硬干、拼命干”，赢得了世人的尊重与敬佩。尽管对于他本人、对于他的所作所为不管是在当时还是在其身后也有过不同的评价，但不可否认的是他是一位举世公认的、当之无愧的“教育家”。在时代呼唤教育家的今天，有学者甚至将教育家看作是教育者的最高称号，是教育者的最高境界和最高典型。关于教育的研究不能不涉及教育家这一课题，不能为教育者提供教育家标准的教育学，是不完整的教育学。[②]那么，究竟什么样的人才能称得上是教育家，是否有衡量的标准，关键的因素又有哪些？鉴于上述一系列问题的回答，“张伯苓与南开”这一天津历史名校的个案研究无疑可以提供很多启示和借鉴。

提到教育家人们会自然而然地想到孔子、孟子、裴斯泰洛奇、杜

---

① 黄钰生. 张伯苓先生追悼词[A]. 沈卫星主编. 重读张伯苓[C]. 北京：光明日报出版社 2006. 380.

② 刘庆昌. 论教育家[J]. 山西大学学报（哲学社会科学版）. 2001（5）. 6-11.

威、福泽谕吉、凯洛夫、杨贤江、陶行知、蔡元培等许许多多历史上曾经活跃在教育中的成功人士。不同的人对于某些人是否可以称作是“教育家”有完全不同的看法，比如中国古代军事家孙膑，17 世纪英国诗人、政治家弥尔顿，法国哲学家卢梭，中国文学家家鲁迅，当代哲学家福柯等。他们能否同时被称作“教育家”？或许有人坚决认为某一位教过自己的老师，由于对自己的影响特别大就在内心中认作他（或她）就是教育家，“在教学第一线的教师，只要你每天都在脚踏实地而又富有创造性地工作着，那你就有成为教育家的潜质”①，难道不是这样的吗？甚至教育家有时不过是蜕化成一种福利性的称谓，随意地带给曾长期从事过教育教学工作的老教育工作者的一顶高帽。另一方面，人们对于教育家的要求好像又特别苛刻，言之凿凿地断定“中国当代没有教育家”。

在对于谁是教育家的问题上，由于不同人理解的差之毫厘，结论则是谬以千里，然而总体上看来，人们对于越是年代久远的、地理距离越大的古代、非本土教育人士，相较于时空距离相对较近的教育人士更容易产生集体认同感。“中国当代没有教育家”，近期来自互联网的中国教育行业调查报告——《2011 中国教育行业白皮书》显示：2011 年，民众普遍对教育家缺乏认可及信心，有 54%的网友认为当前中国教育不太可能出现像张伯苓这样的教育家。②为什么会这样？于是，当代的中国教育成了众矢之的，一片批判声讨，教育环境太差导致缺乏教育家成长的土壤、教育经济投入太少难以提供教育家产生的条件、教育制度桎梏抑制了教育家出现的创造性教育探索……情况果真如此吗？人们似乎都被简单的判断蒙蔽了辩证的认识：孔子作为教育家是一种“普遍”的认识，似乎在全世界也没什么异议，不仅亚洲的一些国家就连远在大洋彼岸的美国加州都把孔子的诞辰日作为教师节来庆祝。可是，别忘了孔子在有生之年可远没有那么光耀。他一直都很不得志，一生坎坷奔波，跑遍列国满怀热情地宣教游说（经常带些弟子同去），希望有朝一日这些教化民众的主张能为某国国公纳采。可结果

① 乔宝国. 我们都有成为教育家的潜质[J]. 吉林教育（综合）. 2011（9）. 90.
② 苏金柱. 仅 24%网友认可教育家“有较大影响”[N]. 现代教育报. 2011-12-26（16）.

呢？孔子似乎与张伯苓的演讲才能相差太远，几乎都是毫无例外地碰壁，遭遇冷嘲热讽、饥寒交迫、驱逐出境都是家常便饭，更倒霉的时候还差点儿被杀。如果当时有人当面称他“教育家”还不知他会如何窘迫，不被他认为是对他的嘲讽才怪。他一定不会想到在几个世纪后自己居然就成了“万世师表”。不只是孔子，还有很多教育家比如赫尔巴特、夸美纽斯、裴斯泰洛奇、福利贝尔等都是在去世后才逐渐被认识到其重要性，教育思想主张才不断被挖掘出来，发扬光大的。

生前穷困潦倒默默无闻的“名人”古今中外比比皆是，比如：天文学家布鲁诺、画家梵高、音乐家贝多芬、诗人屈原、遗传学家孟德尔、文学家曹雪芹……正如法国社会学家布迪厄所言：“社会世界是一部积累的历史”[①]，人文社会学家与自然科学家不同，其成就想要得到社会的广泛认可常常需要一定时间的文化资本和社会资本的积累，特别是对于那些在当时社会中缺乏权力的群体来说更是如此。因此，不难理解生前不被认可的现象在教育领域教育家中表现得愈显突出。然而，毕竟教育（无论人类哪个时期的教育）不是一种碰运气的游戏，只要存在都有其来龙去脉，有着自身发展的方向性，在一定时空的坐标轴上总会有人脱颖而出的。真正的金子总会发光的，大浪淘沙，随着时间的推移，真正对社会发展有过重要贡献的人终究会被社会认可，这也就是布迪厄所谓的“社会炼金术”。因此只要社会上存在教育这种活动，就会有体现时代精神追求、地域特色的教育家产生。每个时代、不同国度都会有自己的教育家，只不过这些教育家的影响范围不尽相同，贡献有大有小，被人们认可的方式各种各样。“时代呼唤教育家，每个历史时期都有凸显（恕我对原引文中的“代表”一词略加改动）其教育理论和实践发展水平的人，他们就是教育家”[②]。当然也可能有些教育家在得到社会的认可之前，还需要一定时间和文化的积淀，毕竟“教育家是通过历史长河的沉淀逐渐被世人认同的”[③]。

① 布迪厄．布迪厄访谈录：文化资本与社会炼金术[M]．包亚明译，上海：上海人民出版社 1997：189.

② 林森．对教育家的多维认知[J]．中国教育学刊．2012（10）．5-7.

③ 路书红．生活史研究对中外教育家研究的价值[J]．教育发展研究（5）65-68.

那么，究竟什么样的人才称得上是教育家？这看起来好像没什么确定的衡量标准，但教育家绝不是一个随意的褒奖，被称为教育家的人确实有着这个群体所共有的品质特征。

一 时代的人格精神典范

首先教育家是人，“人作为时代的产儿，不是站在他的时代以外，他只在他自己的特殊形式下表现这时代的实质——这也就是他自己的本质。没有人能够真正地超越他的时代，正如没有人能够超出他的皮肤”[①]。教育家也是顺应时代发展潮流的人，身处不同时代的教育家与社会其他群体相比，其突出表现为他对于自己所处的时代具有前瞻性的认识，他认清了所处的时代、认清了所处时代的教育、把握住了时代教育的脉搏、并投身于教育中运用自己的生活智慧，创造性地对当前的教育进行分析，利用社会各种有利条件和资源，敢为天下先，走在教育改革发展前列。比如美国教育家杜威在他 70 岁生日庆典上总结他在美国生活思想史、在教育领域的成就时就说过自己“不过是对于周围事物的变化有点敏感，对于什么东西正在消失或者死亡以及什么东西正在发生或者在发展中，有些鉴别力。而且凭着这种反应，预言将来会发生某些事情”[②]。前瞻性地认识到美国社会、美国教育中存在的各种问题和发展趋势成为杜威创造性进行教育实验、提出教育主张、完善教育理论的基础。

教育家与教育学家最大的不同在于，教育家终归要将自己落脚于教育实践中，“必定是在对‘人’的教育实践过程中设定目的、提出建议、寻找合适的途径与方法，并取得较大成就、做出突出贡献、具有一定影响力的”[③]。那么作为一名与学生朝夕相处的教育实践工作者对于学生最大的影响力源自何处？它就在于教育者自身的人格。张伯

① 黑格尔. 哲学史讲演录[M]. 第 1 卷，北京：商务印书馆 1981：57.
② 赵祥麟. 评杜威实用主义教育思想[J]. 教育研究. 1980（5）.
③ 范铭. 论教育家与教育学家之异同[J]. 上海教育科研. 2010（4）. 19-22.

苓说：“任教者当注重人格感化。人格感化之功效，较课堂讲授之力，相去不可以道里计。”[①]书本上的知识往往是确定的、有限的、单科的间接经验，而生活却是复杂的、丰富的、直接的，充满了不确定性，特别是对于处于成长阶段的青少年来说，这是生理、心理发展的未定型期，他们经常会根据他人（特别是自己所信赖的人）的所作所为来判断自己怎么做才合适，具有很强的模仿性，“人的行为，社会认同原理能发挥出最大的影响力，……我们经常认为，青少年思想叛逆而独立。然而，我们必须认识到，这种态度只针对家长。在同龄人群体里，青少年同样要根据社会认同来判断自己怎么做才合适”[②]。教育家必定是青少年学生可以信赖的人、模仿的对象、行为的榜样。

自古英雄无完人，对于教育家也不能过分苛求。也许教育家立志于从事教育之初只是出于一种比较简单的价值判断，就像张伯苓只是受到“三易国旗”的刺激，便决定弃军从教，教育救国并终身不悔、矢志不渝。之前他并没有受过系统的教育专业训练，但毕业于军事院校再加上天津地域文化的影响，在创办南开学校时他坚定、刚毅、顽强，没有瞻前顾后，没有犹豫不决，没有三思而行。创办之初他没有考虑缺乏完善的设施、缺乏资金、缺乏一切成熟的办学条件，更没有考虑自身的利益。在国家危难之际，作为一个普通平民，他挺身而出，胸怀救国的急切愿望；率性而为，面对困难永不退却，面对诱惑毫不动摇。他主持南开校务，却在40岁时不顾劝阻执意到大洋彼岸做大龄学生，系统学习教育理论、考察域外教育。他重视体育，严格制定南开的体育规范，又为每一个学生量身定做应达到的标准；他单纯，以自己辛辛苦苦募捐来的资金，毫不怜惜地修建了多处运动场所，只因为一个非常简单的道理“孩子们像一群野马，让他们在那里跑跑跳跳，哪能关在笼子里呢？”他机警，在复杂的社会境况中，苦苦守候南开这一片净土，只为一批批学子有所学、长成人。也许军人出身的张伯

① 梁吉生、王昊编. 张伯苓言论集[A]. 沈卫星主编. 重读张伯苓[C]. 北京：光明日报出版社 2006. 413.

② [美]罗伯特·西奥迪尼. 影响力[M]. 闾佳译. 沈阳：北方联合出版传媒股份有限公司万卷出版公司 2010. 145-147.

苓他的“教育救国”办学理念、“准军事化”的学校管理、靠个人募捐获得学校资金的办学形式只是一种特例，不具有普适性，并不适合所有的学校教育，甚至有人可以根据这样或那样的教育原理对他的一些做法进行批判、证明其不合教育规律性；但又有谁能否定近代的南开令世界看到的是苦难中国的希望、感受到中国人的争气。从张伯苓身上我们感受到教育家们的精神，教育家们的高尚人格和令人敬佩的品质。他们有坚定的教育信念和笃实的教育行动，无论现状多么不尽如人意，仍相信未来；无论社会道德状况多么令人忧虑，仍相信人性的美好，使我们知道在这个不完美甚至丑陋的世界上，还有那样一种高尚的人格；在麻木、自私、冷漠的人麇集的世界上，还有那样一些高贵的人，指引着我们通过接受教育追寻生活的意义，拥有一种更加尊贵的人生。

二　坚定的教育信念

如果说“教育家是教育改革发展的先锋，是引领者、探索者；是大仁大爱者；他们具有独立教育思想和理论”[①]，那么，他们置身于教育中改革创新、至仁至爱、探索实践的动力何来？是什么样的精神使得在国将不国的近代，张伯苓在没有任何官方任职的情况下，以一个弱国平民的身份高呼“有我在，中国不会亡”，认定“我们每个人都要自强，中国就亡不了”？正如张伯苓自己所言，体现于他本人和其他教育家身上的“气概”正是来源于不管别人怎么说，自己所拥有的“信念”。毕竟，对于任何人来说，按别人要求去做一件事和自己真心想要做一件事所产生的结果会有天壤之别。

教育家的信念首先是对教育的信念。诚然，教育不是万能的，不是芝麻开门般的咒语，甚至或许在教育家们所处的社会，教育差强人意、弊端丛生，他们出于社会的良知，也深深地为民族的未来担忧、

① 秦虹、张武升. 教育家的本体研究[J]. 中国教育学刊. 2012（10）. 1-4.

为“国民性”中所暴露出的种种缺陷焦虑，但他们不会被现实的丑陋和残酷所击垮。他们一旦选择了将从事教育作为改善社会现实的突破口，就不再一味地对教育的现实状况进行无休止的批判、抱怨。因为有了对教育的坚定信念使他们能够不被现实社会、现实教育所蒙蔽、所困扰、所束缚，打破现实社会的藩篱、教育的枷锁，唯一可行的路径只有行动起来。无论面对怎样的艰难，“只要安心地苦干下去，不取巧，本着不问收获、只问耕耘的精神，是没有不成功的”①。他们相信通过自己一步一个脚印的努力、通过一点一滴不断地“实干”，教育终会得到改善；通过教育的不断完善，终将促使国家、民族、人类社会朝着自由平等幸福的方向发展。

其次是对人的信念。教育家们尽管从前人的教育理论中或社会生活阅历中深深懂得了、见识到、体会出种种人性之恶，但他们坚信人的向善本能，坚信从理论上说任何人都是可以通过教育使自身的向善本能得到彰显，他们坚信人性可变。成长中的青少年处于生理、心理发展的未定型期，不仅孕育着自身无限发展的可能性，而且孕育着国家、民族、人类发展的未来和希望，信任他们、不论他们暴露出什么样的缺点依然相信他们人性中美好的一面，这就是信任未来。因为对学生有无限的信任和期望，所以能对他们倾注深沉的爱，关心他们的生活却不过分干涉，以足够的耐心让他们自己感悟、自己思考、自己成长，尽量给予他们自己选择的机会，允许他们在探索真理、形成自我判断力、具备独立思考能力的过程中走一些弯路、犯一些错误，让他们自己体会到“不经历风雨怎能见彩虹”。

坚定的信念是创造奇迹的根源。很多教育家都有一些令人难以置信的教育经历,。比如把先天身心发育有缺陷，一般人看来难以培养成才的学生，通过多年的悉心关怀、决不放弃的教育行为，无条件地信任，最终培养成社会精英、杰出人物。像杜威把开始激烈反对过他实用主义教育主张的胡克最终培养成了实用主义大师；像张伯苓通过一点一滴的努力，在战乱频仍、民不聊生的社会环境中，主要靠个人募

① 梁吉生、王昊. 张伯苓言论集[A]. 沈卫星主编. 重读张伯苓[C]. 北京：光明日报出版社. 2006. 423.

捐建成了庞大的南开体系。在普通人的眼里这些几乎不能实现的“人间奇迹”之所以能够实现，最根本的原因或许就是源自于这些教育家们对教育、对人有一种无比坚定的信念。

正因为具有坚定的教育信念，所以张伯苓是乐观的，很多古今中外的教育家们都是乐观的。信念驱使他们“明知不可知而求索、明知不可为而为之”，他们不是生活中纯粹的乐天派，他们是一些悲观的乐观主义者。悲观令他们认清现实中的种种困难，未来的艰辛，乐观使他们永不在困难面前屈服，朝着理想中的目的不断前进。比如梁漱溟对于民国时期的黑暗现实有深刻的认识，切身的体会，他不仅认识到了人性的“卑微、丑陋、无用”，而且对张伯苓所体察到的国民性中的“私”“大人孩子聚集总不说别人好”等遭至亡国的种种弊端也深有洞察，他满怀忧虑地疑惑“这个世界会好吗”？但作为教育家他却依旧乐观地坚信“与其责怪人，不如信赖人”。凡事预则立，正因为充分认识到从事教育的“苦处”，改善国民性的、建立理想教育体制的艰难，所以当这些艰难困苦真的摆在面前时，教育家们依然会有坚定的信心，不畏惧不退缩。正因为预见性地在重庆开办了南开中学，张伯苓才没有被日军野蛮轰炸天津南开的悲愤击垮，继续为国家培养了大批人才。

三　笃实的教育行动

信念最终是落实在行动中的。几乎每个人对于未来的自己、教育工作者对于未来的教育都有这样或那样的梦想：怎样才能梦想成真？古今中外那么多置身教育实践的教师为什么只有少数的人成为教育家？中间的差距或许就在于“想”和“做”。

梦想着有朝一日能拥有自己的一片田地，那么有朝一日究竟是哪一天？一片田地具体的位置在哪里？田地里种什么，是蔬果、是草木、还是满园的鲜花？梦想中这些都是虚幻的，要实现它关键是要制定出明确的行动步骤，并按步骤去做：

——先查找一定区域范围内可供选择的空地。

——考察比较确定自己想要拥有的空地。

——计算出理想空地的价值。

——了解购买这块空地的所有手续及相关费用。

——计算出在计划购买年限购买空地的升值空间。

——做出决定，从现在开始攒钱每个月需要具体存入的金额。

……

只有真的这样一步步做了，不久的将来，才会真有可能拥有自己的一片田地。梦想是令人愉快的，但如果只停留在梦想中，没有实际行动拥有自己的一片田地就会永远是空想，不可能实现。

尽管教育理论和教育现实之间并不存在着不可逾越的鸿沟，但与教育学家不同，教育家一定是亲身从事教育实践，并以自己的教育智慧深刻影响了教育实践的发展的，“真正的、彻底的教育家是始终不能脱离教育教学实践的”[①]。与教育学家关注的教育理论有所不同，教育家主要是关注教育中的人，他们不仅努力以自身的教育行动唤醒人、引导人、提升人，而且竭力去根据不同受教育者的个体差异出发，在教育实践的探索过程中，具有明确的教育目标[②]，不断探索适合不同受教个体的教育教学有效途径，或者对一个国家或一个地区的教育产生了深远的影响，或者创造出时人仰慕的名校；或者教育触及学生灵魂，培育满天桃李。总之教育家主要是以自身的超越性、创新性的教育行动脱颖而出，行高于众，成为教育领域的佼佼者。“从这个意义上讲，每一个真正的教育家，都是教育改革家。墨守成规者，或安于现状，不思进取，或缺少灵性，无力革新，混碗饭吃尚可，何以成家？从人才学的角度看，教育家属于创造型的人才。”[③]教育革新意味着打破以往的常规，它意味着突破原来人们已经习以为常的传统教育观念、教育习俗、教育秩序乃至教育价值观；意味着会不可避免地遇到来自方方面面的阻力，只有出于对学生的大仁大爱，甘愿为自己心目中的

① 秦虹、张武升. 教育家的本体研究[J]. 中国教育学刊. 2012（10）. 1-4.

② 张伯苓从教之初就抱定了明确的目的“培养救国建国人才”。尽管杜威称“教育无目的”，他反对的只是教育的工具性目的，主张教育应关注个体充分自由的发展，但在具体的教育教学实践中，这种发展并不是盲目的，在杜威的教育思想中教育的结果依旧是社会性的。

③ 刘庆昌. 论教育家[J]. 山西大学学报（哲学社会科学版）. 2001（5）. 6-11.

教育将自身的荣辱置身事外，决意不走阻力最小的路的教育者才有可能成为真正的教育家。就像当年张伯苓引入西式体育、西式科学科目、以铜鉴引导学生整洁仪表、编演新剧，以妨碍跳高成绩而令全校师生剪掉辫子、在日军占领的天津进行抗日宣传、活动……哪一个行动不是在巨大的阻力面前付诸实施的？

由此联想到在当今不断被激烈批判的中国教育中，在职业倦怠不断蔓延的教育工作中，他们顶着社会方方面面的压力，在日常教育教学和学校管理中出于对国家、民族、人类发展的责任感，对每一个学生的关爱，面对各种名利诱惑坚守在学校教育的第一线，一心想的和做的是怎样将知识变成鲜活可感而又便于掌握的内容，怎样在日积月累的点滴培养中，让学生真正具备各种能力；在喧嚣着“宁让学生坐死，不让学生跑死”的教育现实中，依然想方设法让学生从事各种体育活动，开好学校运动会；面对教育教学中衍生的种种问题，经常魂牵梦萦、苦思冥想、寝食难安，在无数个日日夜夜的思索中，打破常规进行教育教学革新……如果说教育家是实实在在创造教育本身的人，那么这些笃实的教育行动者难道不是实实在在创造教育的人吗？难道他们不是在一步步向教育家的行列迈进？教育家并非遥不可及，成功也许不像想象的那么难，它常与失败如影相随。或许成功就在于以无尽的热情、以笃实的行动一步步从失败到失败的探索过程中，就像张伯苓所言“经过若干挫折，若干困难，以及若干失败，几时自己承认失败才算真失败，如不承认失败，另想办法去‘顶’去‘干’，则无不战胜失败者”[①]。

① 梁吉生、王昊．张伯苓言论集[A]．沈卫星主编．重读张伯苓[C]．北京：光明日报出版社 2006．423．

附录　张伯苓演讲两篇

中国不亡吾辈在

1916 年 10 月下旬，时任南开学校校长的张伯苓赴吉林（市）、哈尔滨、双城、安东（今丹东）、奉天（今沈阳）及朝鲜等地游历，23 日到达奉天时，应奉天基督教青年会之邀，在奉天基督教礼拜堂所作演讲。由时为奉天两级师范学校本科三年级学生卞鸿儒记录，后刊载在《学生杂志》第 4 卷第 3 号上。张学良时年 15 岁，时常到奉天基督教青年会打网球、乒乓球，听说有名人来演讲，前去聆听。

此番演讲，使当时认为“国家毫无希望，只有坐待亡国奴耳，对于世事，极其灰心”的张学良“志气为之大振”，“受到了强烈的感动，下了决心，……必须为国家为社会做点儿什么”。此后，张学良一直以张伯苓的弟子、南开学生自居，并对南开办学多有捐助。

吾国之所以不强，即由国人对国家思想薄弱，此人人所知者也。乃近数十年来，“爱国、爱国”，已成为口头禅矣。然岂空言所能有济？国诚人人所当爱，亦时时所当爱，而当国基不甚稳固之时，愈当爱、愈当思有以爱之之实在。津门谚云：“儿不嫌母丑，狗不嫌家贫。”语虽浅白，实有至理。国家虽弱，国民之爱国热诚，决不当弱。苟因国家之弱，遂抱悲观，恶乎可？试问国为谁国？国家之主人为谁？余与在座诸君皆是也。自己不能奋勉，而犹推却，却之何人乎？犹观望，望之何人乎？我辈既属弱国之一人，即为弱国之一人，焉有尚嫌弱国之理。

在为学者，断不能有此想，亦断不可有此想。问之诸君，然乎？否耶？如其然也，则此后希望，正复无穷；此后事业，正方兴未艾；此后之目的，更宜从今日作起。有机会，有责任。（说到此，张伯苓在讲坛上放一国旗，下坛与听众向国旗同行三鞠躬礼。礼毕，讲国家形势。）

吾人现在正当困厄之时，允宜勤洗数千年之积垢，勤剃诸障碍之魔鬼，振起精神，奋勉勇进，切勿因一时之不得意，遂神丧气阻，不能复振。须知我不自亡，未有能亡我者，若其能亡，则亡之矣。岂待今日哉！其所以迟迟者，正为我之难亡耳。人既能利用此潮流时期，我岂不能利用之。勿灰心、勿丧志。

故吾人今日之机会，即在造新国，责任亦在造新国。然则吾人今日之机会责任，果从何处作起乎。

（此时，张伯苓拍着胸膛大声说）人人从此作起！人人从自己作起！人人由最近处作起！勿望人！勿盼伴！各人尽各人之事，合则即一国尽一国之事矣。何事不成！

（此时，张学良起而插话，据他自己回忆，“我向张先生发怒了，‘有我在，中国就亡不了。你这是讲的什么，你把你自己想成什么人了？’我是急性子，说话不好听。我非常不愉快。”）

（张伯苓答道）西谚曰：“第一仇敌即自己。”不能胜己，未有能胜人者。诸君当常以自身作一寒暑表，以国家为空气，欲知国如何，当问自己如何。对于自己，须常常反省自讼：为人谋不忠乎？与朋友交不信乎？久而久之，则公德、正直、公益诸美德即由此起矣。

吾人当未雨绸缪，切莫临渴掘井。有志者事竟成。国事固非一蹴可就，必待诸将来。但今日为将来之因，将来为今日之果。欲得善果，须造善因。造善因如何，不外以上三者，而其根本，则在从自己作起。其作法有三目的焉。（甲）宜有哲学的脑筋，追究其所以然之故，是为理想时代。（乙）宜有科学的知识，考求其真伪之所在，作实行之预备。（丙）宜有宗教的精神，抱躬践主义，遇事不作成不止。

学行合一

1925 年 11 月，陶行知对南开部教职员发表了《教学合一》的演讲，张伯苓主持演讲会，并对陶先生的演讲作了补充："先生之责任不在教，而在教学生学，更要教学生行。"他遂于 12 月 17 日，在南开学校高中部周会上发表了题为《学行合一》的演讲，进一步地阐述了他的教育思想。

上期周刊登了陶行知先生为本校教职员演讲的一篇稿子，题目是"教学合一"，大家想都看过了。陶先生的意思，说教学应当合一。他的理由是：一、先生的责任在教学，在教学生学；二、教的法子必须根据学的法子；三、先生不只是教学生学，并且同时自己也要学。我对于他第一个理由还有些意见，陈先生已约略地写了几句登在周刊上。现在，用这几十分钟，我再和大家讲讲。

我的意思，以为以前的"教书""教学生"，固然不对；但是"教学生学"就能说是已经尽了教之能事了吗？这个，据我看还是不够，应该再进一步，教学生行。中国古代的教育的特点，教学生也算是一个。我现在可以举几个例，来证明孔子的"教学生行"。

《论语》"学而"章有几句话：

"子曰：弟子，入则孝，出则弟，谨而信，泛爱众，而亲仁。行有余力，则以学文。"

这里所谓的"孝""弟""谨""信""爱众""亲仁"不都是关于"行"的方面吗？你看他底下一句说"行有余力，则以学文"。他对于"行"，是何等重视！反观现在的知识阶级里的人，多半是学有余力，则以求行；只顾求学文，反把"行"一方面视为次要，甚至毫不在意。这是什么道理呢？难道说古人须讲"行"，而今人可以不顾吗？

再看《中庸》的一段话：

"博学之；审问之；慎思之；明辨之；笃行之。"

这几句话将我们求学的步骤指点得清清楚楚。我们要博学，但是仅仅听受得很多，而不加以讨虑，他人怎么说，我们怎么听，没有丝毫怀疑、思索和辨明的功夫，那又有什么益处？所以那“审问”“慎思”“明辨”三步是必需的了。这几步功夫都有了之后，可以说声“知道了”就算完事吗？仅仅“知道了”有多大好处？所以“明辨之”之后，接着就是“笃行之”。着重还是在一个“行”字。

再举一个例子来说吧，《论语》“雍也”篇说：

“哀公问‘弟子孰为好学’？孔子对曰：‘有颜回者好学，不迁怒，不贰过……’”

哀公问的是谁好学，孔子答了颜回好学，似乎就可接说“不幸短命死矣”。可是他却插入“不迁怒，不贰过”两句，这是论他的“行”的。由此可见孔子心目中的好学，乃学行并重，而不是死捧书本的。

有些人以为“教学生行”很困难，在现在这个时代，无从着手。譬如你教代数，教他行 X 呢，还是行 Y 呢？并且，现在学科这么繁多，顾功课还来不及呢！诚然，现在的社会，比从前复杂得多。一个人的知识，也应当比前人的多，才能处在社会里头。所以“知”的方面的科学等等，应当多多教授。但是，仅仅得了许多的知识就能满足了吗？“学”的一方面即使十全十备，而“行”的一方面丝毫不注意，这样能算是个完人吗？这当然不对。所以，我以为最低限度，即使“行”不比“学”更重要，也应当“学”“行”并重，不可偏废。

学行并重，我们知道是应该的了。但是，怎么“行”呢？是否教工程学的除了课本上的知识而外，还教学生实地练习就叫作“行”？这个，并不是我所谓的“行”，也不是古人所谓的“行”。我所谓的“行”，是行为道德。提起道德，我又有些意见。近来一般人以为人类是动物的一种，他能够生存，也当然不免有欲望。可是一人能力有限，要合多少人，才能使生活的欲望满足，在这共同的努力的关系上，发生出公共的道德信条。这种说法，是从利害上着眼的，而不是从是非上着眼的。现在的人，可以说他们是智者，因为“仁者安仁，智者利仁”，他们都是从利害方法去观察的。这个，固然也是一时的潮流所趋，不易避免。但是我们既然觉出他的错误，就应该力自拯拔。像《论语》

里曾子所说:“吾日三省吾身:为人谋而不忠乎?与朋友交而不信乎?传不习乎?”那么自己监督着自己，对于学的一方面，也同样的重视努力，使学行两方平均发展。世界上的人全能如此，那么，现在的那些奇形怪状的事情，早就不致发现，而我们的生活也早就安宁而美满了。

时间匆匆，不能多说。现在，让我把我的意思总结起来说吧:现在社会上的变迁很大，而多流于偏废，只重物质，不重道德。尽管“学富五车”，而行为可以丝毫不顾。这种错误，我们既已觉察出来，就应极力矫正，学行并重，才可免畸形发展的弊病。所以，现在的教育者，不但是不能以“教书”“教学生”为满足，即使他能“教学生学”，还没有尽他的教之能事。他应该更进一步，“教学生行”。“行”些什么?简言之，就是行做人之道。这样，才能算是好的教育。

1925 年 12 月 17 日

知道有中国的就知道有南开

原南开中学教员　老舍
原南开中学学生　曹禺

1946年旅美南开校友集会，为正在美国治病的张伯苓恭祝七十华诞，席间老舍、曹禺两位大文豪诵寿诗，庄谐并陈，极一时之盛，至今还为人们传颂。

知道有中国的，
便知道有个南开。
这不是吹，也不是谤，
真的，天下谁不知，
南开有个张校长！

不是胡吹，不是乱讲，
一提起我们的张校长，
就仿佛提到华盛顿，
或莎士比亚那个样。
虽然他并不稀罕做几任总统，
或写几部剧叫人鼓掌。
可是他会把成千上万的小淘气儿，
用人格的熏陶，
与身心的教养，
造成华盛顿或不朽的写家，

把古老的中华，
变得比英美还更棒！

在天津，他把臭水坑子，
变成天下闻名的学堂，
他不慌，也不忙。
骑驴看小说——走着瞧吧！
不久，他把八里台的荒凉一片，
也变成学府，带着绿荫与荷塘。

看这股子劲儿，
哼，这真是股子劲儿！
他永不悲观，永不绝望，
天大的困难，他不皱眉头，
而慢条斯理的恒大鼻梁！

就是这股子劲儿，
教小日本恨上了他。
哼！小鬼们说："有这个老头子，
我们吃天津萝卜也不消化！"
烧啊！毁啊！
小鬼儿们连烧带杀，
特别加劲儿祸害张校长的家！
他的家，他的家，
只是几条板凳，几件粗布大褂，
他们烧毁的是南开大学，
学生们是他的子女，
八里台才是他的家！

可是他有准备，他才不怕，

他们把天津烧毁，
抹一抹鼻梁，
哼！咱老子还有昆明和沙坪坝！
什么话呢？
有一天中国，便有一天南开，
中国不会灭亡，南开也不会垮台！
沙坪坝，不久
又变成他的家，
也有荷塘，也有楼馆，
还有啊，红梅绿栀，
和那四时不谢之花。
人老，心可不老，
他并不求名，也不图利，
他只深信教育青年真对，
对，就干吧！干吧！
说句村话，
有本事不干，简直是装蒜！
胜利了，
他的雄心随着想象狂驰，
他要留着沙坪坝，
他还要重建八里台，
另外，在东北，在上海，
到处都设立南开。
南开越大，中国就越强，
这并不是他一个人的主张，
而是大家的信念和希望。

他不吸烟，也不喝酒，
一辈子也不摸麻将和牌九，
他爱的是学生，

想念的是校友，
他的一颗永远不老的心，
只有时候听几句郝寿臣，
可永不高兴梅博士的《贵妃醉酒》。

张校长！
您今年七十，还小得很呢！
杜甫不是圣人，
所以才说："人生七十古来稀！"
我们，您的学生，
和您的朋友，
都相信，您还小的很呢！
起码，还并费不了多大的劲，
您还有三四十年的好运！
您的好运，也是中国的幸福。
因为只有您不撒手南开，
中国人才能不老那么糊涂。

张校长！
今天，我们祝您健康，
祝您快乐！
在您的健康快乐中，
我们好追随着，
建设起和平新中国。

张伯苓先生追悼词

黄钰生（1951）

张伯苓先生逝世后 44 天，他 76 岁的生日后 3 天，他的朋友和学生日后 3 天，他的朋友和学生在他所创办的学校之一——南开女中的礼堂，开会追悼他。这个追悼会，可以起团结和教育的作用，这个追悼会，今天在这里举行，更现实地说明了人民政府的宽大和公允。

我们今天所追悼的，不是当过国民党反动政府考试院院长的张伯苓，而是南开大学、南开中学、重庆南开中学的创办人——张伯苓先生。

今天写历史的人，不必用公羊家的笔法为尊者讳，为亲者讳，为贤者讳。伯苓先生到南京去做蒋介石的官，是他一生的污点，他自己懊悔，他的朋友也惋惜。他这一错误，不但不必讳言，而且应该指出，指出了，才公平，才可以作为后人的教训；惟其指出了他的错误，我们对于他的贡献认识得更清楚，对于伯苓先生的崇敬，并不减少，而是崇敬的正确。

伯苓先生 63 岁以前的思想行径，近似清初北方学者颜习斋。颜氏的学说，是北方人民朴实耿介良好品质的表现。另一方面，颜氏的学说被人剽窃，成为保守封建的堡垒，甚至于成为“四存学会”一类反革命罪行的掩饰。伯苓先生的声望被人利用，就类似习斋先生的学说被人剽窃。

德国哲学家黑格尔的思想体系，一方面发展成为普鲁士主义乃至纳粹主义的理论根据，一方面又发展成为革命的马克思的唯物辩证法。黑格尔以普鲁士王国为理想国度的体现，这好比张伯苓在政治上寄希望于反动统治阶级。1806 年拿破仑到耶拿城，黑格尔给朋友写信，称拿破仑——他自己祖国的敌人为“世界的灵魂”。这好比伯苓先生把蒋介石当作中国的救星。黑格尔、张伯苓竟会有这样的错误见解。

贤哲的错误，我们惋惜、警惕，我们引为教训。我们今天所追念的是伯苓先生对于教育的贡献。他所办的学校，他所教的学生，就是他贡献最雄辩的见证。南开，张伯苓，在人们的心中，早就成了不可分离的联想。凡是亲炙过他的教训的人，像我们这些 40、50、60 岁的人们，谁不敬仰而又亲爱我们的老师——40 多年，为教育、为中国辛辛苦苦，劳碌奔波，到处碰壁，失败了再起来，起来了又失败，愈失败愈奋斗，这（位）教育工作者、教育家，一代人师，中国新教育的启蒙者，张伯苓先生。

伯苓先生的教育事业的启蒙作用，又表现在科学教育上。

他自己就是一个很好的数理教员。南开中学是全国中学中最早有仪器设备者之一。有些学校买来仪器做装饰，在南开，件件都要用。早在民国初年，学生已开始自己动手做实验，这又是全国风气的先声。抗战以前的南开中学，一直维持着最好的数、理、化、生物仪器设备，最好的数、理、化、生物教师。及至南开大学成立，理科是发展的重点。以一个私立大学而办理科，许多人认为不经济，而张先生坚定不移。张先生不但以科学教他的学生，而且要把科学普及到民众。学校的教师带着仪器到民众教育馆去表演，恐怕张先生是创例。记得我当学生的时候，带着学校的仪器到民众教育馆去表演“科学把戏”，好像是当时同学中一致的学习任务。这样，张先生可以说是科学普及运动的先驱。

提高科学教育，令人想起伯苓先生对于科学教育的见解，也想起瑞士 18 世纪的教育家裴斯泰洛奇。伯苓先生办教育早年遭遇的困难和裴氏所遭遇的困难相仿佛，两人的教法和教育的内容也颇为相近。要说张氏有意学裴氏是不对的，因为大家知道，张先生在他 42 岁以前并没有研究过教育学，也没有读过教育史，他的教学法和教学内容，都是凭他的聪明和毅力自己摸索出来的。例如他摸索出实物教学的方法——这是裴氏的主要贡献。张先生早年教学，就不重视文字的传达，而注重实物，注重实验，注重实习。到了晚年，还好用极简单的实验表演伟大的真理。南开的学生应当记得，张先生用力学的试验来表证团结就是力量这一真理。张先生把科学无征不信的精神用到教学上去，就是实物教学的方法。

张先生又把实用——利用厚生当作科学的目的。关于这一点，30年前伯苓先生不知道受了多少讥笑、讽刺和驳斥。南开大学成立的初期，正是“五四”年代。那时候人们正在提倡科学，提倡新文学。张伯苓先生所创办的南开大学有文科而无中文系，于是乎人们就说张伯苓自己文笔不通，所以不注重中文，以致整个学校鄙俗不堪。那时候，学者们正在高倡纯科学、纯学问，为研究而研究。张伯苓以实用为科学的重点，是把科学从崇高的地位拖到尘埃。张伯苓只配做一个职业中学的校长不配做一个大学的校长。

今天怎么样？今天人民政府要把科学当作建设国家的利器，大力地推行实用科学教育。伯苓先生在他的遗嘱中说：“凡余所尝致力而未逮之科学教育，健康教育，爱国教育……今将在人民政府之下，一一见诸实施。”这并不是一句推崇人民政府的空话，而是衷心发出来的实话。人民政府的时代才真是张先生扬眉吐气的时代。我们可以追加一句，只有在人民政府之下，张伯苓的萌芽教育思想，才能发展壮大成为果实。

张先生从事教育最初的触动，据他自己时常告诉他的学生说，是甲午中日战争之后，列强（帝国主义）要瓜分中国。彼时，他是个海军学生，在名叫“通济”的一只轮船上参与威海卫的交割。威海卫先悬着日本旗，到时候下了日本旗挂上中国旗（当时的龙旗），这算日本交还了中国，转天又下了中国旗挂上英国旗，这算是中国租借给英国。两天三换旗，自己的土地随便让人屠割，23岁的张伯苓当然热血沸腾。他想，他要为祖国雪耻。海军无出路，而且也不是根本，根本在于人。于是他立志要为中国造就人才，那就是说，从事教育。今天论起来，年轻的张伯苓犯了主观唯心主义的错误。但是，我们要指出，年轻的张伯苓没有机会得到马克思、列宁、斯大林唯物史观的指点。这段故事，只说明了张先生教育事业的触动点、出发点，是爱国主义。

从此以后，他的一切工作，特别是教育工作，都以反帝爱国为重心，都是在艰难困苦中摸索着，冒着险曲折地前进。

老同学还记得，在民国初年，伯苓先生是天津禁烟会的会长，你看如何用禁止鸦片烟来做爱国反帝的斗争。禁烟，用那时候的口号说，禁烟所以强种，强种自然是爱国。禁烟是个人道的举动，伪善的帝国主义也承认，也曾答应当时的中国政府，在禁烟会的事务上各国的领事予以协助。伯苓先生抓着这一点，就以禁烟会的名义向天津各国租界的当局交涉，准许禁烟会的职员（一个民众团体的职员，不是政府的官吏）会同租界的巡捕去阻止烟馆营业。那就是说，中国可以收回在租界中一部分的警察权。这件事，当时懦弱政府并不重视，而且也不敢重视。这个故事可以说明，伯苓先生在爱国反帝斗争中用心之苦。当然，他对于帝国主义本质认识不够。但是，我们要提醒：张伯苓是孙中山时代的人，而不是毛泽东时代的人。

还有一件事，也可以做张先生反帝爱国斗争的事例。张先生是基督教徒，但是他不到外国的教堂去做礼拜。他信教不久，就和同志创立中华基督教会，在天津仓门口建筑教堂。张先生可以说是今天宗教界革新的“三自”运动的前驱者。张先生是基督徒，而且外国人和他要好的人也很多，他很可以接受外国的津贴，把他所办的学校变成教会学校，他一张嘴，这些事就成功。但是，在经费万分困难之中，他咬紧牙根不向外国教会张嘴。不但如此，外国教会向他张嘴的时候（就我个人所知，至少有两次），他很肯定而严正地说：“谢谢你，南开是中国人的学校。”我们还记得，在奥斯汀的谰言之中，无耻地把南开大学当作教会学校。这件事说明帝国主义如何垂涎南开学校，也说明伯苓先生反帝爱国精神如何坚定。

张先生爱国主义另一表现，就是他和中国旧社会的恶俗、封建的毒害作不断的斗争。50 岁左右的同学们或者还记得，咱们上学的时候学校有禁令，不满 20 岁就结婚的人开除学籍。那时候的评论是：“你办你的学校好啦，学校怎么干涉家务来啦，荒谬之至。你管人家什么岁数结婚呢！”而张校长却坚定不移地执行这个禁令。解放以前谁看得起艺人，士大夫阶级谁肯与艺人为伍，如果有接触也只是玩弄而已。

但是，张校长和艺人们做朋友。你问已死了的天津艺人李吉瑞，你问梅兰芳、程砚秋、郝寿臣，是不是张校长很敬重的朋友？一个大学的校长真格的和戏子们做分庭抗礼的朋友，在当时士林谁不讥笑？但是张校长却做了士林的反叛，以身作则地和封建意识做不妥协的斗争。在国民党统治时代罚做苦工的徒刑罪犯，算不得人。张校长有一次在青岛对戴着脚镣修路的人们说："修路是好事，做好事的就是好人。因此，你们都是好人。"犯人是好人，这不是造反么！张校长就是这样地和黑暗的封建势力相斗争。

反帝爱国斗争最尖锐的，当然是对日本帝国主义的斗争。这个斗争也是多方面的，有的正面，有的侧面。民国二十四五年在南大、南中上学的人，都还记得同学之间有朝鲜同学，多的时候有二十几个，而且大半数是免费的。这就是张校长和日寇斗争形态之一，这就是他的爱国主义、国际主义的表现。

"九一八"以前，伯苓先生觉悟到东北是中国的命脉。日帝侵略东北愈来愈露骨，于是以学术的姿势和帝国主义者做公开正面的斗争。民国十六年，在南开大学组织东北研究会，亲自到东北各地去旅行。后来又邀南大的教授 6 人到东北去实地调查，把所得的材料编成教本，教本校的学生学习。

"九一八"的周年，南开中学的学生在校门口悬挂"收复失地"的标语。驻海光寺的日本军官大怒，派一队兵用刺刀把标语布和字一齐取下，寄回本国。这就是张伯苓和他学生们做的事。又一年，离"九一八"周年不远，在天津的河北体育场华北运动会，张先生任裁判长。南开中学学生 900 人，每个手里拿着一把小旗，哨子一响，900 人头上陈现"勿忘国耻"4 个大字。这时候，成千成万的观众先是愣住了，一声不响，紧接着是狂风暴雨般的掌声。掌声未断，哨子又一响，"收复失土"4 个大字。这时候群众狂叫起来了。这时候被邀参加华北运动会的上宾，日寇驻津总领事怒不可遏，愤而退席，立刻向天津交涉司提出严重的抗议。转天，日本驻华大使馆就向南京外交部提出抗议。抗议的结果，是政府令张校长约束他的学生不要有轨外的行动。张校长把学生领袖们找了来，头一句话"你们讨厌"，第二句"你们讨厌的好”，第三句“下回还那么讨厌”，“要更巧妙地讨厌”。张校长领导着他的学生这样地讨帝国主义的厌，讨投降主义的厌。

南开中学到南开大学通路的中间，就是当时的日本兵营。南开大学和南开中学都有一种特殊光荣，在日本军阀眼里，他们是天津地方抗日的中心，抗日的策源地。日军军阀对于南开的仇恨是深的。卢沟桥事变一起，天津一有军事行动，首先用大炮轰炸的就是南开大学和南开中学。这是 1937 年 7 月 29 日的事。30 日，国民政府军事委员会委员长蒋中正约南开大学校长张伯苓谈话，问和战的决策。张校长答道：“此刻南开的校舍被毁的烟火未熄灭，只要委员长决策抗战，南开的牺牲有无限的代价，无上的光荣。我拥护委员长决策抗战。”这是张校长一生最悲壮的一番话。直到如今，南开大学、南开中学的校舍还没有完全修复，那里还有好几处是瓦砾的废墟。这些废墟里的每一片破砖，都是日本军阀痛恨南开的见证，都是张伯苓校长反侵略爱祖国的见证。这些废墟，人民政府已令学校赶紧的重建起来。在南开大学方面，今年就可以重建 1/3。这样的恢复和建设工作，只有在人民政府领导之下，才能如此迅速，这是我要附带说明的。

不错，张先生的爱国主义是个人英雄、单枪匹马、没有组织、没有领导的爱国主义。他投奔错误的领导，这是应受正确批评的。如果今天的历史，称许太平天国、称许义和团为反帝爱国的运动，那么，今天的历史，就必承认张伯苓是孙中山时代中国最倔强、最坚定的反帝爱国主义者。

张先生的爱国行为，和他在学生中间进行的爱国主义教育是分不开的。透过爱国的活动进行教育，而一切教育的活动都是围绕反帝教育这个中心。他从南开中学时代起，经常给学生们上大课。大课的主旨，万流归宗——“祖国是可爱的，中国人是又出息的。我们要争气，竭尽一切力量保卫祖国，抵抗侵略。”锻炼身体，为了祖国；钻研科学，为了祖国；甚至于文娱活动，也是为了祖国。譬如，民国初年南开中学演的新剧是著名的戏剧运动早期，张伯苓先生参加过编撰和演出的，如《华娥传》《新村正》《一元钱》，或者暴露旧社会的罪恶，或者暗示爱国的途径。到曹禺做学生的时代，所演出的易卜生剧本，技术是高明多了啦，政治的意义反而不如当初。

抗战以前，课外活动是南开教育的特色。课外活动也是为了祖国。张先生到晚年，总结他的经验将“公能”两字标为南开的校训。“能”是能力，科学知识，所以培植控制自然的能力；课外活动，所以培植做事的能力。南开的早年就有各式各色社团的刊物，真是蓬蓬勃勃，气象万千。周恩来总理有一次对南开中学的学生作简单的讲话：“我在南开中学所受的教育，是资本主义的教育，我在南开中学学了些知识，学了些办事的本领，我感谢我在南开所受的教育。”这是对于南开的教育一个公正而有力的批评。

伯苓先生所谓“公”，无疑是指国家，指人民、指民族、指祖国。除去私心，不为自己打算，不抄捷径，不走小路，堂堂正正地团结合作，组织起来，一切为了祖国，就谓之公。公的含义大概如此。今天看起来内容相当空虚，外延也不清楚。他不曾追问，公是谁的公，祖国是谁的祖国。他没有分别清楚人民的“三敌五友”。他的时代，他的环境，限制了他的思想，然而萌芽确在那里。而这萌芽是个可爱的萌芽，发展得正确，就可以成为新民主义时代的爱国主义。

记得旧历年前我去看老先生，告诉他，我到北京去听教育部钱副部长传达周总理报告，说到人民政府将以爱国主义为重点，教育全国青年。老先生兴奋起来说，对，好，教育青年爱国，这是正经。同时又把《人民日报》拿来，指着第一版左上角的画片的标题“我们伟大的祖国”说道：“这个对，现在的爱国教育比我所做的内容丰富多啦。”

又有一次，记得是在上段故事以前，老先生正读毛主席的《论联合政府》（那时候他已读完了《新民主主义论》），很沉静地对我说：“子坚，我若早几年看到毛主席的书，我就可以少犯许多错误。”这句话，诸位认识伯苓先生的人，一定会感觉这句话里有热泪，懊悔的泪，希望的泪。他懊悔晚节的失足，他叹息老境不能参与这个伟大的时代的工作，他悲伤他是被新中国所扬弃的人，他悲伤在新社会里无他的地位，他悲伤他不如他的老友颜惠庆，他悲伤他的一生的工作都被否定了，他悲伤他的一生心血所在的南开中学已经不认识他了。在校庆的那一天到礼堂去坐一坐都得不到许可，他伤心极了。

不错，南开不是张伯苓的私有物，南开是人民的南开，但是人民是公正的，人民对于这么一个忠实的教育工作者，是不会轻易忘记的。统战部门把他用飞机接到北方，就是要正确地适合人民的心愿，要团结这位老教育家。

有人说，张伯苓没有正式地向人民低头。但是，在上边一句含泪的话里，他向人民意志的代表——毛主席低头了，在他的遗嘱里他已向人民政府低头了，如果天假以年，这位老人或者还要在新民主义的旗帜下做一些有用的教育工作。他确实看到了新中国伟大，有无穷的工作等待人去做，所以，他对于现在有机会工作的人们才艳羡不已。我所说的希望的眼泪，就是这望着无限光明远景的眼泪，羡慕人家有工作的眼泪。

但是，张先生已经完成了他历史的任务，他已经作古了，我们只有追悼他。在这追悼会中，我们怀念那个身体魁梧，声音洪亮，谈笑风生，豪爽豁达，性格中充满了矛盾，而能在工作中统一矛盾的人——这个人，机警而天真，急躁而慈祥，不文而雄辩，倔强而克己；这个人，能从辛苦中得到快乐，能从失败中找到成功，严肃之中又有风趣，富于理想而又极其现实。我们怀念 15 年前，20 年前，30 年前，教训我们，号召我们团结合作，硬干苦干，指教我们，百炼钢化为绕指柔，不取巧，不抄近，随时准备自己忠实地报效国家的那个人。我们怀念，15 年前，20 年前，30 年前，每到一处，青年们争先恐后，满坑满谷，去听他演讲，爱护青年而为青年所敬爱的那个人，国士，教育家，新教育的启蒙者，一代人师，张伯苓先生。

关于张伯苓先生的追悼会

根据档案编辑研究专家天津市档案馆编辑研究部周利成副主任查阅天津市档案馆档案记载：1951 年 2 月 23 日，曾创办南开大学、中学、女中、小学以及重庆南开中学的中国近代教育家张伯苓先生溘然长逝，终年 75 岁。1951 年 4 月 8 日下午 2 时许，张伯苓追悼会在南开女中礼堂召开。与会的只有 350 人左右，而且是“老年人多，青年人少，穿长袍、西服的多，穿干部服的少（约10人）”。南开大学校委会主席杨石先、秘书长黄钰生、校友会会长阎子亨、文学院院长冯文潜、教务长吴大任、生物系主任萧采瑜、化学系主任邱宗岳、会计统计系主任丁洪范，以及外国语文学的司徒月兰、经济学院的袁贤能、杨学通等南大的教授是会议的主流。还有一部分南大的职员和20余名学生。中央科学院副院长陶孟和、重庆南开中学校长喻传鉴、天津市副市长周叔弢、天津工商联主委李烛尘、恒源纱厂董事长边洁清以及中共天津市委统一战线工作部的代表也参加了追悼会。

张伯苓的几个生前友好组成了招待组，他们的胸前一律佩戴一朵小白花和一张写有“招待员”的白纸条，冯文潜和黄钰生垂首站立门前迎接来宾。另有三五个工友为来宾引领座位、准备茶水。开会前，七八个南开女中的同学徘徊在会场门口张望，嘴里不时嘟囔着：“我们也是南开的一分子，为什么不让我们进去。”追悼会开始后，她们一直趴在礼堂的窗户上观看。

追悼会在司徒月兰弹奏的钢琴曲中开始，3分钟全体起立默哀后，追悼会主席阎子亨宣读了张伯苓的遗嘱，重庆南开中学校长喻传鉴讲述了张伯苓的生平事迹，最为精彩的当属黄钰生宣读的悼词。这篇悼词是由与张伯苓最接近、相处时间最长、曾执笔张伯苓遗嘱的黄钰生撰写的。黄钰生虽然是在读讲稿，但他的语调和表情中倾注着对挚友的深情，表达着对一代教育家的爱戴，寄托了对逝者的无限哀思，台下的听众被他的真情感染了、打动了，会场一下子寂静下来，人们仔细聆听着悼词中的每个字句。当他讲到“离九一八事变周年不远，在天津的河北体育场开华北运动会，张先生任裁判长。南开中学学生900人，每个人手里拿着一把小旗，哨子一响，900人头上陈现‘勿忘国耻’4个大字。这时候，成千上万的观众先是愣住了，一声不响，紧接着是狂风骤雨般的掌声。掌声未断，哨子又一响，‘收复失土’4个大字。这时候群众狂叫起来了。这时候被邀参加华北运动会的上宾、日寇驻津总领事怒不可遏，愤而退席，立刻向天津交涉司提出严重的抗议……张校长把学生的领袖们找了来，头一句话‘你们讨厌’，第二句‘你们讨厌得好’，第三句‘下回还那么讨厌’”时，台下爆发出一片热烈的掌声。当他讲到“他懊悔晚节的失足，他叹息老境不能参与这个伟大的时代的工作，他悲伤他是被新中国所扬弃的人，他悲伤在新社会里无他的地位，他悲伤他不如他的老友颜惠庆，他悲伤他一生的工作都被否定了，他悲伤他一生心血所在的南开中学已经不认识他了。在校庆的那一天到礼堂去坐一坐都得不到许可，他伤心极了”时，黄钰生竟一时哽咽，讲不下去了。台下的听众无不为之动容而潸然泪下。

追悼会进行到家属致谢词一项时，时任北京国华银行经理的张伯苓的长子张希陆并未讲什么，他只是不停地给大家鞠躬，不停地说着“谢谢大家参加这个追悼会”。

追悼会在哀乐声中结束了。正如中共天津市委统一战线工作部在给天津市委的一份报告中称，整个追悼会显得零落、寒怆，不热烈也不悲壮，会场显得很冷清，零零落落的，参加追悼会的人感觉这个会“规模小了些”。这个追悼会的召开也如悼词中所讲：“这个追悼会，适应许多人感情的要求；这个追悼会，今天在这里举行，更现实地说明了人民政府的宽大和公允。”而一年后，在重庆主持召开张伯苓追悼会的喻传鉴则说，虽是两次追悼会却是一样的凄凉。

张伯苓生前曾有“愿故后埋葬在南开大学校园内”的遗愿，追悼会后部分人留下来就此事展开了讨论，讨论结果并未如先生所愿。

张伯苓先生死后先葬于天津永安公墓，后迁至杨家台祖坟，1962年夫人逝世后，合葬于天津北仓烈士公墓。1975年火化后，两人骨灰置于北京长子张希陆家中。1979年在天津水上公园烈士陵园举行了他的骨灰安放仪式，后迁至北仓烈士陵园。1986年南开大学张伯苓铜像落成后，他们夫妇两人的骨灰合葬于铜像后，实现了张伯苓先生的最后遗愿，他重又回到了钟爱一生的南开大学。

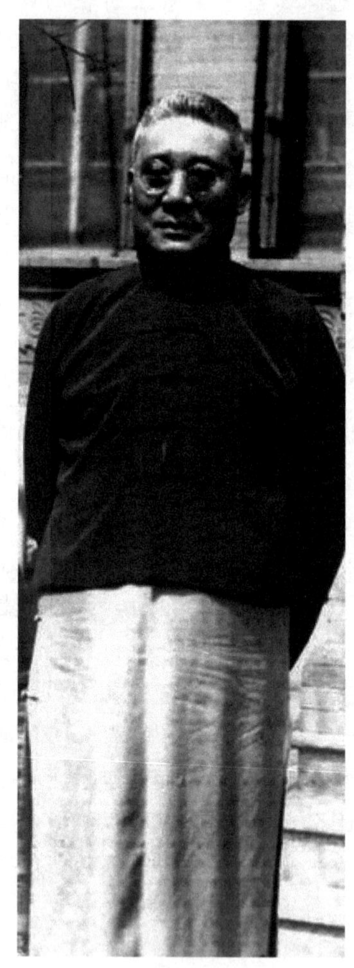

晚年张伯苓

教育家张伯苓

胡适

胡适曾于1922年3月在南开大学讲授了三期的《国语文学小史》，短短三周时间，南开浓郁的学术氛围和崇尚务实的精神都给他留下了深刻的印象。虽然张伯苓并不十分赞同胡适提倡的“文学革命”，而胡适也对张伯苓主张的渐进式的教育改革思想不以为然。但这并不妨碍他们的相互仰慕。

1947年，为庆祝张伯苓七十大寿，作为国民政府驻美大使的胡适应邀用英文撰写了《教育家张伯苓》一文，热情称赞张伯苓的教育改革方针，他认为：南开的发展一日千里，其发展的进步是有计划进行的。他说南开有此成绩，须归功于张伯苓先生的领导。在文中，他转引张伯苓的一句话对南开进行评价：“我见前途充满光明的希望。南开的工作无止境，南开的发展无穷尽。”

（本文作于1947年，原文系英文，题为《Chang Po—Ling: Educator》，载于1948年美国哥伦比亚大学王冠出版社出版的《There is Another China》）

“我既无天才，又无特长，我终身努力小小的成就，无非因为我对教育有信仰有兴趣而已。”这句话是张伯苓的自述。他还常常喜欢引用一位朝鲜朋友的评语：“张伯苓是一个极其简单的人，不能跟同时代的杰出人物争一日之长短，但是他脚踏实地地苦干，在他的工作范围里，成就非凡。”

他20岁就从事于教育，第一期学生不过5个人。1917年，他41

岁，南开中学已有 1000 个学生。到了 1936 年，他六十大寿的时候，南开大中小学共有学生 3000 名。1937 年，天津校舍被毁于日军，其时他早已在重庆设立南渝中学，不到几年，学生增至 1000 多人，又成为全国首屈一指的中学。

严复的学生

张伯苓于 1876 年 4 月 5 日生于天津。其父博学多能，爱好音乐，尤善琵琶和骑马射箭，惜以沉溺于逸乐，以致家产荡然。续弦生伯苓时，已甚穷困，授徒以自给，深痛自己的不能振作，乃决计令伯苓受良好教育，严格的修身。

伯苓年 13，以家学渊源考入北洋海军学校。该校系严复、伍光建等三五留英学生主持，伯苓每届考试必列前茅。该校教师中有苏格兰人麦克礼者，讲解透彻，更佐以日常人可知的熏陶，受业诸生获益匪浅，其于伯苓亦留下深刻难忘的印象。伯苓于 1894 年以第一名毕业，时年还不过 18 岁。

威海卫的刺激

是年，中国海军于第一次中日战争中大败，几乎全军覆没，甚至于不留一舰可供海军学校毕业生实习之用。伯苓于是不得不回家静候一年，然后得入海军实习舰通济号见习军官三年。伯苓即在该舰遭遇他终身不忘的国耻，决心脱离海军，从事教育救国事业。

缘自中国败于日本之后，欧洲帝国主义者在中国竞相争夺势力范围，伯苓即于其时在威海卫亲身经历到中国所受耻辱的深刻。威海卫原为中国海军军港，中日之战失败后，即被日军占领，旋由三国干涉交还中国，转租于英。伯苓目击心伤，喟然叹曰：“我在那里亲眼目睹两日之间三次易帜，取下太阳旗，挂起黄龙旗；第二次，我又看见取下黄龙旗，挂起米字诺。当时说不出的悲愤交集，乃深深觉得，我国欲在现代世界求生存，全靠新式教育，创造一代新人。我乃决计献身于教育救国事业。”

南开的滥觞

张氏此种觉悟，此种决心，足以反映当时普及全国的革新运动。戊戌政变就是这种运动的高潮，可惜这种新运动不敌慈禧太后的反动势力而失败了。伯苓时年22岁，欣然应严修之聘，在其天津住宅设私塾教授西学。严氏私塾名“严馆”，学童为严修之子等5人。此为张氏一生从事教育事业的开端。

伯苓结识严修，于后来南开的开办与发展的影响很大。严修字范孙，为北方学术界重镇，竭诚提倡新思潮新学说，不遗余力，而且德高望重，极受津人的景仰。伯苓得其臂助，为南开奠定巩固的始基。伯苓当时的教授法已极新颖，堪称现代教育而无愧色。所授课程且有英文、数学和自然的基本学识，尤注重学生的体育。伯苓且与学生混在一起共同做户外运动，如骑脚踏车、跳高、跳远和足球之类。同时注重科学和体育，师生共同学习，共同游戏。张氏于此实为中国现代教育的鼻祖之一。

1903年，张和严修赴日考察大中学校教育制度，带回许多教育和科学的仪器。张严两氏咸以日本教育发达，深受感动。回国后，即以严氏一部分房屋，将私塾改为正式中学，名曰第一私立中学。1904年开学，学生73人，每月经费纹银200两，由严张两家平均负担。1906年，某富友捐赠天津近郊基地名“南开”者作为新校校址。从此，南开与张伯苓两个名字，在中国教育史上永占光荣的一页。

73到3000

南开开办之初，基地不过两亩，不到几年，即在附近添购一百亩以上，以供扩充。南开大学系于1919年开式开学，设文理商三科，翌年增设矿科。经济所则系于1931年设立，下一年又增设化学研究所。南开中学女子部则系于1923年设立，并于1928年设立实验小学。到了1932年，南开已完成了五个部门，即大学部、研究院、男子中学、女子中学及小学。在毁于日军的前几年，学生总数已达3000人。

欠债办学新理论

南开之有此成绩，须归功于张伯苓先生之领导，这是尽人皆知的事实。他常对友人说：一个教育机关应当常常欠债。任何学校的经费，如在年终，在银行里还有存款，那就是守财奴，失去了用钱做事的机会。他开办学校可说是白手起家，他不怕支出超过预算。他常是不息地筹谋发展新计划，不因缺少经费而阻断他谋发展的美梦。他对前途常是乐观的。他说："我有方法自骗。"其实，就是船到桥头自然直。结果呢，确是常常有人帮助他实行新计划。

张氏在他的自传里说："南开学校诞生于国难，所以当以改革旧习惯，教导青年救国为宗旨。"他还说中国的弱点有五，即 1. 体弱多病；2. 迷信，缺乏科学知识；3. 贫弱；4. 不能团结；5. 自私自利。

张氏为改良中国的弱点，因而提出五项教育改革方针。他主张新教育：第一，必须改善个人的体格，使宜于估衙；第二，必须以现代科学的结果和方法训练青年；第三，必须使学生能组织起来，积极参加各种团体生活，共同合作；第四，必须有活泼的道德修养；第五，必须感化每一个人都有为国宣劳的精神。

由今日视之，这些不免是老生常谈，然而，张氏使这些精神贯注于其学校的生活，成为不可分离的部分，实在是张氏办教育的极大成就。

校长先生演话剧

此外，除教会学校之外，南开在中国人自办的学校中间，以体育最出名最有成绩，无论在全国运动会或远东运动会，南开的运动选手成绩都很好。自 1920 年来，张氏在迭次全国运动会中被聘为裁判长。这些都得力于他终身提倡体育及在各种运动比赛中着重运动道德的缘故。南开还以训练团体生活共同合作著称。南开最有名的学生活动，就是他的新剧社。早在 1909 年，张氏即已鼓励学生演剧了。他还亲自为他们写作剧本，指导他们表演。他还以校长身份不惜担任剧中主要角色，使外界观之惊骇不置，认为有失体统。后来，他的胞弟张彭春先生在哥伦比亚大学研究文学和戏剧归国，接受他的衣钵，导演几本新剧，公演成绩非常可观。易卜生的《傀儡家庭》和《人民的公敌》，由张氏导演，赢得一般的好评。

受洗为基督徒

关于张氏教育方针中的着重道德修养和爱国观念，张氏以身作则，收效其宏，尤其是开办最初数年，学生人数较少，耳濡目染，人格熏陶之功甚大。他在每星期三下午必召集全校学生，共同讨论人生问题、国家大事和国际关系。他差不多对于每一个学生都叫得出他的名字，不惮烦地亲身对他讲解。

1908 年，他首次访问英、美考察教育。他自己对于道德修养的热忱，于他长期和基督教教徒的交往，最后根据他亲身在英、美两个社会的阅历，使他深信基督实为劝人为善的伟大力量，于是，他就在英、美考察归国的一年（1909 年）正式受洗礼为基督徒。其时他 33 岁。

张氏为一热心爱国的人，他以教育救国为终身事业，他的教育学说归纳为“公能”两字，他就以此为南开校训。张氏即以教育救国为职志，对日本在东北的野心，常常觉得忧惧。1927 年，他亲自到东北去调查，回来后即在南开大学组织东北问题研究会，并且还派遣教授数人赴东北考察。

“九一八事变”果然爆发，“七七事变”后，平津相随沦陷，南开大学、中学也就因为平常爱国抗日的缘故，于 1937 年 7 月 29、30 日两日给日军以轰炸机轰炸毁。其时张校长在南京。蒋委员长问询，即安慰他说：“南开为国家牺牲了，有中国即有南开。”

爱子为国捐躯

南开被毁不久，他的爱子锡即在空军中驾驶轰炸机赴前线作战，不幸在江西山中失事殒命。锡系于三年前毕业于航空学校，在行毕业礼的时候，张氏曾代表空军毕业生家长发表激励演说。当他听到爱子噩耗，静默一分钟后，就说：“我把这个儿子为国牺牲，他已经尽了他的责任了。”

炸不毁的南开

南开的遭遇日军炸毁，在张氏及其同僚原属意料中事。1935 年，张氏早已到四川各地查勘适宜的地址，俾做迁校之计。数个月后，他又派南开中学教务主任到华西去考察是否有设立华西分校的可能，不久决定在重庆近郊兴建校舍。1936 年的 9 月新校开学，名南渝中学，1938 年，应南开同学会的建议，改称南开重庆分校。南开在大小写则从教育部建议，与清华大学和北京在学合并，在长沙开学，校名联合大学。迄至 1937 年，长沙被敌机轰炸，联大奉命迁往昆明，校名改称国立西南联合大学。

当其时，张氏大部分时间都留在重庆分较。南开新校舍又被日机轰炸。1940 年 8 月，南开新校舍落下巨型炸弹 30 枚，但是被毁校舍旋即修复，弦歌始终未曾中辍。

张氏爱国，对于国家政治的发展自然极为注意。政府屡以要职，且曾邀其出任教育部长及天津市长，均被婉辞谢绝，以便有机会以全副精神实现南开的教育理想。及至战时，国家处于危急存亡之秋，乃投身政治。1938 年，国民参政会成立，张氏当选副议长，迭次出席会议，不常发表议论，其力量则在驻会委员会发挥之。张氏希望教他每个学生都有政治的觉醒，虽则不一定人人参加政府。

爱国　爱校　南开梦

八年抗战期内，南开大学虽受政府津贴，但是南开中学始终保持私立性质，今后亦然。战时联大的三个主体清华大学、北京大学和南开大学均已复校，仍由政府资助；但张氏始终主张教育应由私人办理，今后将继续为此努力。南开重庆分校今后继续办理，以保持其战时成绩。

张伯苓先生今年 70 岁，白发老翁，新近自美国疗养归来，仍将大做其“南开梦”。某日，张氏对南开教职员及同学会说：“回顾南开以往的战斗史，展望未来复校的艰巨事功，我看前途充满光明的希望。南开的工作无止境，南开的发展无穷尽，愿以同样勇气，同样坚韧，共同前进，使南开在复兴国家的时期占一更重要地位。”

参考文献

根据著作中实际引用文献以著作者姓名开头拼音字母英文顺序编写

著作类：

1. [奥]阿德勒. 阿德勒人格哲学[M]. 罗玉林等译. 九州出版社. 2009.

2. [美]阿伦·C. 奥恩斯坦等. 当代课程问题[C]. 余强主译. 杭州：浙江教育出版社. 2004.

3. [美]奥恩斯坦等.当代课程问题[M]. 余强主译. 杭州：浙江教育出版社，2004.

4. [英]埃里克·霍布斯鲍姆. 史学家——历史神话的终结者[M]. 赵马俊亚、郭英剑译. 上海：上海人民出版社，2002.

5. [法]埃德加·莫兰.复杂性理论与教育问题[M]，陈一壮译. 北京：北京大学出版社，2004.

6.《百年南开》摄制组. 百年南开[M]. 北京：中国社会出版社 2004.

7. [美]本尼迪克特等. 日本四书——洞察日本民族特性的四个文本·菊与刀[M]. 北京：线装书局出版社. 2006.

8. 布迪厄. 布迪厄访谈录：文化资本与社会炼金术[M]. 包亚明译，上海：上海人民出版社. 1997.

9. 程晋宽.“教育革命”的历史考察[M]. 福州：福建教育出版社，2001.

10. 陈晋. 读毛泽东札记[M]. 北京：生活·读书·新知三联书店出版社. 2009.

11. 陈远、谢泳等. 逝去的大学[M]. 北京：同心出版社. 2005.

12. 崔国良. 张伯苓教育论著选[M]. 北京：人民教育出版社. 1997.

13. [美]丹尼尔·科顿姆. 教育为何是无用的[M]. 仇莅玲、卫鑫译. 南京：江苏人民出版社. 2005.

14. 董宝良. 中国教育史纲[M]. 北京：人民教育出版社. 1990.

15. [美]杜卡斯·霍夫曼. 爱因斯坦谈人生[M]. 北京：世界知识出版社. 1984.

16. [美]杜威. 民主主义与教育[M]. 王承绪译. 北京：人民教育出版社. 2001.

17. [美]杜威. 确定性寻求——关于知行关系的研究[M] 童世骏译. 上海人民出版社. 2004.

18. 丁文江、赵丰田. 梁启超年谱长编[M]. 上海人民出版社，1983.

19. [美]费正清、费维凯. 剑桥中华民国史（下卷）[M]. 刘敬坤等译. 北京：中国社会科学出版社. 1994.

20. [美]菲利普·津巴多等. 津巴多普通心理学(原书第5版)[M]. 王佳艺译. 北京：中国人民大学出版社. 2008.

21. 傅国涌. 近代中国大转型的台前幕后：主角与配角[M]. 武汉：长江文艺出版社. 2011.

22. 郭蕴静、涂宗涛编著. 天津古代城市发展史[M]. 天津：天津古籍出版社. 1989.

23. 辜鸿铭. 中国人的精神[M]. 黄兴涛、宋小庆译. 桂林：广西师范大学出版社. 2002.

24. 关鸿、魏平主编. 现代世界中的中国——蒋梦麟社会文谈[M]. 上海：学林出版社. 1997.

25. [美]赫舍尔. 人是谁[M]. 隗仁莲译. 贵阳：贵州人民出版社. 1994.

26. 黑格尔. 哲学史讲演录[M]. 第1卷，北京：商务印书馆. 1981.

27. 侯杰、泰方主编. 百年家族：张伯苓[M]. 石家庄：河北教育出版社. 2004.

28. [美]H.S. 康马杰. 美国精神[M]. 杨静予等译. 北京：光明日报出版社. 1988.

29. 华东师范大学教育系、杭州大学教育系编译. 现代西方资产阶级教育思想流派论著选[C]. 北京：人民教育出版社. 1980.

30. [美]J. D. 塞林格. 麦田里的守望者[M]. 施咸荣译. 南京：译林出版社. 2010.

31. 蒋廷黻. 中国近代史大纲[M]. 北京：东方出版社. 1996.

32. 蒋廷黻. 蒋廷黻回忆录[M]. 转引自[美]费正清. 费正清自传[M]. 黎鸣、贾玉文等译. 天津：天津人民出版社. 1993.

33. 金岳霖. 论道[M]. 北京：商务印书馆. 1985.

34. [德]卡尔·威特. 卡尔·威特的教育[M]. 赵健、邹舟主编. 内呼和浩特：蒙古人民出版社. 2008.

35 康岫岩. 生命因教育而精彩[M]. 北京：高等教育出版社. 2005.

36. [美]罗伯特·西奥迪尼. 影响力[M]. 闾佳译. 沈阳：北方联合出版传媒股份有限公司万卷出版公司. 2010.

37. 罗澍伟. 百年中国看天津[M]. 天津：天津人民出版社. 2005.

38. 罗荣渠、牛大勇. 中国现代化历程的探索[C]. 北京：北京大学出版社. 1996.

39. [美]理查德·格里格等. 心理学与生活（第16版）[M]. 王垒等译. 北京：人民邮电出版社出版社. 2003.

40. 李冬君. 中国私学百年祭[M]. 天津：南开大学出版社. 2004.

41. 李金和. 平民化自由人格——梁启超新民人格研究[M]. 北京：知识产权出版社. 2010.

42. 联合国教科文组织. 文化多样性与人类全面发展——世界文化与发展委员会报告[M]. 张玉国译. 广州：广东人民出版社. 2006.

43. 联合国教科文组织. 学习——内在的财富 M]. 北京：教育科学出版社. 1996.

44. 林希. 其实你不懂天津人[M]. 天津：天津人民出版社. 2007.

45. 梁漱溟. 中国文化要义[M]. 上海：学林出版社. 1987.

46. 梁启超. 李鸿章传[M]. 西安：陕西师范大学出版社. 2009.

47. 梁吉生. 张伯苓教育思想研究[M]. 沈阳：辽宁教育出版社. 1994.

48. 梁启超. 饮冰室合集·专集之二[M]. 北京：中华书局. 1936.

49. 梁启超. 梁启超全集（第十四卷）. 北京：北京出版社. 1999.

50. 梁吉生. 张伯苓教育思想研究[M]. 沈阳：辽宁教育出版社. 1994.

51. 刘铁芳. 新教育的精神：重温逝去的思想传统[C]. 上海：华东师范大学出版社. 2007.

52. [德]鲁道夫·奥伊肯. 生活的意义与价值[M]. 万以译. 上海：上海译文出版社. 1997.

53. 鲁迅. 鲁迅全集[M]. 第 1 卷. 北京：人民文学出版社. 1980.

54. M. 布洛赫. 历史学家的技艺[M]. 张和声、程郁译. 上海：上海科学研究院出版社. 1992.

55. [美]M·斯科特·派克. 少有人走的路[M]. 于海生译. 长春：吉林文史出版社. 2007.

56. 马宇彤. 全景天津[M]. 天津：天津教育出版社. 2005.

57. 孟祥才. 梁启超[M]. 北京：团结出版社. 2011.

58. 南开中学. 天津市南开中学建校九十周年纪念专刊[C]. 天津南开中学. 1994.

59. 南京师范大学教育系. 教育学[M]. 北京：人民教育出版社. 1984.

60. 潘强、王惠来. 天津近现代著名教育家传略[M]. 天津：天津教育史研究会. 1995.

61. 皮亚杰.教育科学与儿童心理学[M]. 傅统先译. 文化教育出版社. 1981.

62. 齐邦媛. 巨流河[M]. 北京：三联书店. 2010.

63. [美]乔治·日·米德. 心灵、自我与社会[M]. 赵月瑟译. 上海：上海译文出版社出版. 1992.

64. 尚克强. 九国租界与近代天津[M]. 天津：天津教育出版社

2008. 沈卫星主编. 重读张伯苓[C]. 北京：光明日报出版社. 2006.

65. [美]斯塔夫里阿诺斯. 全球通史——1500 年以后的世界[M]. 吴象婴，梁赤民译. 上海：上海社会科学出版社. 1999.

66. 孙海麟、周鸿飞、武佩铃主编. 津门教育家杨坚白[C]. 北京：人民教育出版社. 2008.

67. 孙海麟主编. 中国奥运第一人张伯苓的故事[M]. 北京：人民出版社. 2008.

68. 唐莹. 元教育学[M]. 北京：人民教育出版社. 2002.

69. [法]托克维尔. 论美国的民主（第一卷）[M]. 董果良译. 北京：商务印书馆. 1997.

70. 万新平、濮文起. 天津史话[M]. 上海：上海人民出版社. 1986.

71. 王惠来、张广君主编. 天津教育六百年[M]. 北京：中央文献出版社. 2006.

72. 王啸. 教育人学——当代教育学的人学路向[M]. 南京：江苏教育出版社. 2003.

73. [美]汪翔. 奥巴马大传[M]. 武汉：长江文艺出版社. 2008.

74. 王栻主编. 严复集[C]. 北京：中华书局. 1986.

75. 王文俊，杨珣等. 张伯苓教育言论选集[M]. 天津：南开大学出版社. 1984.

76. 王文俊等. 南开大学校史资料选 1919—1949[M]. 天津：南开大学出版社. 1989.

77. 文池主编. 在北大听讲座（第 15 辑）[C]. 北京：新世界出版社，2006.

78. 文池主编. 在北大听讲座（第 16 辑）[C]. 北京：新世界出版社，2008.

79. 文池主编. 在北大听讲座（第 14 辑）[C]. 北京：新世界出版社，2008.

80. 文池主编. 在北大听讲座（第 20 辑）[C]. 北京：新世界出版社，2008.

81. 吴康宁. 教育社会学[M]. 北京：人民教育出版社. 1998.

82. 吴荔明. 梁启超和他的儿女们[M]. 北京：北京大学出版社. 2009.

83. 夏晓虹. 追忆梁启超[M]. 北京：中国广播电视出版社. 1996.

84. [德]雅斯贝尔斯. 什么是教育[M]. 邹进译. 北京：生活·读书·新知三联书店出版社. 1991.

85. 杨东平. 艰难的日出——中国现代教育的20世纪[M]. 上海：文汇出版社. 2003.

86. 杨志行、李信主编. 天津市南开中学[C]. 北京：人民教育出版社 1998.

87. 叶澜等. 教师角色与教师发展新探[M]. 北京：教育科学出版社. 2001.

88. [美]伊格尔斯. 欧洲史学的新方向[M]. 赵世玲、赵世瑜译. 北京：华夏出版社. 1989.

89. 赵宝琪、张凤民主编. 天津教育史（上卷）[M]. 天津：天津人民出版社. 2002.

90. 赵祥麟主编. 外国教育家评传（2）[M]. 上海：上海教育出版社. 2003.

91. 张岱年. 张岱年全集（第六卷）[C]. 石家庄：河北人民出版社. 1996.

92. 张泉君主编. 著名教育家演讲鉴赏[C]. 济南：山东人民出版社. 1996.

93. 张大民主编. 天津近代教育史[M]. 天津：天津人民出版社. 1993.

94. 张大民、陈志科、田毓芬、张绍祖等. 天津近代教育史[M]. 天津：天津人民出版社. 1993.

95. 张奠宙、王善平. 陈省身传[M]. 天津：南开大学出版社出版. 1992.

96. 张武升主编. 当代中国教学风格论[M]. 南昌：江西教育出版社. 1993.

97. 郑希付. 现代西方人格心理学史[M]. 广州：广东教育出版社.

2007.

98. 郑金洲. 教育文化学[M]. 北京：人民教育出版社. 2000.

99. 朱文华. 反省与尝试——胡适集[M]. 上海：上海文艺出版社 1998.

100. 朱玉泉主编. 李鸿章全书[M]. 长春：吉林人民出版社. 1999.

101. 庄锡昌. 世界文化通论[M]. 杭州：浙江人民出版社. 1989.

报刊论文类：

1. 陈继扬、彭泽平. 学校对教育“以人为本”的认识存在诸多误区[N]. 中国教育报. 2006-8-29（6）.

2. 程斯辉. 杜威对中国近代高等教育影响评析[J]. 教育与现代化. 2008（3）.

3. [日]大田尧. 日本教育的改革问题[J]. 教育研究. 1986（1）.

4. 大学生为何不快乐[N]. 健康网. http://www.jk265.com/a/xl/cz/2/19482.html.2010-7-19.

5. 董文锋. 重塑大学风骨[N]. 广西日报. 2010-5-14（7）.

6. 丁钢. 早期教育现代化的选择与失落：一个比较的视角[J]. 复旦教育论坛. 2004（3）.

7. 杜琨. 梁启超的天津之缘[N]. 侨报. 2012-7-20（B07）.

8. 范铭. 论教育家与教育学家之异同[J]. 上海教育科研. 2010（4）.

9. 方正怡、方鸿辉. 我是忠于我的祖国的——钱伟长的科学人生钱伟长[J]. 群言. 2010. 9.

10. 冯丽妃. 奥数之害猛于毒品[N]. 中国科学报. 2012-7-23（A1）.

11. 高振凌、高龙彬. 感动哈尔滨的张伯苓[N]. 新晚报. 2008-9-7（30）.

12. 郭法奇. 什么是教育史研究[J]. 教育学报. 2005（3）.

13. 郭法奇. 再论什么是教育史研究[J]. 教育学报. 2009（4）.

14. 郭珊、唐蓓. 但开风气不为师[N]. 南方日报. 2010-6-2（A13）.

15. 航鹰. 教育的“第五目的”——责任感（上）[J]. 天津教育. 2005（1）. 19.

16. 何建. 学生总是感受不到老师的爱，怎么办？[J]. 班主任，2012（2）. 12.

17. 侯杰、姜海龙. 梁启超：站在南开的讲台上[N]. 中国人民政协报. 2004-8-12（6）.

18. 扈中平. 人是教育的出发点[J]. 教育研究，1989（8）. 33-39.

19. 黄希庭、李媛. 大学生自立意识的探索性研究[J]. 心理科学，2001（4）.

20. 韩少华. 梁启超影响了周恩来 N]. 天津日报. 2004-1-9

21. 黄跃红.“过渡时代”梁启超的知行特征分析[J]. 求索. 2012（4）.

22. 金木. 幼儿的品格教育更重要[N]. 天津教育报. 2012-3-12（学前教育专刊第 1 版）.

23. 金生鋐. 教育的终极价值与教师的良知[J]. 教师教育研究 2012（7）.

24. 李玲玲. 张伯苓教育思想研究综述[J]. 文史资料，2007（7）.

25. 李世斌. 七十年前的几个侧面——我所就读的南开中学[J]. 教育参考. 2009. 12.

26. 梁启超. 凡做学问总要“猛火熬”“慢火炖”[N]. 广州日报. 2011-2-11（W4）.

27. 梁吉生. 南开老黄牛——黄钰生先生[N]. 南开大学报. 2008-4-11.

28. 梁思礼. 人必真有爱国心然后方可以用大事[N]. 江门日报. 2012-5-25（A15）.

29. 林森. 对教育家的多维认知[J]. 中国教育学刊. 2012（10）.

30. 刘静. 天津历史名人张伯苓[N]. 乾卫. 2008.4.11.

31. 刘东. 晚年梁启超 [N]. 中国青年报. 2010-8-25（冰点特稿）.

32. 刘庆昌. 论教育家[J]. 山西大学学报（哲学社会科学版）. 2001（5）.

33. 罗澍伟. 城市客厅：从城市发展史看天津的包容性[N]. 假日100天. 2010-01-8. 第12版.

34. 鲁洁. 做成一个人——道德教育的根本指向 [J]. 教育研究. 2007（11）.

35. 路书红. 生活史研究对中外教育家研究的价值[J]. 教育发展研究（5）

36. 吕峥. 力与命相持 第一公民梁启超[J]. 文史参考. 2010(23).

37. 马育良. 情性本位：关于中国文化和中国儒学特质的理解[J]. 合肥学院学报（社会科学版）. 2006（2）.

38. 马建强. 中国近代新教育的先行者[J]. 2004（5）.

39. [英]莫尼卡·泰勒. 价值观教育与教育中的价值观（上）[J]. 教育研究. 2003（5）.

40. 米华. 梁启超新民学说与早年毛泽东国民性改造思想[J]. 船山学刊. 2001（1）.

41. 米镇波、韩少华. 梁启超影响了周恩来[N]. 天津日报. 2004-1-9.

42. 乔宝国. 我们都有成为教育家的潜质[J]. 吉林教育（综合）. 2011（9）.

43. 邱晨辉. 宁让学生坐死，不让学生跑死[N]. 中国青年报 2011-10-31（03）

44. 秦虹、张武升. 教育家的本体研究[J]. 中国教育学刊. 2012（10）.

45. 邵纯. 梁启超的独特风采[J]. 炎黄纵横. 2012-4.

46. 申国昌、周洪宇. 全球化视野下的教育史学新走向[J]. 教育研究. 2009（3）

47. 沈卫星、贾宇. 张伯苓：中国奥运的先驱者[N]. 光明日报. 2008-07-29（5）.

48. 苏金柱. 仅24%网友认可教育家“有较大影响”[N]. 现代教育报. 2011-12-26（16）.

49. 孙益、林伟、杨春艳、李振蕊. 21 世纪以来美国教育史学科新进展[J]. 华东师范大学学报（教育科学版）. 2011（4）.

50. 孙益、林伟、罗小连、孙碧. 2000 年以来英国教育史学科发展研究[J]. 教育学报. 2010（5）.

51. 舒乙. 柏林只爱小苹果[N]. 特别关注. 2008（5）. 43.

52. 汤一介. "道始于情" 的哲学诠释——五论创建中国解释学问题[J]. 学术月刊. 2001（7）.

53. 王昊. 影像中的蔡元培和张伯苓[N]. 天津日报. 2005-8-15（11）.

54. 王昊. 评说张伯苓先生的话语魅力[N]. 新浪教育. 南开之父张伯苓. http://edu.sina.com. cn/l/2005-08-01/1625123946.html.

55. 武汉市江岸区在《小学教师批改作业要求》中宣告"×"正式退出小学生作业本[N]. 武汉晚报. 2003- 11-2

56. 吴康宁. "有意义的"教育思想从何而来——由教育界"尊奉"西方话语的现象引发的思考[J]. 教育研究. 2004（5）.

57. 吴康宁. 教育要使学生学会爱 也学会一点"恨"[J]，

58. 吴晓琳、肖萍. 钱伟长和天津因缘：曾在耀华学校教书 兼班主任[N]. 北方网. http://www.dayoo.com/roll/201008/13/10000307_103238755.htm.

59. 夏凌翔、黄希庭. 西方独立研究的现状与思考[J]. 西南师范大学学报（人文社会科学版）. 2006（2）.

60. 夏凌翔、黄希庭. 古籍中自立涵义的概念分析[J]. 心理学报. 2006（6）. 916~923.

61. 肖莹. 专家深度解析精英人士特质[N]. 环球人物 92 期. 2009-12-11.

62. 夏凌翔、黄希庭. 典型自立者人格特征初探[J]. 心理科学. 2004（5）. 1065-1068.

63. 肖功秦. 为什么我们缺少特立独行的人生态度[J]. 读者. 2012-8.

64. 肖莹、李婧、白菊梅、李光敏. 当代精英生活调查[N]. 环球人物 92 期. 2009-12-11.

65. 许鑫. 莫在"城市化"中破坏文化遗产[N]. 今晚报 2009-11-4.

66. 严复：进化论"解禁"社会主义[N]. 建党 90 周年特别策划：思想的力量——社会主义思潮和近代中国（第 1 期）. http://news.qq.com/zt2011/jd90zn/01. htm.

67. [法]尤·卡赫克. 需要新的历史科学吗? [J]. 翟文奇译、郑凤云校. 绥化师专学报（社会科学版）. 1985（3-4）. 99-103

68. 赵婀娜. 访南开党委书记薛进文：大学之风 恒久绵长[N]. 人民日报. 2012-3-16（6）.

69. 赵祥麟. 评杜威实用主义教育思想[J]. 教育研究. 1980（5）.

70. 赵静. 甘于贡献，勇于创新[J]. 教书育人. 2005（1-2）.

71. 张伯苓. 张伯苓的隽言妙语[N] 今晚报. 2004 年 07 月 10 日.

72. 张克非.《张伯苓年谱长编》：一部别具深意的学术力作[J]. 博览群书. 2010（9）.

73. 张岂之. 未完成的课题——关于张伯苓先生教育思想和教育实践的研究[J]. 华夏文化，2001（2）.

74. 张晓唯. 外国人评说张伯苓 [J]. 出版参考：新阅读，2007（1）.

75. 张洁海. 赫本为啥一辈子不用看心理医生[N]. 广州日报. 2007-11-7. A17 版.

76. 郑锦杭. 学生最烦恼的不是成绩好坏[N]. 钱江晚报. 2008-1-10（A0013）.

77. 郑致光. 张伯苓[N]. CCTV-世纪学府 百年南开. 2004-5-20. 21:48.

78. 朱永新. 不该忘却的教育家——读《张伯苓年谱长编》有感[J]. 天津教育. 2011（4）.